空间计量经济学的前沿理论及应用

The Frontier Theory and Applications of Spatial Econometric

陶长琪　著

国家自然科学基金资助项目

科学出版社

北　京

内容简介

本书从理论和应用角度进行了空间计量经济学的若干前沿问题探讨。首先，探究空间计量经济学的前沿理论问题。第一，解析各种空间计量模型选择方法在空间计量模型簇中的适用度；第二，分析带未知异方差空间计量模型的估计情况；第三，探究含空间自回归误差项的空间动态面板模型的有限样本性质和估计结果的稳健性，并解析该模型的假设检验结果；第四，论证 Bootstrap LM-Error 方法是更为理想的固定效应模型空间相关性检验方法。其次，研究空间计量经济学模型的具体应用。第一，构建空间自回归模型研究信息产业与制造业的耦联效应；第二，构建空间计量模型簇分别分析要素集聚和经济集聚下技术创新对产业结构升级的空间效应；第三，利用地理加权回归模型解析要素集聚对区域创新能力的影响效应；第四，构建局部溢出模型探究产业地理集中对地区协调发展的聚集效应与分散效应。

本书可供高等院校和科研机构的研究人员，尤其是从事空间计量经济的研究者使用。

图书在版编目（CIP）数据

空间计量经济学的前沿理论及应用/陶长琪著. —北京：科学出版社，2016.12

ISBN 978-7-03-051191-1

Ⅰ. ①空… Ⅱ. ①陶… Ⅲ. ①区位经济学-计量经济学-研究 Ⅳ. ①F061.5

中国版本图书馆 CIP 数据核字（2016）第 321179 号

责任编辑：马 跃 陶 璇 / 责任校对：王晓茜
责任印制：张 伟 / 封面设计：无极书装

科学出版社 出版
北京东黄城根北街 16 号
邮政编码：100717
http://www.sciencep.com

北京捷迅佳彩印刷有限公司 印刷
科学出版社发行 各地新华书店经销

*

2016 年 12 月第 一 版　开本：B5（720×1000）
2022 年 1 月第六次印刷　印张：14 1/4
字数：269 000
定价：96.00 元
（如有印装质量问题，我社负责调换）

作者简介

陶长琪（1967—），男，汉族，江西临川人，江西财经大学首席教授，经济学博士，博士生导师，江西省哲学社会科学重点研究基地"经济预测与决策研究中心"首席专家。为国家百千万人才工程人选和国家级有突出贡献的"中青年"专家，享受国务院政府特殊津贴专家，教育部新世纪优秀人才支持计划人选，中国数量经济学会常务理事，主要从事空间计量经济学研究。

前　言

全书分为两部分。第一篇，空间计量经济前沿理论篇，包括第 1~6 章。

第 1 章为空间计量经济学绪论，概述空间计量经济学的学科体系、空间计量经济学研究步骤和估计检验。

第 2 章是空间计量模型的选择及模拟分析。对空间计量模型选择中的 Moran 指数检验、拉格朗日乘数（Lagrange multiplier，LM）检验、似然函数、三大信息准则、贝叶斯后验概率、马尔可夫链蒙特卡罗方法进行详细的理论分析。在此基础上，通过 Matlab 编程进行模拟分析。结果表明：在扩充的空间计量模型簇中进行模型选择时，基于普通最小二乘法（ordinary least squares，OLS）残差的 Moran 指数与 LM 检验均存在较大的局限性，对数似然值最大原则缺少区分度，LM 检验只针对空间误差模型（spatial error model，SEM）和空间自回归（spatial autoregressive，SAR）模型的区分有效，信息准则对大多数模型有效，但是也会出现误选。而当给出恰当的迭代（Metropolis-Hastings，M-H）算法时，充分利用似然函数和先验信息的马尔可夫链蒙特卡罗（Markov Chain Monte Carlo，MCMC）方法，具有更高的检验效度，特别是在较大的样本条件下得到完全准确的判断，且对不同阶空间邻接矩阵的空间计量模型的选择也非常有效。

第 3 章为带未知异方差广义空间模型的有效估计。给出广义空间模型异方差问题的三种不同估计方法。第一种方法是将异方差形式参数化，来克服自由度的不足，使用估计进行实现。而针对异方差形式未知时，分别采用基于两阶段最小二乘法（2-stage least squares，2SLS）的迭代估计和更加直接的抽样方法加以解决，特别是 MCMC 方法表现得更加优美。蒙特卡罗模拟表明，给定异方差形式条件下，估计通过异方差参数化的方法依然可以获得较好的估计效果。而异方差形式未知的情况下，另外两种方法随着样本数的增大也可以与估计结果趋于一致。

第 4 章是含空间自回归误差项的空间动态面板模型的有效估计。探究空间关联误差效应下空间动态面板数据（spatial dynamic panel data，SDPD）模型拟极大似然（quasi-maximum likelihood，QML）估计的有限样本性质。蒙特卡罗结果显示，含空间自回归误差项的 SDPD 模型大样本性质较好；其估计结果优于不含空间自回归误差项的模型；较强的误差项空间相关性对参数估计精度的影响程度较大；误差项分布偏离正态性会影响模型的估计结果，但模型总体估计的稳健性良好。总体蒙特卡罗结果与理论分析一致。

第 5 章为含自回归误差项的空间动态面板模型的检验与模拟。通过统计推导 SDPD 模型的空间 Hausman 检验、LM 和似然比（likelihood ratio，LR）检验统计量，探究模型的空间滞后效应、空间自回归误差效应的影响力度，并选择适合本章数据生成过程的最优检验统计量。使用含空间自回归误差项的随机效应 SDPD 模型进行蒙特卡罗模拟，结果显示，大样本下空间 Hausman 检验的检验结果更精确；随机效应模型下的条件检验 $LM_{\lambda|\alpha}$、$LR_{\lambda|\alpha}$ 是最适合本章的检验统计量；模型检验统计量的检验功效随空间自回归误差项系数递增。

第 6 章是固定效应模型空间相关性的 Bootstrap LM-Error 检验。基于 Lee 和 Yu 的正交转换消除固定效应，将快速双重自提（fast double bootstrap，FDB）方法用于空间固定效应模型误差自相关的 LM-Error 检验。在不同的误差结构、样本量、空间权重矩阵、序列相关系数和固定效应大小条件下，比较渐近 LM-Error 检验和 Bootstrap LM-Error 检验的水平扭曲和功效。蒙特卡罗模拟实验表明，当误差项为标准正态分布时，两者均具有较好的水平扭曲和功效表现。当误差项为异方差或者序列相关时，渐近 LM-Error 检验存在严重的水平扭曲，而 Bootstrap LM-Error 检验能够有效地校正其水平扭曲，且其检验功效与渐近 LM-Error 检验功效近似相等，Bootstrap LM-Error 检验是更为理想的检验方法。

第二篇，空间计量经济前沿应用篇，包括第 7～11 章。

第 7 章是产业融合下的产业结构优化升级效应分析——基于信息产业与制造业耦联的实证研究。在产业融合的背景下，首次依据信息产业与制造业间的耦联对我国产业结构优化升级的空间效应开展定量研究，并以此量化产业融合对产业结构优化升级的影响和细化产业耦联对产业结构优化升级的作用机理及作用力度。结果表明：除了广东省和江苏省，我国信息产业与制造业间的耦联协调度普遍不协调，归因于产业转型时期耦联效率低；区域产业耦联对产业结构优化升级表现出空间相关性及与区域经济发展的一致性，这得益于东部发达的经济体、中部"两型社会"的创新政策特权和"中部崛起战略"以及西部和谐的政府管制政策。综上，我国应深化产业的耦联效应；发挥省域高新技术的竞合优势；维护知识密集型高技术产业的主导地位。而化解信息技术的空间壁垒、巩固政府的动态调节机制、模糊产业耦联边界是优化产业结构的关键。

第 8 章为要素集聚下技术创新与产业结构优化升级的非线性和溢出效应研究。旨在阐释 1995～2013 年要素集聚下技术创新与产业结构优化升级的非线性关联及外溢效应的正负性。实证发现：通过改进面板平滑转移（panel smooth transfer regression，PSTR）模型，运用集聚要素替代技术创新体系探究技术创新与产业结构优化升级间非线性关联是可行的；省域物质资本和劳动力要素集聚下的技术创新对产业结构优化升级的边际作用递减并最终收敛，省域人力资本、技术和创新要素集聚下的技术创新对产业结构优化升级的作用效应呈递增的发散特征；物质资本要素集聚、技术要素集聚和创新要素集聚效应下的技术创新对省域产业结构优化升级具有积极影响，而相邻省份的人力资本要素集聚和劳动力要素集聚度的变化对本省份的产业结构优化升级产生消极溢出作用。

第 9 章是经济集聚下技术创新强度对产业结构升级的空间效应分析。通过基于结构偏离度的 Hamming 贴近度、夹角余弦法、主成分分析（principal component analysis，PCA）测度产业结构"两化"水平和技术创新强度，构建基于经济集聚度的空间权重矩阵并利用 1997～2014 年 30 个省份（西藏、港澳台地区除外）的面板数据进行空间杜宾模型（spatial Dubin model，SDM）实证检验，结果表明：技术创新强度对我国"两化"发展具有显著为正的空间效应；经济集聚是促进创新对高级化空间效应的必要条件，它能将创新对合理化的空间效应放大近 4 倍；就合理化维度而言，东部创新的边际收益高、中部集聚的边际收益高、西部依赖政府调控，但技术创新强度对西部地区产业结构合理化的空间效应不显著。

第 10 章是环境约束下要素集聚对区域创新能力的影响——基于地理加权回归（geographi-cally weighted regression，GWR）模型的实证分析。利用 GWR 模型实证分析物质资本集聚、人力资本集聚、能源足迹强度和环境规制水平等变量对区域创新能力的影响。结果表明，物质资本集聚带来的资本深化并未转化为技术深化，对区域创新能力没有促进作用；而人力资本集聚通过溢出效应加强了知识创造和知识获取能力，对区域创新能力表现出明显的促进作用；能源足迹强度越大，对区域创新能力的制约作用越大；环境规制水平对区域创新能力具有双重效应，当期环境规制政策不利于区域创新能力的提高，而前期环境规制对区域创新能力的激励作用正在凸显，弥补甚至超过了环境成本负效应。

第 11 章为产业地理集中对地区协调发展的聚集与分散效应——基于局部溢出模型的实证研究。以新经济地理学和内生经济增长为理论基础，构建局部溢出模型和空间计量模型，分析产业地理集中的需求关联效应、溢出效应与拥挤效应对地区协调发展的作用机制。结果发现，需求关联效应和溢出效应为聚集力，拥挤效应为维持对称均衡的分散力，同时，溢出效应也可成为促进经济分散的力量；聚集力和分散力的对比呈阶段性变化，初始阶段聚集力大于分散力，产业地理集中与经济增长和地区经济差距之间存在"倒 U 形"的关系；人力资本溢出效应的存在有利于缩小地区差距。

本书是在近年来著者与博士研究生长期从事空间计量经济学的相关理论与应用研究成果的基础上整理而来的，得到国家自然科学基金的资助（71273122，71473109，41461025），也是其阶段性成果。

本书得到博士研究生周璇、杨海文、齐亚伟的大力支持，特别是周璇在整理书稿中花费了许多心血，在此表示感谢！最后感谢科学出版社李嘉编辑对本书的出版给予的支持与帮助！

著　者
于江西财经大学蛟桥园
2016 年 10 月

目 录

第一篇 空间计量经济前沿理论篇

第1章 绪论 ··· 3
1.1 空间计量经济学学科体系 ··· 3
1.1.1 空间计量经济学的起源和发展 ····································· 3
1.1.2 空间计量的特性与空间效应的度量 ································· 6
1.1.3 空间计量经济学的展望 ··· 12
1.2 空间计量经济学研究步骤和估计检验 ·································· 14
1.2.1 空间计量经济学的研究步骤 ······································· 14
1.2.2 空间计量经济学模型的检验 ······································· 14
1.2.3 存在空间效应的空间计量经济学模型的估计 ························· 20
1.2.4 有限样本情况下空间计量经济学模型的估计 ························· 26
参考文献 ··· 28

第2章 空间计量模型的选择及模拟分析 ······································ 32
2.1 研究背景 ··· 32
2.2 空间计量模型选择方法分析 ·· 33
2.2.1 空间计量模型簇 ··· 33
2.2.2 基于空间计量模型极大似然值的选择方法 ··························· 34
2.2.3 基于模型后验概率的贝叶斯选择方法 ······························· 37
2.2.4 基于MCMC的空间计量模型选择方法 ································ 39
2.3 空间计量模型选择的模拟分析 ·· 41
2.4 结论与进一步研究 ·· 45
参考文献 ··· 46

第3章 带未知异方差广义空间模型的有效估计 ································ 48
3.1 研究背景 ··· 48
3.2 广义空间模型相关设定及异方差结构分析 ································ 49
3.3 带未知异方差的广义空间模型的有效估计方法 ···························· 51
3.3.1 参数化异方差形式的广义空间模型最大似然估计 ····················· 52
3.3.2 带未知异方差广义空间模型的GMM估计 ···························· 53
3.3.3 广义空间计量模型的MCMC估计 ···································· 55
3.4 蒙特卡罗数值模拟 ··· 58

3.5 结论与进一步研究 ·· 64
参考文献 ··· 65

第4章 含空间自回归误差项的空间动态面板模型的有效估计 ··············· 67
4.1 研究背景 ··· 67
4.2 SDPD 模型的空间自回归误差项结构和假设 ························· 68
4.3 含空间自回归误差项的 SDPD 模型的 QML 估计 ··················· 70
4.4 含空间自回归误差项的 SDPD 模型的有限样本性质和检验 ········ 73
  4.4.1 含空间自回归误差项的 SDPD 模型的有限样本性质 ············· 73
  4.4.2 含空间自回归误差项的 SDPD 模型的检验 ······················ 82
4.5 结论与进一步研究 ·· 86
参考文献 ··· 87

第5章 含自回归误差项的空间动态面板模型的检验与模拟 ················· 89
5.1 研究背景 ··· 89
5.2 空间动态面板模型选择的检验方法 ···································· 90
  5.2.1 空间 Hausman 检验 ·· 90
  5.2.2 LM 和 LR 检验 ··· 93
5.3 空间动态面板模型选择的模拟分析 ···································· 97
  5.3.1 数据生成过程 ··· 98
  5.3.2 数值模拟结果 ··· 98
5.4 结论与进一步研究 ·· 107
参考文献 ··· 108

第6章 固定效应模型空间相关性的 Bootstrap LM-Error 检验 ············· 110
6.1 研究背景 ··· 110
6.2 面板数据固定效应空间误差模型 ······································· 111
6.3 Bootstrap LM-Error 检验 ·· 112
6.4 蒙特卡罗模拟实验 ·· 114
  6.4.1 Bootstrap LM-Error 检验的水平扭曲 ······························ 115
  6.4.2 Bootstrap LM-Error 检验的功效 ··································· 118
6.5 研究结论 ··· 121
参考文献 ··· 122

第二篇 空间计量经济前沿应用篇

第7章 产业融合下的产业结构优化升级效应分析——基于信息产业与制造业耦联的实证研究 ···································· 127
7.1 研究背景 ··· 127

7.2 产业融合理论分析与实证研究 ························ 128
7.2.1 信息产业与制造业融合的理论分析 ················ 128
7.2.2 信息产业与传统制造业耦联评价模型的构建 ········ 131
7.2.3 信息产业与制造业耦联的实证研究 ················ 133
7.3 产业融合下产业结构优化升级的实证分析 ············· 137
7.3.1 产业融合下的产业结构优化升级模型分析 ·········· 137
7.3.2 空间计量经济模型的选择 ······················· 139
7.3.3 空间面板模型的构建 ···························· 140
7.3.4 模型的结果分析 ································ 141
7.4 结论与政策建议 ···································· 143
参考文献 ·· 144

第8章 要素集聚下技术创新与产业结构优化升级的非线性和溢出效应研究····146
8.1 研究背景 ·· 146
8.2 要素集聚下的技术创新效应分析 ······················ 148
8.3 技术创新与产业结构优化升级的非线性关联分析 ········ 151
8.3.1 PSTR 模型原理 ································ 151
8.3.2 PSTR 模型的实证分析 ·························· 152
8.4 技术创新与产业结构优化升级的溢出效应研究 ·········· 156
8.4.1 空间计量模型溢出效应的原理 ···················· 156
8.4.2 模型的实证结果分析 ··························· 158
8.5 结论与政策建议 ···································· 161
参考文献 ·· 162

第9章 经济集聚下技术创新强度对产业结构升级的空间效应分析··········164
9.1 研究背景 ·· 164
9.2 技术创新强度对产业结构升级的理论框架与模型设定 ···· 165
9.2.1 理论框架 ······································ 165
9.2.2 模型设定 ······································ 167
9.3 技术创新强度对产业结构升级的数据说明与指标测算 ···· 169
9.3.1 数据说明 ······································ 169
9.3.2 技术创新强度测度 ······························ 169
9.3.3 产业结构升级测度 ······························ 171
9.4 经济集聚下技术创新强度对产业结构升级的实证与结果分析 175
9.4.1 空间相关性检验 ································ 175
9.4.2 实证分析 ······································ 177

9.5　结论与政策建议 ···184
参考文献 ···184

第10章　环境约束下要素集聚对区域创新能力的影响——基于 GWR 模型的实证分析 ·······························187

10.1　研究背景 ··187
10.2　要素集聚对区域创新能力的影响 ···188
 10.2.1　区域创新能力的评价指标体系 ···188
 10.2.2　影响区域创新能力的要素集聚效应 ···190
10.3　环境约束下要素集聚影响区域创新能力的实证分析 ······································191
 10.3.1　地理加权回归模型 ··191
 10.3.2　模型的设定 ···193
 10.3.3　实证结果分析 ··196
10.4　结论与政策建议 ···198
参考文献 ···198

第11章　产业地理集中对地区协调发展的聚集与分散效应——基于局部溢出模型的实证研究 ·······························200

11.1　研究背景 ··200
11.2　理论与实证模型的构建 ···202
 11.2.1　局部溢出模型的构建 ···202
 11.2.2　空间计量扩展模型的设定 ···206
11.3　中国地区经济增长的空间演变轨迹 ···207
 11.3.1　测度指标与数据来源 ···207
 11.3.2　实证分析 ··208
11.4　结论与政策建议 ···211
参考文献 ···212

第一篇 空间计量经济
　　前沿理论篇

第1章 绪 论

1.1 空间计量经济学学科体系

空间计量经济学是以空间经济理论和地理空间数据为基础,以建立、检验和运用计量经济模型为核心,运用数学、统计学方法与计算机技术对经济活动的空间相互作用(空间自相关)和空间结构(空间不均匀性)问题进行定量分析,研究空间经济活动或经济关系数量规律的一门经济学学科。

1.1.1 空间计量经济学的起源和发展

20 世纪 60 年代以来,地理信息系统和遥感技术等的飞速发展使得空间极大地丰富,并且以指数的方式不断增长,使得传统的计量经济学面临空间数据丰富而计量分析不足的尴尬局面,那么使用科学、精确的方法分析这些数据就刻不容缓,于是计量经济学的热点就逐渐由时间序列向空间数据转变。空间计量经济学是空间数据分析的重要理论和方法之一。数据的时空多尺度性、数据表达的不确定性和数据的空间关联性等是空间数据所具有的不同于一般数据的基本特质,那么空间数据的计量就成为空间计量经济理论的强大支撑。空间知识的发现和空间数据的计量逐渐成为计量经济学研究的一个新兴分支,它包含数据从空间中提取隐含的空间和非空间模式及具有普遍特征的知识的过程。

在空间计量经济学产生之前,Moran、Fisher、Cliff、Ord、Isard 等做出了重要贡献。1948 年,Moran 提出用二进制连接矩阵表示空间相关和全局 Moran 指数的概念。1950 年,Moran 提出了空间自相关测度的概念和 Moran's I 统计量。1952 年,区域科学的创始人 Isard(他也是著名空间经济学家 Fujita Masahisa 和空间计量经济学家 Anselin 的导师)在 *Econometrica* 上强调了空间位置在经济学上的重要性。1954 年,Geary 提出了 Geary's C 统计量。Matheron(1963,1967)提出地理统计的克里金(Kriging)方法。1971 年,Fisher 提出了空间自回归的概念,并给出了它在线性回归中的应用。同一年,Cliff 和 Ord 提出了空间误差自相关模型的雏形,由此诞生了两个最为经典的空间计量模型。1973 年,Cliff 和 Ord 同时给出了空间误差自相关模型的最大似然估计。Paelinck 在 1966 年区域科学协会年会报告中提到空间计量经济学的一些想法,1974 年在荷兰统计协会大会致词时 Paelinck 正式提出了空间计量经济学这一概念。1979 年，Paelinck 在与 Klaassen 合著的 *Spatial Econometrics* 中指出空间计量经济学的五大研究特征，从而标志着空间计量经济学的正式产生。1988 年，Anselin 在总结前人研究的基础上，给出了自己的大量独立研究成果，撰写了一本被后来的空间计量研究广泛引用的经典专著——*Spatial Econometrics: Methods and Models*，书中提到了丰富的空间计量模型及估计和检验方法，可以认为该书首次对空间计量经济学进行了全面系统的分析。因而，Anselin 成为空间计量经济学研究的代表性人物之一。

自空间计量经济学产生以来，对空间和区位相互作用问题的研究主要有基于数据角度和基于模型角度的两条技术分析路线。第一，很多学者直接通过处理空间数据并对其展开实证分析的方式进行空间计量经济分析。现今地理编码社会经济数据的出现和地理信息技术的推广引致处理数据的独特方式的出现和发展，正是因为学者认识到地理数据的空间相关性并且以往标准的计量经济学难以处理空间自相关性。目前，在公共政策分析领域、应用经济学领域，尤其是发展经济学、资源与环境经济学、房地产经济学和区域经济学中，地理信息系统的应用十分广泛，大部分学者倾向使用这种方法进行空间经济建模和空间数据分析。第二，理论经济学的研究分析也逐渐受到广大研究者的青睐，对新的理论框架在研究主体和设定相互作用的探究问题上，引发了一个有趣的问题，即需要探究总体模式和集体行为如何通过个体的相互作用实现。Aoki（1994，1998）的相互依赖的参数选择、新宏观经济学（Alessie et al., 1991）、尺度竞争（Bivand et al., 1997）、临近溢出效应（Borjas, 1994; Glaeser, 1998）等领域中，理论模型的应用和发展均很多，这与随机场模型和研究粒子系统相互作用的实证模型一起，支撑了研究主体间重要相互作用的实证模型。这些文献又重新研究了与新经济地理有关的集聚经济及溢出效应、马歇尔外部性等的空间特性，促使相互作用模型进一步得到了发展（Arthur, 1989; Krugman, 1990; Glaeser, 1998）。

于是，依据 Anselin 和 Paelinck 的早期定义，根据空间计量经济学所属的学科、研究内容和研究方法可以这样概述空间计量经济学的定义：空间计量经济学是计量经济学的一个分支，它是对一系列含有经济变量空间效应（包含空间自相关和空间异质等）的计量经济模型进行设定、估计、检验以及预测的研究技术总称。计量经济学诞生于 20 世纪 30 年代，自 20 世纪 70 年代末 80 年代初才进入中国，而几乎与此同时，空间计量经济学（spatial econometrics）作为一门计量经济学的分支学科开始兴起。显然，计量经济学的产生为空间计量经济学的诞生奠定了基础，但空间计量经济学的出现还与它相近时期产生的新兴学科，如空间统计学和空间经济学有着复杂的联系。这些学科的研究对象和方法经常出现交叉，因而它们经常容易混淆。

1951年，南非金矿勘探工程师Krige提出了地统计学（geostatistics，又称地质统计学），1963年，法国统计学家Matheron在总结Krige的实践和研究基础上，首次明确提出了空间统计学（spatial statistics）的概念。之后，Matheron和Serra做了一些相关的完善工作。空间计量经济学的发展源于空间统计学，空间统计学的理论为空间计量经济学的发展奠定了重要基础。马骊（2007）将空间统计学概括为：以具有地理空间信息特性的事物对象的空间相互作用及变化规律为研究对象，将统计学和现代图形计算技术结合起来，用直观的方法展现空间数据中所隐含的空间分布、空间模式以及空间相互作用等特征。可以看到空间统计学研究方法的应用是非常广泛的，它不局限于经济学领域，同时空间计量经济学也会有自身的发展特点，例如，空间计量经济学中对早期的空间统计学中所定义的空间权重矩阵进行了拓展，从而使得空间统计方法能够更加灵活广泛地解决经济学中相关的问题。研究方法归为空间计量经济学还是空间统计学往往与研究者的个人研究工作有关。Anselin（1988a）提到空间计量经济学和空间统计学从所使用的方法上来说并没有非常明显的区别。1986年，Haining和Anselin分别对*Journal of Regional Science*中的一篇文章进行过讨论，在这个讨论中提出两者的主要区别是空间统计学中的文章大多数方法是基于数据驱动的，空间计量经济学中大多数方法是基于模型驱动的。空间计量经济学的作者往往从一个特定的理论或模型出发，关注当存在空间效应时模型的估计、设定和检验问题，具有这些典型特征的文章可以参见Hordijk（1974，1979）和Anselin（1980，1988a）。

安虎森（2005）指出空间经济学是在区位论的基础上发展起来的融合了多门学科的一门综合性学科，它研究生产要素的空间布局和经济活动在空间区位中所反映的经济现象和规律。空间计量经济学与空间经济学的产生都与区域经济学有着密切关系，空间计量经济学最早就是为了分析区域经济数据而产生的，因此人们认为空间计量经济学是区域科学的量化方法。区域经济学产生于20世纪50年代，在随后20年左右的时间便产生了空间计量经济学。空间经济学的产生更晚，它产生于20世纪90年代，因此空间经济学也是一门相对较为新兴的经济学科。空间经济学产生的标志是1993年日本京都大学的藤田昌久（Masahisa Fujita）、美国普林斯顿大学的保罗·克鲁格曼（Paul Krugman）和英国伦敦政治经济学院的安东尼·维纳伯尔斯藤（Anthony J. Venables）合著的《空间经济学：城市、区域与国际贸易》。空间经济学又称为新经济地理学。经济学与地理学并不是建构在一个科学的系统中，且主流经济学的研究主要强调要素的最优化分工与专业化，注重经济要素在时间轴上的协调、反馈作用过程，整个研究建立在"非空间"的范畴。经典的经济地理学（相对于新经济地理学）强调人地协调，关注经济要素的空间作用、梯队推移、增长极等理论的研究，整个研究包含"空间"的构架。空间经济学将这两者结合，即将空间因素纳入主流经济学框架中，研究生产要素的空间布局和经济活动的空间分布规律，解释现实中存在的不同规模、不同形式的生产的空间集中机制，并通过这种机制的分析探讨区域（世界）经济增长规律与途径（李小建等，2012）。同时可以看出经济地理学和区域经济学也有密切关系，经济地理学和区域经济学都源自于古典区位理论，它们的研究对象中都有"经济"和"空间"两个要素。但经济地理学是自然、技术、经济三者之间的边缘学科，区域经济学是经济学与地理学交叉形成的应用经济学。区域经济学主要研究区域经济的发展变化、空间组织及相互作用，强调经济活动或区域之间的空间关系。

事实上，很多学科的发展并不存在完全明确的界限，学科之间会存在综合、相互交叉与相互渗透，即便是看似相距甚远的学科领域也会存在这种现象。可以认为，在经济学的研究中，经济现象的科学解释、经济主体行为的指导、经济政策的设计等理论与方法会借鉴其他学科，也会产生新兴学科，导致其理论与方法不断地延伸。空间经济学、空间统计学与空间计量经济学之间存在密切的交叉与互补关系，且空间经济学、空间统计学是经济学和统计学向学科前沿发展过程中的延伸，空间统计学与空间计量经济学的区别类似于统计学与计量经济学的区别。空间计量经济学是将多门学科的理论与方法应用到包含空间效应的经济问题研究的一门综合性学科，它的不断发展，会促使传统从时间维度进行研究的大量经济学问题向空间及时空维度的转变。

1.1.2 空间计量的特性与空间效应的度量

1. 空间自相关

空间单元上的变量一般包括位置信息和属性值。空间自相关（空间依赖性）指某一空间单元的某一属性值与邻近空间单元上同一属性值之间存在的空间相关程度。空间自相关的定义表明空间单元上属性值是不独立的，它们存在空间相关，且空间相关的强度及模式与空间单元的位置变量有关。传统统计方法仅对属性变量进行统计分析，而忽视了观测值的空间位置关系。

空间自相关又可以分为正的空间自相关、负的空间自相关和空间无关。Goodchild（1986）认为正的空间自相关来自空间相邻的事物有相似的属性，负的空间自相关来自空间相邻的事物有相异的属性。在区域科学分析中，正的空间自相关表明空间区域单元的属性值存在趋同集聚，即高值与高值、低值与低值之间趋于空间集聚；负的空间自相关表明空间区域单元的属性值存在趋异集聚（即相似观测值之间呈分散的空间分布）。另外，Anselin 和 Rey（1991）将空间自相关进一步分为空间实质相关（spatially substantive dependence）和空间扰动相关（spatial nuisance dependence），它们都反映了空间单元属性值的非独立性。空间实质相关主要由被解释变量或解释变量的空间相关性所引起,而空间扰动相关由没有作为解释变量(有可能是遗漏解释变量或不可观测)的因素引起,这种空间自相关归入随机干扰项中。

由以上的定义可以看出,空间自相关能够刻画空间单元属性值的集聚特征。而从度量的范围来说,空间自相关的度量可以分为全局空间自相关(global spatial autocorrelation)和局部空间自相关(local spatial autocorrelation)。全局空间自相关用来刻画空间单元上属性值之间的整体分布情况,即全局范围内是否存在聚集特征,它不能像局部空间自相关一样能够分析聚集所发生的位置。度量全局空间自相关的统计量主要包括全局 Moran's I 统计量和全局 Geary's C 统计量。

局部空间自相关用来刻画局域空间单元的属性值的分布特征,特别是分析聚集所发生的位置。局部空间自相关由空间联系的局域指标(local indicators of spatial association,LISA)来度量,它包括局部 Moran's I 统计量、局部 Geary's C 统计量和局部 Getis G 统计量。

全局 Moran's I 统计量(简记为 I)为

$$I = \frac{\sum_{i=1}^{n}\sum_{j=1}^{n}w_{ij}(Y_i-\bar{Y})(Y_j-\bar{Y})}{S^2\sum_{i=1}^{n}\sum_{j=1}^{n}w_{ij}} \quad (1\text{-}1)$$

其中,$S^2 = \frac{1}{n}\sum_{i=1}^{n}(Y_i-\bar{Y})^2$,$\bar{Y} = \frac{1}{n}\sum_{i=1}^{n}Y_i$,即 S^2,$\bar{Y}$ 分别为观测值的样本方差和样本均值;w_{ij} 为空间权重矩阵 W 中的 (i,j) 元;Y_i,Y_j 为位置 i 与 j 空间单元的属性值;$\bar{Y}$ 为 n 个位置上空间单元属性值的平均值。当 W 为行标准化空间权重矩阵时,W 的全部元素之和 $\sum_{i=1}^{n}\sum_{j=1}^{n}w_{ij}$ 等于 n,因而全局 Moran's I 统计量可以改为 $I = \sum_{i=1}^{n}\sum_{j=1}^{n}w_{ij}(Y_i-\bar{Y})(Y_j-\bar{Y})/nS^2$。从此定义中可以看出全局 Moran's I 用于刻画含有位置信息的空间单元属性值之间的相似性。

Moran(1948)指出 Moran's I 值近似服从均值为 $E(I) = -1/(n-1)$,方差为 $V(I) = (n^2w_1 + nw_2 + 3w_0^2)/[w_0^2(n^2-1)] - E^2(I)$ 的正态分布,其中 $w_0 = \sum_{i=1}^{n}\sum_{j=1}^{n}w_{ij}$,$w_1 = \frac{1}{2}\sum_{i=1}^{n}\sum_{j=1}^{n}(w_{ij}+w_{ji})^2$,$w_2 = \sum_{i=1}^{n}(w_{i\cdot}+w_{\cdot i})^2$,$w_{i\cdot}$ 与 $w_{\cdot j}$ 分别表示 W 的第 i 行和第 j 列的和。从而 Moran's I 标准化后的统计量 z 近似服从标准正态,即 $z = \frac{I-E(I)}{\sqrt{V(I)}} \sim N(0,1)$。与相关系数类似,Moran 指数的值也在 $-1 \sim +1$,值大于 0 表示存在空间

正相关，越接近于 1 表示正相关的程度越强；值小于 0 表示存在空间负相关，等于 0 表示空间无关（即空间单元属性值在空间上是随机或独立的）。

局部 Moran's I 统计量为

$$I_i = \frac{(Y_i - \bar{Y})}{S^2} \sum_j w_{ij}(Y_j - \bar{Y}) \qquad (1\text{-}2)$$

若使用标准化统计量 $Z_i = \dfrac{Y_i - \bar{Y}}{\sigma_Y}$，则样本方差 $S^2 = 1$，式（1-2）可简化为 $I_i = Z_i \sum_{j \neq i}^{n} w_{ij}^* Z_j$，$w_{ij}^*$ 为空间权重矩阵 W 行标准化之后的 (i, j) 元，I_i 为观测单元 i 的观测值 Z_i 与周围观测单元观测值加权平均的乘积。值为正表示空间单元 i 与邻近单元的属性相似（高值周围是高值或低值周围是低值，即高值聚集或低值聚集），值为负表示空间单元 i 与邻近单元的属性不相似（即高值周围是低值或低值周围是高值）。

全局 Geary's C 统计量（简记为 G）的计算公式为

$$G = \frac{(n-1)\sum_{i=1}^{n}\sum_{j=1}^{n} w_{ij}(Y_i - Y_j)^2}{2\sum_{i=1}^{n}\sum_{j=1}^{n} w_{ij} \sum_{i=1}^{n}(Y_i - \bar{Y})^2} \qquad (1\text{-}3)$$

若用 S^2 来表示样本方差 $\dfrac{1}{n}\sum_{i=1}^{n}(Y_i - \bar{Y})^2$，$w_0$ 来表示 W 的全部元素之和，则式（1-3）可以简写为

$$G = \frac{n-1}{2n} \frac{\sum_{i=1}^{n}\sum_{j=1}^{n} w_{ij}(Y_i - Y_j)^2}{w_0 S^2} \qquad (1\text{-}4)$$

全局 Geary's C 统计量的取值范围在 [0, 2]，由式（1-4）可以看出全局 Geary's C 统计量的分子分母均为非负数，故全局 Geary's C 统计量的值非负。当相似的值聚在一起时，分子会变得很小；相反，不相似的值聚在一起时，值会变得较大。随机假定下全局 Geary's C 统计量的期望值为 1，因此全局 Geary's C 统计量的取值等于 1 表示不相关；取值属于 [0, 1) 时表示正相关；取值属于 (1, 2] 时表示负相关，这一点和全局 Moran's I 统计量不一样。

1992 年和 1995 年，Getis 和 Ord 对局部 Getis G 统计量 G_i 和 G_i^* 进行了研究。G_i 和 G_i^* 的计算公式分别为

$$G_i(d) = \frac{\sum_{j,j \neq i}^{n} w_{ij} Y_j}{\sum_{j,j \neq i}^{n} Y_j}, \quad G_i^*(d) = \frac{\sum_{j=1}^{n} w_{ij} Y_j}{\sum_{j=1}^{n} Y_j} \tag{1-5}$$

其中，$w_{ij}(w_{ii}=0)$ 为对称的二元空间权重矩阵中的元素，且当空间单元 i,j 的距离不大于 d 时 $w_{ij}=1$，否则为 0。距离 d 的定义不局限于欧氏距离，可以为其他形式的距离。G_i 和 G_i^* 区别为：G_i 在计算空间单元 i 的统计量时，将空间单元 i 自身排除在外，而 G_i^* 没有做排除处理。G_i 和 G_i^* 的值为正表示空间单元 i 周围存在高值空间集聚，相反表示存在低值空间集聚。

显然，全局 Geary's C 统计量与全局 Moran's I 统计量形式上比较接近，得出的结果也比较相似，只是由于它们的统计量的分子上 $(Y_i - \bar{Y})(Y_j - \bar{Y})$ 与 $(Y_i - Y_j)^2$ 不同，所以全局 Geary's C 统计量的分子对邻近变元之间的绝对差 $(Y_i - Y_j)^2$ 比较敏感，在多数分析中两者大致上是可以相互替代的。1987 年，Griffith 进行模拟分析得出全局 Geary's C 统计量与全局 Moran's I 统计量之间存在负的线性相关，并得出与全局 Geary's C 统计量相比，全局 Moran's I 统计量并不容易受到偏离正态分布的影响，因此全局 Moran's I 统计量更合适大多数空间相关的应用分析。

通过全局 Moran's I 统计量与局部 Moran's I 统计量的公式可以容易得到两者之间的关系，将局部 Moran's I 统计量求和有

$$\sum_{i=1}^{n} I_i = \sum_{i=1}^{n} Z_i \sum_{j=1}^{n} w_{ij}^* Z_j = \sum_{i=1}^{n} \sum_{j=1}^{n} Z_i w_{ij}^* Z_j \tag{1-6}$$

而对于行标准化的空间权重矩阵和标准化的变量来说，$S^2=1$，$\sum_{i=1}^{n}\sum_{j=1}^{n} w_{ij} = n$，全局 Moran's I 统计量简化为 $\sum_{i=1}^{n}\sum_{j=1}^{n} Z_i w_{ij}^* Z_j$，与 $\sum_{i=1}^{n} I_i$ 恰好相等。

因此对于非标准化的变量和非行标准化的空间权重矩阵来说，全局 Moran's I 统计量与局部 Moran's I 统计量的和只相差一个常数因子 $w_0 S^2$，即全局指标 Moran 指数可以分解成局部 Moran's I 的和，全局 Moran's I 的结果来源于每个观测值局部 Moran's I 的贡献之和。如果整个空间过程比较平稳，则局部 Moran's I 差异很小，且接近于全局 Moran's I 的样本平均，相反如果整个空间存在异常值或极端值，则局部 Moran's I 较大的值对全局统计量的影响较大。因而，局部 Moran's I 可以探测空间单元上的异常值或极端值。需要注意的是，在大的数据集中，有时存在不显著的全局空间自相关，却可能存在显著的局部相关，全局空间自相关的显著性与局部空间自相关的显著性并不存在矛盾。

2. 空间异质性

空间异质性又称为空间差异性，它是空间效应的一个组成部分。Anselin（1988b）指出空间异质性是经济行为或经济关系在空间上的不稳定性，具体体现为所研究的变量、模型参数和误差项的方差随空间单元的变化而变化。胡健和焦兵（2012）把空间异质性定义为空间中各变量由于所处的区位位置不同而存在的差异性。经济地理结构（如中心-外围结构）等因素会导致空间异质性的产生。在空间计量经济模型中，空间异质性可根据空间单元的特性利用结构变化的空间计量模型进行处理。需要特别注意的是，当空间自相关和空间异质性同时出现时，标准的计量经济方法不再适用，Anselin（1999）指出单一横截面观测上，空间自相关和空间异质性可能是相同的。空间异质在空间计量分析中，可以通过模型回归系数的参数化来实现，但把系数设定成与样本数相同时将会无法估计，因而通常需要根据经济理论或经验对系数的设定做特定处理。

根据空间异质性表现形式的差异性，Anselin（1988b）将其分成空间异方差和空间结构非均衡性两种形式。空间异方差需要对模型的误差项进行异方差处理；而空间结构的非均衡性则需通过设定空间结构或设置空间变系数实现。Anselin（2010）认为空间异质性存在连续型和离散型异质性两种处理方式。连续型异质性通过设定参数随空间位移变动的函数形式来处理空间异质性；离散型异质性则通过在模型中设置区域虚拟变量的形式来实现。

空间异方差性表现为空间结构等空间属性所导致的空间异方差。空间异方差的处理方式包括：①将误差项分解成某个随机扰动项自回归和独立的干扰项（Anselin et al.，2006）；②随机系数模型方法（Hildreth et al.，1968）；③将随机误差项进行分解，进一步分解成某个人随机扰动项的独立干扰项和自回归项；④将误差项分解成空间虚拟变量和共同因素表示的个体影响因素。此方法的缺点是模型中的共同因素部分与模型的常数项通常混合在一起无法区分，给模型的识别造成一定困难。因此，在实证过程中，这种方法用得比较少（Anselin，1988b）。

空间结构的非均衡性则主要表现为模型中的变量参数存在空间非均衡性。采用连续型和离散型的空间异质性处理方式，相应的参数非均衡性也表现为连续型参数非均衡性和离散型参数非均衡性。通过添加区域虚拟变量的形式处理离散型参数非均衡性，参数估计值会随着空间位移的变化而发生变动。连续型参数非均衡性的设定避免了离散型异质性的空间非连续性，比较直观地体现了模型参数与观测点空间属性的关系。

早在 1972 年 Casetti 就提出了参数空间形式下的扩展模型的设定形式，其假定模型的自变量参数是空间属性变量的函数，如下所示：

$$y = X\beta_{(p)} + \varepsilon \tag{1-7}$$

其中，p 为与空间地理位置关联的空间属性变量；ε 为满足独立同分布的随机干扰项。

通过确定空间属性的准确函数相关的自变量参数形式，扩展模型可以更好地解释随着空间位移而变动的参数形式。但是，扩展模型等方法需要依靠空间层级的外生性假定，基于区域间层级设定的空间分布不均匀性特征，很难对模型的准确性和清晰度作出适当描述，那么很多时候会受到偏误或者模型使用限制等状况的影响。Brunsdon 等（1998）提出了地理加权回归方法解决空间层级和函数形式的依赖性。

$$y = X\beta_{(v_1, v_2)} + \varepsilon \tag{1-8}$$

其中，v_1 和 v_2 均为地理属性变量，可采用经纬度表示；ε 为满足独立同分布的随机干扰项。通过对研究区域内的样本点进行局部回归的形式设定相应空间位置的参数估计值，其中，参数估计值与回归点的空间位置相关联。

地理加权回归方法与扩展模型均能得出随空间连续变动的估计结果。相比较而言，地理加权回归能够更加灵活地得出估计结果，于是其应用范围也更加广泛。

3. 空间效应的度量

空间计量模型的空间效应分为直接效应和间接效应两种。在实证分析中，如果使用的是一般的非空间线性回归模型，估计模型的参数之后，通常可以直接进行经济问题的解释。但是，在空间计量模型中，一个空间单元上的解释变量的变化除了对它自身被解释变量的影响，还存在对其他空间单元的被解释变量的间接影响，这两种影响分别对应空间计量模型分析中的直接效应（direct effect）和间接效应（indirect effect），即一般的非空间计量模型所分析的是直接效应，而空间计量模型包括直接影响和间接影响所产生的两种效应。同时，分析间接效应也是空间计量模型特有的作用之一，而间接效应的测度在实证分析中广为使用，且称为空间溢出效应。Behrens 和 Thisse（2007）认为考察这种交互作用是空间回归模型非常重要的一个方面。一些学者在空间计量模型的研究中给出空间计量模型的具体解释（Lesage et al.，2009；Anselin et al.，2006；Kelejian et al.，2006）。一般在估计出空间回归参数之后还需要计算直接效应和间接效应（当然部分软件程序会直接给出这部分结果）。

在一般线性回归模型 $y_i = \sum_{k=1}^{K} x_{ik}\beta_k + \varepsilon_i (i=1,2,\cdots,n)$ 中，

$$\frac{\partial y_i}{\partial x_{jk}} = \begin{cases} \beta_k, & i = j \\ 0, & i \neq j \end{cases} \tag{1-9}$$

因此，第 i 个个体只对它自己的被解释变量有直接影响，对其他个体被解释变量的影响为零（即不存在间接影响）。

在空间计量模型中，以空间杜宾模型（spatial Dubin model，SDM）为例（Lesage et al.，2009），SDM 表达式为

$$y = X\beta + \rho Wy + WX\lambda + \iota_n \alpha + \varepsilon \quad (1\text{-}10)$$

对模型右端的被解释变量移项整理之后得到

$$(I_n - \rho W)y = X\beta + WX\lambda + \iota_n \alpha + \varepsilon \quad (1\text{-}11)$$

令 $V(W) = (I_n - \rho W)^{-1} = I_n + \rho W + \rho^2 W^2 + \rho^3 W^3 + \cdots$，$S_k(W) = V(W)(I_n \beta_k + W\lambda_k)$，式（1-11）可简记为

$$y = \sum_{k=1}^{K} S_k(W) x_k + V(W)\iota_n \alpha + V(W)\varepsilon \quad (1\text{-}12)$$

即 $y_i = \sum_{k=1}^{K}[S_k(W)_{i1} x_{1k} + S_k(W)_{i2} x_{2k} + \cdots + S_k(W)_{in} x_{nk}] + V(W)_i \iota_n \alpha + V(W)_i \varepsilon$，其中 $S_k(W)_{ij}$ 表示 $S_k(W)$ 的第 (i,j) 元，$V(W)_i$ 表示 $V(W)$ 的第 i 行。显然

$$\frac{\partial y_i}{\partial x_{jk}} = \begin{cases} S_k(W)_{ii}, & i = j \\ S_k(W)_{ij}, & i \neq j \end{cases} \quad (1\text{-}13)$$

不论 i,j 是否相等，$\partial y_i / \partial x_{jk}$ 都不等于 0。这是由于 $S_k(W) = V(W)(I_n \beta_k + W\lambda_k)$，$V(W)$ 中包含矩阵 W 的高次幂，以 W^2 来说它由二阶近邻的近邻关系构成，显然空间单元 i 是其自身的近邻的近邻，即自身的二阶近邻，W^2 的对角线上的元素都不为零，它对它的邻居的影响会反作用于它自身。需要注意的是式（1-13）中的 $S_k(W)_{ii}$ 和 $S_k(W)_{ij}$ 并不表示求的直接效应和间接效应。一般认为 $S_k(W)$ 对角线上的元素表示直接效应，非对角线上的元素表示间接效应。实际分析中，研究直接效应和间接效应通常是为了分析某个空间单元上的观测值的变化所产生的影响。因此一般计算平均直接效应和平均间接效应，而平均间接效应由平均总体效应（由 $S_k(W)$ 全部元素和的平均值来定义）与平均直接效应的差来定义。因此，Lesage 和 Pace（2009）给出平均直接效应和平均间接效应的公式如下：

$$\bar{M}(k)_{\text{direct}} = n^{-1}\text{tr}[S_k(W)], \bar{M}(k)_{\text{indirect}} = \bar{M}(k)_{\text{total}} - \bar{M}(k)_{\text{direct}} \quad (1\text{-}14)$$

其中，$\text{tr}[S_k(W)]$ 表示 $S_k(W)$ 的迹，即 $S_k(W)$ 对角线上的元素之和；$\bar{M}(k)_{\text{direct}}$、$\bar{M}(k)_{\text{indirect}}$、$\bar{M}(k)_{\text{total}}$ 分别表示平均直接效应、平均间接效应和平均总体效应。

1.1.3 空间计量经济学的展望

同计量经济学包含理论计量经济学和应用计量经济学一样，空间计量经济学也包括理论空间计量经济学和应用空间计量经济学。此外，随着空间计量经济学的发展，这个趋势会逐渐趋于明显。

空间权重矩阵的设定、改造和运用方式以及数理统计方法的发展等是理论空间计量经济学的主要研究范畴，上述方法逐渐发展成为空间随机经济关系的测定方式，此类空间随机经济关系包括面板数据和横截面数据下回归模型的设定、估计和检验。

相关的模型包括路径依赖模型、不完全竞争模型、规模报酬递增模型、相邻溢出效应模型、均值域相互作用的宏观经济作用模型等。应用空间计量经济学模型是在既定的空间经济理论指导下，以反映事实的空间数据为依据，选用经济计量方法探究空间经济数学模型的实用化或探究实证空间经济规律的理论和应用研究平台。

随着近二三十年来Anselin、Kelejian、Brueckner、Case和Haining等的不懈努力以及计算机模拟技术等的发展，特别是随着地理信息系统和空间数据分析软件的发展，经济计量研究的重心也逐渐从时间序列分析向空间特征分析转变，无论是理论方法还是具体应用中，空间计量经济学均取得了突飞猛进的发展，尤其是在面板数据和截面数据的复杂空间计量经济作用及相互依存的结构中。空间计量经济学的应用领域日趋广泛，主要包括两个方面：第一方面，在很多经济学传统领域的各种经验调查分析研究中，空间计量经济学方法的应用逐渐增多，如劳动经济学、国际经济学、环境经济学、农业经济学、需求分析研究和地方财政经济学等领域；第二方面，在一些专业化分工明确的传统领域也出现了一些空间计量经济学的关联应用和明确结合了空间因素的模型，如房地产经济学、区域科学、城市经济学等。此外，还有很多研究对如何处理与结合数据的"地理"属性的模型相适合的备择模型、估计量和检验统计进行了越来越多的讨论。

Anselin还认为，围绕空间计量经济学四个传统研究领域开展理论和实证研究以及在传统研究领域以外发展一些新的研究领域仍然是空间计量经济学未来研究发展的主流方向。学者将从以下四个方向进行深入研究：①空间计量经济模型的设定；②空间预测；③空间计量经济模型的估计；④空间效应检验。

空间计量经济模型设定、估计、检验和预测是理论研究中存在的一系列问题。空间计量经济模型的多重均衡问题、识别不足问题、内生性问题、缺失变量问题等均是现阶段在空间计量经济模型研究中存在的常见问题，现有研究也在不断对其进行估计和修正。对现有的研究方法进行修正拓展也将继续成为未来空间计量经济研究的主流方向。

实证研究方面，经济社会中复杂的空间关系和时空关系远没有被现有的研究完全揭示。现有实证研究除了对原有的空间计量模型的应用，还包括将不断改进的空间计量经济模型方法应用于经济社会的实际问题中进行分析，促进空间计量经济模型研究的进步。

通过学者的不懈努力，在传统的空间计量经济研究领域还将会衍生出更多的新兴研究领域。目前，有以下几个较为重要的研究领域：①新兴计算技术的发展，空间计量经济分析的计算量十分庞大，需要进一步改进计算技术，处理因数据量过大而引起的复杂计算问题；②解决由数据量过大而导致的计量经济模型失效问题，如在大数据样本研究中，计量经济参数估计结果的显著性被过度接受，即"显著性"概念在大样本数据研究中可能进一步失效，解决这一问题有可能形成新的理论及分析技术；③解释和探索在模型中引入时空关系背后的经济作用机制等。

随着研究方法的逐渐成熟，空间计量经济分析势必会在社会的各个领域得到越来越广泛的应用，应用和推广中产生的新问题将驱动空间计量经济理论的新突破，并驱动应用研究不断向前发展。

1.2 空间计量经济学研究步骤和估计检验

1.2.1 空间计量经济学的研究步骤

一般来说，用空间计量经济学方法研究经济问题可分为如下步骤。

（1）陈述经济理论或假说，建立数学模型和空间统计或经济计量模型，收集空间经济数据。一般来说，空间计量经济可用于横截面统计数据的实践分析。横截面数据（cross-sectional data）是指一个或多个变量在某一时点上的数据的集合。

（2）估计空间计量经济模型参数。利用空间统计数据估计空间计量经济模型中的参数，即确定这些参数的具体数值是空间计量经济学的重点。

（3）检查模型的准确性，检验来自模型的假说，并运用模型进行预测。估计模型后，需要进行假设检验（hypothesis testing），即验证估计的模型是否有经济含义，以及用模型估计的结果是否与经济理论相符。值得注意的是，在空间回归分析中，不仅对空间计量经济模型参数的估计感兴趣，更对检验来自于某个经济理论（或先验经验）的假设感兴趣。

从上述建立空间计量经济学模型的步骤中不难看出，任何一项空间计量经济学研究、任何一个空间计量经济学模型赖以成功的要素有三个：理论、方法和数据。理论，即经济理论，所研究的是空间经济现象的内在机制，是空间计量经济学研究的基础。方法，主要包括模型方法、空间权重设置方法和估计计算方法，是空间计量经济学研究的工具与手段，是空间计量经济学不同于其他经济学分支学科的主要特征。数据，反映空间研究对象的活动水平、相互联系以及外部环境的数据，或更广义地讲是信息，是空间计量经济学研究的原料。这三方面缺一不可。

1.2.2 空间计量经济学模型的检验

1. 空间相关性检验

1）事前检验

事前检验即对空间计量模型中的空间相关性进行预检验。若检验结果表明空间计量模型中的误差项或变量存在显著的空间相关性，则需设定模型的空间相关性。空间相关性的事前检验包括 Moran's I 检验、联合 LM（Lagrange multiplier，拉格朗日乘数）检验、极大似然 LM-Lag 检验、极大似然 LM-Error 检验、稳健 LM-Lag 检验和稳健 LM-Error 检验。

（1）Moran's I 检验。1948 年，Moran 提出了全局 Moran 指数（Moran's I），其一般的表达式为

$$I = \frac{e'We/S}{e'e/N} \tag{1-15}$$

其中，e 表示使用 OLS（ordinary least squares，普通最小二乘法）或者 IV（instrumental variable，工具变量）等其他估计方法估计模型得到的估计残差，S 表示空间加权矩阵的全部元素之和。当 W 为行标准化的矩阵时 $S=N$，从而式（1-15）可简化为

$$I = \frac{e'We}{e'e} \tag{1-16}$$

且 Moran 指数近似服从期望为 $E(I)$，方差为 $V(I)$ 的正态分布，即

$$\frac{I - E(I)}{\sqrt{V(I)}} \sim N(0,1) \tag{1-17}$$

其中，$M = I - X(X'X)^{-1}X'$，$E(I) = \text{tr}(MW)/(N-K)$，$V(I) = \{\text{tr}(MWMW') + \text{tr}[(MW)^2] + [\text{tr}(MW)]^2\}/[(N-k)(N-k+2)] - E(I)^2$，Moran 指数也相当于使用 OLS 估计 $We = e\gamma + \mu$ 得到参数 γ 的估计值。

Moran 指数反映的是空间邻接或邻近的区域单元属性值的相似程度，通过 Moran 指数可以检验模型是否存在空间相关性。该检验的原假设是模型不存在空间相关性，当原假设成立时 $E[\hat{\gamma}] = E[I] = 0$，但当原假设被拒绝时，并不能够确定存在空间相关性的具体模型形式，从而无法利用 Moran 指数检验确定空间效应是空间自回归还是空间残差相关，即 Moran 指数只能检验空间相关性是否存在，对空间模型的选择起不到作用。

（2）联合 LM 检验。针对多个假设条件的联合检验称为联合 LM 检验。该检验只需针对原假设下的简单模型进行估计，不必对备择假设下的复杂模型进行估计，因此整个计算过程较为简便。空间相关性的联合 LM 检验包括随机扰动项服从同方差和存在异方差正态分布两种情况。

第一种情形，随机干扰项服从同方差正态分布，即 $\varepsilon \sim N(0,\sigma^2 I)$。空间相关性的联合 LM 检验的原假设为不存在任何形式的空间相关性；备择假设为至少存在某种形式的空间自相关。

针对一般空间模型，Anselin（1988a）提出了联合 LM 统计量，其表达式为

$$\text{LM} = d_R' I_R^{-1} d_R \sim \chi^2(q) \tag{1-18}$$

其中，d_R 是原假设下对数似然函数的一阶导数向量（得分向量）；I_R 是原假设下对数似然函数二阶导数矩阵期望值的相反数（信息矩阵）；q 是假设条件的个数。空间自相关联合 LM 检验成立基于如下两个假设：①随机干扰项与自变量都不存

在空间自相关；②对应的联合 LM 检验统计量渐近服从 $\chi^2(2)$ 分布。于是，得空间自相关的联合 LM 检验统计量为

$$\text{LM} = E^{-1}\{(R_Y)^2 T_{22} - 2R_Y R_e T_{12} + (R_e)^2(D + T_{11})\} \tag{1-19}$$

其中，$R_Y = e'W_1 Y/\sigma^2$；$R_e = e'W_2 e/\sigma^2$；$T_{ij} = \text{tr}\{W_i W_j + W_i' W_j\}$ $(i,j=1,2)$；$D = \sigma^{-2}(W_1 X\beta)'M(W_1 X\beta)$，$M = I_N - X(X'X)^{-1}X'$；$E = (D + T_{11})T_{12} - (T_{12})^2$。

第二种情形，随机干扰项服从异方差正态分布，即 $\varepsilon \sim N(0,\Omega)$，$\Omega$ 是对角矩阵，对角线上的元素 $\Omega_{ii} = h_i(z\alpha)$，$z$ 包含决定异方差形式的 p 个参数 α 和一个方差项系数 σ^2。异方差形式的联合 LM 检验统计量为

$$\text{LM} = (1/2)f'Z'(Z'Z)^{-1}Z'f + E^{-1}\{(R_Y)^2 T_{22} - 2R_Y R_e T_{12} + (R_e)^2(D+T_{11})\} \\ \sim \chi^2(p+2) \tag{1-20}$$

其中，$f_i = (\sigma^{-2} e_i^2 - 1)$，$f_i$ 是 f 的第 i 个元素；Z 是包含变量 z 的 $N\times(p+1)$ 矩阵；其他变量的含义与式（1-19）相同。

（3）极大似然 LM-Lag、LM-Error 检验及稳健形式。Burridge（1980）提出 LM-Error 检验，Bera 和 Yoon（1992）对 LM-Error 检验进行改进，提出稳健 LM-Error（Robust LM-Error）检验。Anselin（1988a）提出了 LM-Lag 检验，Bera 和 Yoon（1992）进一步改进 LM-Lag 检验，提出了稳健 LM-Lag（Robust LM-Lag）检验。这四个 LM 检验的统计量分别为

$$\text{LM - Error} = \frac{(e'We/s^2)^2}{T} \sim \chi^2(1) \tag{1-21}$$

$$\text{LM - Lag} = \frac{[e'Wy/(e'e/N)]^2}{R} \sim \chi^2(1) \tag{1-22}$$

$$\text{Robust LM - Error} = \frac{(e'Wy/s^2 - TR^{-1}e'We/s^2)^2}{T - T^2 R^{-1}} \sim \chi^2(1) \tag{1-23}$$

$$\text{Robust LM - Lag} = \frac{(e'Wy/s^2 - e'We/s^2)^2}{R - T} \sim \chi^2(1) \tag{1-24}$$

其中，$s^2 = e'e/N$，$T = \text{tr}(W^2 + W'W)$，$R = (WX\hat{\beta})'M(WX\hat{\beta})/(e'e/N) + \text{tr}(W^2 + W'W)$，$\hat{\beta}$ 为原假设中模型参数的 OLS 估计。以上四个检验统计量都渐近服从自由度为 1 的卡方分布。这四个检验统计量分别对应着空间计量经济学模型 LM 检验的四种情况。

①LM-Error 统计量（不存在空间自回归时空间残差相关的 LM 检验）。不存在空间自回归时，空间残差相关检验的原假设是模型残差不存在空间相关。备择假设表示残差存在空间效应，残差的空间效应又包括空间残差自相关和空间残差移动平均两种情况。

$$H_0: Y = X\beta + \varepsilon, \quad \varepsilon \sim N(0,\sigma^2 I); \quad H_1: \varepsilon = \lambda W\varepsilon + \mu \text{ 或 } \varepsilon = \lambda W\mu + \mu \tag{1-25}$$

②LM-Lag 统计量（不存在空间残差相关时空间自回归效应的 LM 检验）。不

存在空间残差相关时,检验的原假设和备择假设分别为

$$H_0: Y = X\beta + \varepsilon, \quad H_1: Y = \rho WY + X\beta + \varepsilon, \quad \varepsilon \sim N(0, \sigma^2 I) \quad (1\text{-}26)$$

③Robust LM-Error 统计量(存在空间自回归时空间残差相关的 LM 检验)。存在空间自回归时,空间残差相关检验的原假设仍然是模型残差不存在空间相关。备择假设情况同上。

$$H_0: Y = \rho WY + X\beta + \varepsilon, \ \varepsilon \sim N(0,\sigma^2 I); \ H_1: \varepsilon = \lambda W\varepsilon + \mu \text{或} \varepsilon = \lambda W\mu + \mu \quad (1\text{-}27)$$

④Robust LM-Lag 统计量(存在空间残差相关性时空间自回归效应的 LM 检验)。当模型存在空间残差相关性时,检验模型是否存在空间自回归效应,检验的原假设和备择假设分别是

$$H_0: Y = X\beta + \lambda W\varepsilon + \mu, \quad \mu \sim N(0,\sigma^2 I); \quad H_1: Y = \rho WY + X\beta + \lambda W\varepsilon + \mu \quad (1\text{-}28)$$

根据 LM 的四个统计量构建判别过程及准则如下:先进行 OLS 回归,得到回归模型的残差,再基于残差进行 LM 诊断。计算标准的 LM-Error 和 LM-Lag 统计量(即非稳健的统计量形式),如果这两者都不显著,保持 OLS 的结果,这种情况下 Moran 指数与 LM 检验统计量发生了矛盾,一般是由于异方差性和非正态分布导致 Moran 指数计算失真;如果其中之一显著,若 LM-Error 显著,则选择空间误差模型,若 LM-Error 显著,则选择空间滞后模型;如果两者都显著,则进行稳健的 LM 诊断,这时需要计算 Robust LM-Error 和 Robust LM-Lag 统计量,若 Robust LM-Error 显著,则选择空间误差模型,若 Robust LM-Lag 显著,则选择空间滞后模型。

显然 LM 主要给出了空间误差模型与空间自回归模型的选择方法,而对于其他空间计量模型的选择并不能有效解决。所以必须进一步寻找其他的空间计量模型选择方法。在非空间计量模型中常见到使用对数似然函数值(log likelihood,LogL)、似然比(likelihood ratio,LR)、赤池信息准则(Akaike information criterion,AIC)、施瓦兹准则(Schwartz criterion,SC)等进行模型选择,在空间计量中检验原理相同,但在计算上更加复杂。

2)事后检验

根据空间计量经济模型的估计结果,对模型中的空间效应设定正确与否进行的检验称为空间相关性的事后检验。LM 检验、LR 检验和 Wald 检验是常用的事后检验方法。

(1)条件 LM 检验。对所有空间效应(空间自相关和空间异方差同时存在)进行检验需使用空间自相关的联合 LM 检验;极大似然 LM-Lag 检验和 LM-Error 检验时分别针对空间滞后模型和空间误差模型(或空间误差移动平均)的边际检验形式,此时假定不存在其他的空间效应检验。若模型中只存在部分空间自相关效应,则以上的方法将不适用。为此,Anselin(1988b)提出了存在其他形式的空间效应时,空间相关性检验的条件 LM 检验。

当存在空间异方差时，误差项自相关检验的条件 LM 检验统计量为

$$\text{LM}_{\rho,\alpha} = [e'\hat{\Omega}^{-1}We]^2 / T \sim \chi^2(1) \quad (1\text{-}29)$$

其中，$\hat{\Omega}^{-1}$ 是随机干扰项方差协方差矩阵的极大似然估计值；e 是极大似然估计残差值；其他变量的含义与前面相同。

当存在因变量空间滞后项时，误差项自相关检验的条件 LM 检验统计量为

$$\text{LM}_{\rho,\alpha} = (e'We/\hat{\sigma}^2)^2 \{T_{22} - (T_{21A})^2 \text{var}(\hat{\lambda})\}^{-1} \sim \chi^2(1) \quad (1\text{-}30)$$

其中，模型中的参数估计值为空间滞后模型的极大似然估计值；e 是极大似然估计残差值；$T_{22} = \text{tr}(W_2W_2 + W'_2W_2)$；$T_{21A} = \text{tr}(W_2W_1A^{-1} + W'_2W_1A^{-1})$；$A = I_N - \lambda W_1$；$W_1$ 是因变量空间滞后项的空间权重矩阵；W_2 是空间误差滞后项的空间权重矩阵；其他变量的含义和前面相同。在 $\lambda = 0$ 的条件下，该条件 LM 检验与 LM-Error 检验等价。

当误差项存在自相关时，因变量空间自相关检验的条件 LM 检验统计量为

$$\text{LM}_{\lambda,\rho} = (e'W_1Y/\hat{\sigma}^2 - T_{12}T_{22}^{-1}e'We/\hat{\sigma}^2)^2 / [J - (T_{21})^2 T_{22}^{-1}] \quad (1\text{-}31)$$

当 $W_1 = W_2 = W$ 时，式（1-31）进一步简化为

$$\text{LM}_{\lambda,\rho} = (e'W_1Y/\hat{\sigma}^2 - e'We/\hat{\sigma}^2)^2 / (J - T) \quad (1\text{-}32)$$

在 $\rho = 0$ 的条件下，该条件 LM 检验与 LM-Lag 检验等价。

（2）LR 和 Wald 检验。LM 检验只需估计约束模型，更适用于增加约束条件后模型形式变得简单时的情形，LR 检验和 Wald 检验是 LM 检验的替代方法。LR 检验通过对约束模型和非约束模型的极大似然函数值进行比较来检验约束条件是否成立；Wald 检验通过测量无约束估计量与约束估计量间的距离来检验约束条件是否成立，该检验只需对无约束模型进行估计。

于是得到如下 LR 检验统计量的表达式：

$$\text{LR} = 2(\text{LR}_{ur} - \text{LR}_r) \quad (1\text{-}33)$$

其中，LR_{ur} 是备择假设下模型的似然函数值；LR_r 是原假设下模型的似然函数值。LR 检验统计量服从自由度为 p 的渐近 $\chi^2(p)$ 分布。Wald 检验统计量的表达式为

$$\text{Wald} = g'[G'VG]^{-1}g \quad (1\text{-}34)$$

其中，Wald 统计量服从自由度为 q 的渐近 $\chi^2(q)$ 分布；$G = \partial g'/\partial \theta$，$g$ 是代入无约束条件下 θ 估计值的 $q \times 1$ 维约束条件，θ 是参数向量；V 是对应参数方差协方差矩阵的估计值。$q = 1$ 条件下 Wald 检验统计量的平方根等价于 t 统计量，那么，Wald 检验通常作为渐近 t 检验。

由上述分析可见，Wald 检验只需估计无约束模型，LM 检验只需估计约束模型，LR 检验需同时对约束和无约束模型进行估计。大样本条件下的 Wald、LM 和

LR 检验近似等价，而有限样本条件下，三个统计量满足如下不等式：
$$\text{Wald 统计量} \geq \text{LR 统计量} \geq \text{LM 统计量} \tag{1-35}$$

上述介绍的 Moran's I 检验、LM 检验、LR 检验和 Wald 检验均是空间相关性检验的主要方法。当模型无具体的空间计量经济模型形式时，选择 Moran's I 检验，其只能检测出模型变量自相关的存在形式；当空间误差移动平均和空间误差自相关模型同时存在时，选择 LM-Error 检验；当备择假设的模型是空间滞后模型时，选择 LM-Lag 检验。LM-Error 检验和 LM-Lag 检验能同时检验变量空间自相关的存在。使用稳健 LM-Error 检验和稳健 LM-Lag 检验对出现模型误设时的 LM-Error 检验和 LM-Lag 检验进行修正。Moran's I 和 LM 事前检验通过测算模型 OLS 估计残差的形式实现；Wald 和 LR 事后检验则需通过估计模型极大似然值的方式进行判断，测算过程相对复杂。

2. 空间异质性检验

空间异方差和空间结构非均衡性检验均属于空间异质性检验的范畴。其中，空间结构非均衡性检验又分成空间参数的非均衡性检验和空间数据的非均衡性检验。

在进行经典计量经济模型的异方差检验时，Breusch 和 Pagan（1979）提出的 LM 检验统计量的应用最为广泛。该 LM 检验统计量为

$$(1/2)f'Z(Z'Z)^{-1}Z'f \sim \chi^2(p) \tag{1-36}$$

其中，f 的第 i 个元素 $f_i = (\sigma^{-2}e_i^2 - 1)$；$Z$ 是包含变量 z 的 $N \times (p+1)$ 阶矩阵；第 i 个观察值的 OLS 估计残差是 e_i；σ^2 是方差。

空间自相关性的存在使得原有计量经济模型的异方差检验统计量不再适用，因此，Anselin（1988b）提出了针对空间误差自相关模型中存在异方差和误差自相关的联合 LM 检验以及异方差情形下的条件 LM 检验。

当模型中存在异方差和误差自相关时，联合 LM 统计量表示为

$$\text{LM} = (1/2)f'Z(Z'Z)^{-1}Z'f + (e'We/\hat{\sigma}^2)^2/T \sim \chi^2(1+p) \tag{1-37}$$

针对异方差的条件 LM 检验统计量为

$$\text{LM} = (1/2)f'Z(Z'DZ)^{-1}Z'f \sim \chi^2(p) \tag{1-38}$$

其中，$D = I_N - (1/2\sigma^4)dVd'$；$d = \tau 2\sigma^2 w$，$\tau$ 是 $N \times 1$ 的全 1 向量，w 代表由矩阵 WB^{-1} 的对角元素组成的行向量，V 是 σ^2 和误差自相关系数 ρ 协方差矩阵的极大似然估计值，$f_i = (\sigma^{-2}e_i^2 - 1)$，$e$ 表示空间误差自相关模型的极大似然估计残差。

综上所述，当讨论模型设定是否需加入空间自相关因素时，选择空间自相关的事前检验进行分析，当讨论空间计量经济模型的空间效应处理效果时，选择空

间异质性和空间自相关的事后检验进行分析。空间自相关检验方法中的 Moran's I 检验、LM 检验、LR 检验和 Wald 检验统计量均是假定随机干扰项服从独立同正态分布下,基于大样本条件下的渐近方法。蒙特卡罗和 Bootstrap 抽样方法则同时适用于大样本和小样本条件下的空间自相关检验,当经验数据不服从独立同分布或不满足大样本性质时,同样也可用其进行空间自相关检验。

1.2.3 存在空间效应的空间计量经济学模型的估计

目前空间计量经济模型的估计分为参数估计方法和非参数估计方法两类。

1. 参数估计方法

主要的空间计量经济模型的参数估计方法为极大似然(maximum likelihood,ML)估计法、拟极大似然估计法、两阶段最小二乘法、工具变量法和广义矩估计法(generalized method of moment,GMM)等。

1)极大似然估计法

空间计量经济模型参数的常用估计方法极大似然估计法的基本原理是:假定误差项服从正态分布,继而可推导因变量的联合密度函数,再通过最大化对数似然函数得到模型的估计参数。Ord(1975)对空间滞后模型和空间误差模型的极大似然估计法进行了概述,而 Anselin(1988a)则在 Ord(1975)、Bates 和 White(1985)研究基础上,进一步推导了空间计量经济模型极大似然估计法及正则条件[①],得出如下空间误差模型对数似然函数的一般形式:

$$L = -(N/2)\ln(\pi) - (1/2)\ln|\Omega| + \ln|B| + \ln|A| - (1/2)u'u \quad (1\text{-}39)$$

其中,$u'u = (AY - X\beta)'B'\Omega^{-1}B(AY - X\beta)$;$A = I_N - \lambda W_1$;$\beta$ 指含有常数项的参数向量;$B = I_N - \rho W_2$;Ω 为随机干扰项的方差协方差矩阵。式(1-39)适用于空间滞后模型($\rho = 0$)和空间误差模型($\lambda = 0$)等空间计量经济模型的对数似然函数形式。

当随机干扰项不存在异方差和自相关时,Lesage 和 Pace(2009)总结出了如下空间滞后模型或空间杜宾模型的对数似然函数:

$$L = -(N/2)\ln(\pi\sigma^2) + \ln|I_N - \lambda W| - \frac{e_\lambda' e_\lambda}{2\sigma^2} \quad (1\text{-}40)$$

其中,$e_\lambda = Y - \lambda WY - Z\theta$;$Z = \tau XWX$;$\theta = (\alpha \beta_1 \beta_2)'$;$\alpha$ 是常数项的估计值。当 $Z = \tau X$,$\theta = (\alpha \beta_1)'$ 时,式(1-40)变形为空间滞后模型的对数似然函数。

---

① 空间计量经济模型估计的正则条件:对数似然函数连续可导;满足所有二次型的充要条件;存在参数值的对数似然函数;待估计参数的数量固定,即参数不随着观测器的递增而递增;对数似然函数的偏导数有界;存在正定和非奇异的误差协方差矩阵;存在正定或非奇异的误差协方差矩阵(Anselin,1988a)

Pace 和 Barry（1997）将其化简为只包含参数 λ 的集中对数似然函数：

$$L(\lambda) = c + \ln|I_N - \lambda W| - (N/2)\ln(S_{(\lambda)}) \quad (1-41)$$

其中，$c = -N/2 \cdot [\ln(2\pi) + 1 - \ln(N)]$；$S_{(\lambda)} = e'_\lambda e_\lambda$ 为与参数 λ 相关的解析式，通过式（1-41）的估计结果测算其他参数的估计值。

当随机干扰项不存在自相关和异方差时，进一步将空间误差模型的对数似然函数化简成上述集中化的对数似然函数，可得

$$L(\rho) = c + \ln|I_N - \rho W| - (N/2)\ln(S_{(\rho)}) \quad (1-42)$$

其中，$S_{(\lambda)} = e'_\rho e_\rho$；$e_\rho = (I_N - \rho W)(Y - X\beta)$。

只有当模型中的自变量和空间权重矩阵满足模型设定的一系列假设条件[①]时，才能使用极大似然估计法计算得到空间滞后模型的一致、渐近有效并渐近服从正态分布的估计量（Lee，2001a；Lee，2001b；Lee，2003；Lee，2004）；反之会得出误导性的结论（White，1982）。

在实际的估计操作中，计算量过大是参数估计过程中必须解决的关键问题。经济计量模型的对数似然函数往往由雅可比行列式的乘除构成，行列式的复杂程度将随着样本量的增加而递增。因此，如何简化计算量将是今后使用极大似然估计法估计参数需要解决的首要问题。

2）拟极大似然估计法

拟极大似然估计法的应用条件比极大似然估计法要宽松得多，极大似然估计法要求模型的随机干扰项服从独立同分布的正态分布假设，而很多情形下，随机干扰项并不服从上述分布，因此需要选择拟极大似然估计法进行替代。

纯滞后模型则不需完全满足上述条件，只要空间权重矩阵满足正则条件[②]时，拟极大似然估计量仍然具有渐近正态性和一致性特征（Lee，2001a）。于是纯滞后模型的拟极大似然估计的对数似然函数为

$$L = -\frac{N}{2}\ln(2\pi) - \frac{N}{2}\ln\sigma^2 + \ln|A| - \frac{N}{2\sigma^2}Y'A'AY \quad (1-43)$$

继而集中化的对数似然函数为

$$L(\lambda) = -\frac{N}{2}[\ln(2\pi) + 1] - \frac{N}{2}\ln\hat{\sigma}^2_{SAR} + \ln|A| \quad (1-44)$$

其中，$\hat{\sigma}^2_{SAR} = Y'\hat{A}'\hat{A}Y/N$，对式（1-44）进行估计同样可得其他参数的估计值。

[①] 模型需要满足如下条件：一、外生变量 X 一致有界；二、随机干扰项服从正态独立同分布，其四阶矩绝对有界；三、空间权重矩阵存在并且非奇异；四、随着 N 趋于无穷大，行标准化空间权重矩阵 W 的所有元素均为某序列 ($1/h_n$) 的同阶变量，其中 h_n 可以有界或发散；五、$\lim_{n\to\infty} 1/h_n \to 0$，$W$ 矩阵和 $I_N - \rho W^{-1}$ 矩阵的行和与列和一致有界

[②] 模型的随机干扰项不需严格满足正态分布，其他的正则条件与 Lee（2001a，2001b）的一致

在空间滞后模型中，拟极大似然函数法的对数似然函数为

$$L = -\frac{N}{2}\ln(2\pi) - \frac{N}{2}\ln\sigma^2 + \ln|A| - \frac{N}{2\sigma^2}v'v \tag{1-45}$$

其中，$v = Y - X\beta - \lambda WY$。进而可得其集中化的对数似然函数为

$$L(\lambda) = -\frac{N}{2}[\ln(2\pi)+1] - \frac{N}{2}\ln\hat{\sigma}_{SLM}^2 + \ln|A| \tag{1-46}$$

空间滞后模型中，拟极大似然估计量具有一致性和渐近正态性的充分条件是自变量和因变量的空间滞后因子间不存在多重共线性。相反，拟极大似然估计结果将趋于$\sqrt{N}$阶的收敛性和渐近正态性，主要原因是区域内的点受邻居的影响较多[①]，将会导致信息矩阵的不规则分布，导致不同估计值的收敛速度大不相同（Lee，2001a）。此外，Lee（2004）还对该模型进行了蒙特卡罗实验，证明在同一区域内，当区域内的点较少受到邻居影响时，样本量的增加将使拟极大似然估计量的结果出现不一致的情形，从实验角度论证了Lee（2001b）理论推导的准确性。

3）两阶段最小二乘法和工具变量法

当内生性问题出现在空间计量经济模型中时，最合适的模型估计方式为工具变量法（Kelejian et al.，1998；Lee，2002）。空间计量经济模型工具变量法的基本原理同于经典的经济计量模型，秩序均为先寻找适合的工具变量，继而估计相应的最小距离。在大多数情形下，工具变量法的渐近性质与极大似然估计的相似（Anselin，1988b）。

一般的空间计量模型中，不需要对误差项是否服从正态分布进行假定。若存在未知的误差项自回归系数，即采用可行广义空间两阶段最小二乘法进行模型的估计；若存在已知的误差项自回归系数，即可采用广义空间两阶段最小二乘法进行模型的估计。选择无关于误差项的自变量及空间滞后项或者高阶的空间滞后项是工具变量选取的基本原则（Kelejian et al.，1998）。

空间自回归模型通过以下三步实施工具变量法（Kelejian et al.，1998）。

（1）基于选取的工具变量，测算模型的参数估计值：

$$\hat{\delta}_N = (\hat{Z}_N'\hat{Z}_N)^{-1}\hat{Z}_N'Y \tag{1-47}$$

其中，$\hat{Z}_N = P_H Z_N = (X, \overline{W_1 Y})$，$\overline{W_1 Y} = P_H W_1 Y$，$P_H = H(H'H)^{-1}H$，工具变量集合$H = [X, W_1 X, W_1^2 X, W_2 X, W_2^2 X, W_1 W_2 X]$；$\hat{\delta}_N$是模型的参数向量；$W_1$和$W_2$分别是用于因变量和误差项的空间权重矩阵。

（2）将（1）的参数结果代入误差项中，选用非线性最优化方法估计得到干扰项方差和空间自相关系数的一致估计量。非线性极小优化对象为

---

① 已知空间自回归模型的一个给定区域，如果这个区域内的点较少受邻居的影响，那么OLS估计方法将得到和极大似然估计、两阶段最小二乘估计等一样的有效估计量，计算过程也相对简单（Lee，2002）

$$\left[g^* - G^* \begin{bmatrix} \rho \\ \rho^2 \\ \sigma_u^2 \end{bmatrix} \right] \left[g^* - G^* \begin{bmatrix} \rho \\ \rho^2 \\ \sigma_u^2 \end{bmatrix} \right] \tag{1-48}$$

其中，$G^* = \begin{bmatrix} \dfrac{2}{N}\tilde{u}'\tilde{\bar{u}} & -\dfrac{1}{N}\tilde{\bar{u}}'\tilde{\bar{u}} & 1 \\ \dfrac{2}{N}\tilde{\bar{\bar{u}}}'\tilde{\bar{u}} & -\dfrac{1}{N}\tilde{\bar{\bar{u}}}'\tilde{\bar{\bar{u}}} & -\dfrac{1}{N}\mathrm{tr}(W_2'W_2) \\ \dfrac{1}{N}(\tilde{u}'\tilde{\bar{\bar{u}}}+\tilde{\bar{u}}'\tilde{\bar{u}}) & -\dfrac{1}{N}\tilde{\bar{u}}'\tilde{\bar{\bar{u}}} & 0 \end{bmatrix}$；$g^* = \begin{bmatrix} \dfrac{1}{N}\tilde{u}'\tilde{u} \\ \dfrac{1}{N}\tilde{\bar{u}}'\tilde{\bar{u}} \\ \dfrac{1}{N}\tilde{u}'\tilde{\bar{u}} \end{bmatrix}$；继而得参数 $\hat{\rho}$

和 $\hat{\sigma}_u^2$ 的估计值；而空间滞后模型的残差 $\tilde{u}$ 为 $\tilde{u} = y - \tilde{\delta}Z$，$\tilde{\bar{u}} = W_2\tilde{u}$，$\tilde{\bar{\bar{u}}} = W_2\tilde{\bar{u}}$，$\tilde{\bar{\bar{u}}}$ 和 $\tilde{\bar{u}}$ 分别是 $\tilde{u}$ 的二阶和一阶空间滞后项。

（3）误差项自相关系数已知的条件下，将其代入因变量的表达式，选用（1）进行直接的变量系数估计即可：

$$\hat{\delta}_\rho = (\hat{Z}_{N*}'\hat{Z}_{N*})^{-1}\hat{Z}_{N*}'Y_* \tag{1-49}$$

其中，$\hat{Z}_{N*}' = (X - \rho W_2 X, W_1 Y - \rho \bar{W}_2 W_1 Y)$，$W Y_1 - \rho \bar{W}_2 W_1 Y = P_H(W_1 Y - \rho W_2 W_1 Y)$，$Y_* = Y - \rho W_2 Y$。误差项自相关系数未知的条件下，将（2）得到的自回归系数估计值代入变量 $\hat{Z}_{N*}'$ 和 Y_*，有 $\hat{Z}_{N*}' = (X - \hat{\rho} W_2 X, W_1 Y - \bar{\hat{\rho}} \bar{W}_2 W_1 Y)$，$Y_* = Y - \hat{\rho} W_2 Y$，$W_1 Y - \bar{\hat{\rho}} \bar{W}_2 W_1 Y = P_H(W_1 Y - \hat{\rho} W_2 W_1 Y)$。再将结果代入（1），可得如下参数估计量：

$$\hat{\delta}_{\hat{\rho}} = (\hat{Z}_{N*}'\hat{Z}_{N*})^{-1}\hat{Z}_{N*}'Y_* \tag{1-50}$$

如何选取工具变量是值得注意的一个重要问题，不同的工具变量会使得模型估计结果的渐近性质受到影响。Lee（2003）证明了 Kelejian 和 Prucha（1998）的可行广义空间两阶段最小二乘（feasible generalized spatial 2-stage least squares，FGS2SLS）法估计量并不是最优的渐近估计量，并提出了最优工具变量，得渐近最优的广义空间两阶段最小二乘（best generalized spatial 2-stage least squares，BGS2SLS）估计量。

工具变量法相对极大似然估计法和拟极大似然估计法的计算过程相对简单，但该方法依然存在不足。首先，当模型存在内生性问题时，极大似然估计法存在很多无法解决的计算问题，而工具变量法能够及时解决这些问题，但此时得到的工具变量并不是有效的估计量，此估计量不能进行联合检验（Lee，2007）。当模型不存在内生性问题时，工具变量估计量是非有效的估计量，参数的显著性检验无法进行，需要通过检验程序来验证是否需要采用工具变量法（Kelejian et al.，1998）。Wu（1973，1974）提出了渐近 χ^2 分布统计量和两种 F 检验统计量，使得上述问题迎刃而解。

4）广义矩估计法

在弱假设条件[①]下，广义矩估计的方法是选择样本矩条件替代总体的矩条件，

---

① 不需要假设误差项的分布

以估计模型的参数值。大数定律和中心极限定理下的矩条件满足一致的渐近正态性原则。进而根据 Slusky 定理和 Delta 方法，可得到广义矩估计量的一致渐近正态性（Greene，2011）。

假定随机干扰项同方差，Kelejian 和 Prucha（1999）在空间误差自相关模型中使用广义矩方法，构建了矩条件，并使用模拟实验验证了小样本下拟极大似然估计量和广义矩估计量存在近似有效性的特征。广义矩估计的步骤是：①通过设定的模型推测总体矩条件；②使用样本矩条件估计总体矩条件，进一步构建矩条件方程；③依据最小化准则函数的原则，估计准则函数中的参数，得参数的广义矩估计量。

矩条件如下（Kelejian et al.，1999）：

$$E\left[\frac{1}{N}\varepsilon'\varepsilon\right]=\sigma^2, \quad E\left[\frac{1}{N}\overline{\varepsilon}'\overline{\varepsilon}\right]=\sigma^2\frac{\mathrm{tr}(W'W)}{N}, \quad E\left[\frac{1}{N}\overline{\varepsilon}'\varepsilon\right]=0 \quad (1\text{-}51)$$

其中，$\varepsilon = u - \rho\overline{u}$；$\overline{\varepsilon} = W\varepsilon = \overline{u} - \rho\overline{\overline{u}}$；$W$ 是空间权重矩阵，于是可得如下对应的准则函数：

$$(\hat{\rho},\hat{\sigma}_u^2) = \arg\min v(\rho,\sigma_u^2)'(\rho,\sigma_u^2) \quad (1\text{-}52)$$

其中，$v(\rho,\sigma_u^2) = \left[G^*\begin{bmatrix}\rho \\ \rho^2 \\ \sigma^2\end{bmatrix} - g^*\right]$，$g^*$ 和 G^* 的含义与式（1-48）相同，其中的 $\tilde{u}$ 代表回归残差（$\lambda = 0$）。

之后，Lee（2007）提出的空间滞后模型下的广义矩估计验证了估计量在参数显著性联合性检验中的适用性，得出该估计量优于最优两阶段最小二乘估计法和两阶段最小二乘法的结论，并且证实了最优广义矩估计量的渐近分布与极大似然估计和拟极大似然估计相同。

假定随机干扰项异方差，又有如下的广义矩估计法（Kelejian et al.，2007b）。即存在如下广义矩估计的准则函数：

$$\hat{\rho} = \arg\min\left\{\left[r - \tilde{\Gamma}\begin{bmatrix}\rho \\ \rho^2\end{bmatrix}\right]'\tilde{\gamma}\left[r - \tilde{\Gamma}\begin{bmatrix}\rho \\ \rho^2\end{bmatrix}\right]\right\} \quad (1\text{-}53)$$

其中，$r = \frac{1}{N}[Eu'A_1u, Eu'A_2u]'$；$A_1 = W_2'W_2 - \mathrm{diag}_i^N = 1(W_{2,i,N}'W_{2,i,N})$；$A_2 = W_2$；

$$\tilde{\Gamma} = \begin{bmatrix} \dfrac{2}{N}Eu'W_2'A_1u & -\dfrac{1}{N}Eu'W_2'A_1W_2u \\ \dfrac{1}{N}Eu'W_2'(A_2 + A_2')u & -\dfrac{1}{N}Eu'W_2'A_2W_2u \end{bmatrix}$$；$\tilde{\gamma} = \mathrm{diag}(v_n,1)$ 为 2×2 的对称半正

定加权矩阵；$v_n = 1 \Big/ \left\{ 1 + \left[\dfrac{1}{n} \mathrm{tr}(W_2 W_2') \right]^2 \right\}$。

综上所述，当随机干扰项服从标准正态分布时，极大似然估计量才充分有效，正态分布的假设在现实的计量经济研究中难以实现。但广义矩估计无需要求随机干扰项服从正态分布，该方法还具有在有测量误差的数据生成过程中保持稳健性的优点。Lee（2007）发现，矩估计法的渐近有效性与极大似然估计法相同，并且比极大似然估计和拟极大似然估计的计算简单。因此，广义矩估计备受青睐，逐渐成为计量经济学模型估计的流行方法。但广义矩估计法主要立足于非线性最优化角度，其初始值的设定是关键步骤，并且当误差项的具体分布已知时，极大似然估计法将比广义估计法更加有效。

5）贝叶斯估计法

贝叶斯估计方法的估计步骤是：首先，基于参数的先验密度函数测算其似然函数；然后，在先验似然函数和贝叶斯定理的条件下，通过观测数据获得参数的经验密度函数。于是，本书分析贝叶斯估计在空间滞后模型中的应用。

空间滞后模型的数据和参数均预先给定，即有模型的条件分布：

$$p(R|\beta,\sigma^2,\lambda) = (2\pi\sigma^2)^{-N/2}|A|\exp\left[-\dfrac{1}{2\sigma^2}(AY-X\beta)'(AY-X\beta)\right] \quad (1\text{-}54)$$

其中，$A = I_N - \lambda W$，参数满足以下正则逆伽马分布：

$$g(\beta,\sigma^2) \sim \mathrm{NIG}(c,T_g,a,b) = \dfrac{b^a}{(2\pi)^{k/2}|T_g|^{1/2}\Gamma(a)}(\sigma^2)^{-(a+k/2+1)} \quad (1\text{-}55)$$

$$g(\sigma^2) = \dfrac{b^a}{\Gamma(a)}(\sigma^2)^{-(a+1)}\exp(-b/\sigma^2) \quad (1\text{-}56)$$

$$g(\lambda) \sim U(\lambda_{\min}^{-1},\lambda_{\max}^{-1}) \quad (1\text{-}57)$$

其中，T_g 为矩阵，其存在于 β 的方差协方差矩阵中，当 σ 已知时，T_g 促使 $\beta \sim N(e,\sigma^2 T_g)$；$\Gamma(a)$ 是标准的伽马分布；$\lambda_{\min}^{-1}$ 为矩阵 W 的最小特征根的倒数；$\lambda_{\max}^{-1}$ 为矩阵 W 的最大特征根的倒数。通过测算式（1-54），得如下的事后密度函数形式：

$$p(\beta,\sigma^2,\lambda|R) \sim (\sigma^2)^{a^*+(k/2)+1}|A|\exp\left\{-\dfrac{1}{2\sigma^2}[2b^* + (\beta-c^*)'(T_g^*)^{-1}(\beta-c^*)]\right\} \quad (1\text{-}58)$$

其中，$c^* = T_g^*(X'AY + T^{-1}c)$；$b^* = b + [c'T_g^{-1}c + Y'A'AY - c^{*'}(T_g^*)^{-1}c^*]/2$；$a^* = a + N/2$；$T_g^* = (X'X + T_g^{-1})^{-1}$。对式（1-56）求积分后得 β 的分布估计值 $p(\beta|R)$，同理可得 σ^2 和 λ 的数值。

贝叶斯估计在理论上十分可行，但其在进行估计时，需要强行进行先验假设，但先验的假设形式往往很难确定。例如，空间滞后模型，在对其参数 a 和参数 b 进行设定时，无法确定其包含除数据信息之外的信息量的大小。

综上可见，任何一种估计方法都存在各自的优缺点，没有一种方法存在绝对的优势：受样本量的限制是极大似然估计法和拟极大似然估计法的缺点；虽然两阶段最小二乘估计法在计算上优于极大似然估计法和拟极大似然估计法，但是其估计的有效性不及极大似然估计法和拟极大似然估计法；同样广义矩估计的有效性弱于极大似然估计法，且其对假设条件的要求较宽松，但其非线性最优化的矩条件设定和初始值问题始终未得到解决；贝叶斯估计的理论很丰满，但其具有较大的应用难度。在空间计量经济模型的实际应用中，学者还需要根据具体的情况选择合适的估计方法。

2. 非参数估计方法

在进行两阶段最小二乘估计和极大似然估计（拟极大似然估计）等参数估计时，需要提前设定参数的具体形式。实际的经济运行异常复杂，空间异方差和空间自相关可能不存在某种固定的演变格式，需要在模型的估计过程中对实际经济模型的限定条件进行适当放松。这就会使得原先的参数估计方法不再适用，于是进一步出现了非参数的估计方法。参数估计方法和非参数估计方法的本质区别是是否需要限定方差协方差矩阵的具体形式。当模型的具体形式没有限定时，Conley（1999）引入了带宽系数和核函数的概念进行模型的估计。Kelejian 和 Prucha（2007a）等也提出了在随机干扰项不受限定情形下，空间误差自相关和空间滞后等模型的误差项方差协方差矩阵的估计方式。带宽系数和核函数形式的设定是非参数估计方法中两个较为关键的问题，而带宽系数对估计量性质的影响大于核函数形式的影响效应。

空间计量的非参数估计方法为异方差性空间自相关一致（spatial heteroskedasticity autorrelation consistent，SHAC）方法（Bester et al.，2008），使用该方法进行方差协方差矩阵的非参数估计，是对方差协方差矩阵具体形式假设限制条件的进一步放松，并且对于存在测量误差的数据而言，其估计值是稳健的。相对于核函数的估计结果也较稳健，其对带宽系数的设定较敏锐，于是如何选择带宽系数成为非参数估计方法的重点。Kelejian 和 Prucha（2007b）以及 Lambert 等（2008）提出的设定带宽系数的方法能使方差协方差矩阵估计中的带宽选择问题得到有效的解决。

1.2.4 有限样本情况下空间计量经济学模型的估计

现实经济社会中的误差项往往不服从标准正态分布或者未知，当误差项的分布不满足正态分布的经典假定或未知时，随机抽样法的出现为解决这一问题提供了一种有效的途径。Bootstrap 法和蒙特卡罗法经常用于解决有限样本情况下的类似关联问题。

Bootstrap 法为一种基于计算机的非参数统计推断方法，其不需事先假定总体分布，只需通过对给定的原始样本进行有放回的随机抽样的方式即可产生"伪"随机数，据此来推断总体回归的统计属性。Pairs Bootstrap 法、参数 Bootstrap 法、Block Bootstrap 法、残差 Bootstrap 法和 Wild Bootstrap 法在实际中运用得较多。蒙特卡罗法的别称是统计试验方法或随机抽样法。其假定样本的数据是事先符合一定的随机过程，然后其利用计算机模拟的形式产生随机序列，其基本特征是对随机性问题进行仿真。

以空间滞后模型的残差 Bootstrap 法为例，估计有限样本的空间计量经济模型，步骤如下。

（1）选择极大似然法估计空间滞后模型 $y = \lambda Wy + X\beta + \varepsilon$，得 λ、β 的参数估计量 $\hat{\lambda}_1$、$\hat{\beta}_1$ 和残差向量 e。

（2）有放回地随机抽样 e，得到 N 个残差值 e_i^*。

（3）既定 X 和 W 下就可求得一个 Y^*，有 $Y^* = (I_N - \hat{\lambda}W)^{-1}(X\beta + e^*)$。

（4）基于上述的 X、W 和 Y^*，重新估计空间滞后模型 $y = \lambda Wy + X\beta + \varepsilon$，得参数 λ、β 的新估计值 $\hat{\lambda}_2$、$\hat{\beta}_2$。

（5）重复上述（2）～（4）M 次，即可得 λ、β 的 N 个参数估计量，即有 $\hat{\lambda}_1^*, \hat{\lambda}_2^*, \cdots, \hat{\lambda}_M^*$ 和 $\hat{\beta}_1^*, \hat{\beta}_2^*, \cdots, \hat{\beta}_M^*$，最终得到参数 λ、β 的估计量，分别如下：

$$\hat{\lambda} = \frac{1}{M}\sum_M \hat{\lambda}_i, \quad \hat{\beta} = \frac{1}{M}\sum_M \hat{\beta}_i \tag{1-59}$$

在空间计量经济模型的研究中，蒙特卡罗法主要用于研究检验统计量或参数估计量的样本性质。蒙特卡罗法用于检验统计量样本性质的步骤为：①使用蒙特卡罗法生成满足模型设定条件的数据；②估计该模型，基于模型估计结果构建该样本条件下的检验统计量；③重复上述步骤，来研究单个或多个检验统计量的有限样本性质。蒙特卡罗法用于参数估计量样本性质的步骤为：①利用蒙特卡罗法生成满足模型设定的数据，选用不同的估计方法估计该模型，比较相异的估计方法模型的均方根误差和模型估计量的偏误；②重新生成新的样本数据，重复上述步骤，来比较分析不同估计量在不同样本数据量下的有限样本性质。

Bootstrap 法和蒙特卡罗法的共同点很多，其中 Bootstrap 法中的参数 Bootstrap 法是蒙特卡罗法的一种形式，并且两种方法均是随机抽样的方法（Dufour et al.，2001）。这两种方法的主要区别是：①适用的条件不同，Bootstrap 法只需要通过给定的原始样本进行观测信息的复制，无需另外既定分布或新增样本的信息，而蒙特卡罗法则需要已知的数据生成过程；②两者抽样数据的来源不同，蒙特卡罗法根据给定的随机过程即可生成数据，而Bootstrap法则是直接从原始的样本中抽取数据。于是，蒙特卡罗法更多地运用于模拟仿真，为实际问题的解决提供理论实验基础，而Bootstrap法在实际的经济社会问题中应用较多。在目前的研究中，蒙特卡罗法和Bootstrap法通常交互使用，相辅相成。

参 考 文 献

安虎森. 2005. 空间经济学原理[M]. 北京：经济科学出版社.

胡健，焦兵. 2012. 空间计量经济学理论体系的解析及其展望[J]. 统计与信息论坛，27（1）：3-8.

李小建，罗庆，祝英丽. 2012. 经济地理学与区域经济学的区分[J]. 经济地理，32（7）：1-5.

林光平，龙志和. 2014. 空间计量经济：理论与实证[M]. 北京：科学出版社.

马骊. 2007. 空间统计与空间计量经济方法在经济研究中的应用[J]. 统计与决策，(19)：29-31.

沈体雁，冯等田，孙铁山. 2010. 空间计量经济学[M]. 北京：北京大学出版社.

Alessie R, Kapteyn A. 1991. Habit formation, interdependent preferences and demographic effects in the almost ideal demand system[J]. The Economic Journal, 101（406）：404-419.

Anselin L. 1980. Estimation Methods for Spatial Autoregressive Structures[D]. Ithaca：Cornell University.

Anselin L. 1986. Some further notes on spatial models and regional science[J]. Journal of Regional Science, (26)：799-802.

Anselin L. 1988a. Model validation in spatial econometrics：A review and evaluation of alternative approaches[J]. International Regional Science Review, 11（3）：279-316.

Anselin L. 1988b. Spatial Econometrics：Methods and Models[M]. Dordrecht：Kluwer Academic Publishers.

Anselin L. 1995. Local indicators of spatial association—LISA[J]. Geographical Analysis, 27（2）：93-115.

Anselin L. 1999. Spatial Econometrics[R]. Texas：Bruton Center, School of Social Sciences, University of Texas at Dallas Richardson.

Anselin L. 2001. Baltagi B.A Companion to Theoretical Econometrics[M]. Oxford：Blackwell.

Anselin L. 2003a. Spatial externalities, spatial multipliers and spatial econometrics[J]. International Regional Science Review, 26（2）：153-166.

Anselin L. 2003b. Spatial econometrics [C]//Baltagi B H. A Companion to theoretical econometrics：Econometric theory（Volume 1）. Basingstoke：Palgrave Macmillan.

Anselin L. 2010. Thirty years of spatial econometrics[J]. Papers in Regional Science, 89（1）：3-25.

Anselin L, Griffith D. 1988. Do spatial effects really matter in regression analysis [J]. Regional Science Association, (65)：11-34.

Anselin L, LeGallo J. 2006. Interpolation of air quality measures in hedonic house price models：Spatial aspects[J]. Spatial Economic Analysis, 1（1）：31-52.

Anselin L, Rey S. 1991. Properties of tests for spatial dependence in linear regression models[J]. Geographical Analysis, 23（2）：112-131.

Aoki M. 1994. Group dynamics when agents have a finite number of alternatives：Dynamics of a macrovariable with mean-field approximation[R]. UCLA Center of Computable Economics Working Paper 13.

Aoki M. 1998. New Approaches to Macroeconomic Modeling: Evolutionary Stochastic Dynamics, Multiple Equilibria, and Externalities as Field Effects[M]. Cambridge: Cambridge University Press.

Arthur W B. 1989. Competing technologies, increasing returns, and lock-in by historical events[J]. The Economic Journal, 99 (394): 116-131.

Bates C, White H. 1985. A unified theory of consistent estimation for parametric models[J]. Econometric Theory, 1 (2): 151-178.

Behrens K, Thisse J F. 2007. Regional economics: A new economic geography perspective[J]. Regional Science and Urban Economics, 37 (4): 457-465.

Bera A, Yoon M. 1992. Simple diagnostic tests for spatial dependence[R]. Working paper, Department of Economics, University of Illinois, Champaign.

Bester M, et al. 2008. Space Science Reviews[M]. Netherlands: Springer International Publishing AG.

Bivand R, Szymanski S. 1997. Spatial dependence through local yardstick competition: Theory and testing[J]. Economics Letters, 55 (2): 257-265.

Borjas G J. 1994. Ethnicity, neighborhoods, and human capital externalities[R]. Cambridge: National Bureau of Economic Research.

Breusch T S, Pagan A R. 1979. A simple test for heteroscedasticity and random coefficient variation[J]. Econometrica, 47: 1287-1294.

Brunsdon C, Fotheringham S, Charlton M. 1998. Geographically weighted regression[J]. Journal of the Royal Statistical Society: Series D (The Statistician), 47 (3): 431-443.

Burridge P. 1980. On the Cliff-Ord test for spatial autocorrelation [J]. Journal of the Royal Statistical Society B, (42): 107-108.

Cliff A D, Ord J K. 1971. Evaluating the percentage points of a spatial autocorrelation coefficient[J]. Geographical Analysis, (3): 51-62.

Cliff A D, Ord J K. 1973. Spatial Autocorrelation[M]. London: Pion Progress.

Conley T G. 1999. GMM estimation with cross sectional dependence[J]. Journal of Econometrics, 92 (1): 1-45.

Dufour J M, Khalaf L. 2001. Monte Carlo Test Methods in Econometrics[M]. Oxford: Companion to Theoretical Econometrics', Blackwell Companions to Contemporary Economics, Basil Blackwell.

Fisher W D. 1971. Econometric estimation with spatial dependence[J]. Regional and Urban Economics, (1): 19-40.

Geary R C. 1954. The contiguity ratio and statistical mapping[J]. The Incorporated Statistician, (5): 115-145.

Getis A, Ord J K. 1992. The analysis of spatial association by the use of distance statistics[J]. Geographical Analysis, 24 (3): 189-206.

Glaeser E L. 1998. Should transfer payments be indexed to local price levels? [J]. Regional Science and Urban Economics, 28 (1): 1-20.

Goodchild M F. 1986. Spatial Autocorrelation[Z]. Norwich: GeoBooks.

Greene W H. 2011. Econometric Analysis [M]. 7th ed. London: Prentice Hall.

Griffith D A. 1987. Spatial Autocorrelation: A Prime. Resource Publications in Geography[M]. Washington: Association of American Geographers.

Haining R. 1986. Spatial models and regional science: A comment on Anselin's paper and research directions[J]. Journal of Regional Science, (26): 793-798.

Hildreth C, Houck J P. 1968. Some estimators for a linear model with random coefficients[J]. Journal of the American Statistical Association, 63 (322): 584-595.

Hordijk L. 1974. Spatial correlation in the disturbance of a linear interregional model[J]. Regional Science and Urban Economic，(4)：117-140.

Hordijk L. 1979. Problems in estimating econometric relations in space[J]. Regional Science Allociation，(42)：99-115.

Isard W. 1952. A general location principle of an optimum space-economy[J]. Econometrica：Journal of the Econometric Society，(20)：406-430.

Kelejian H H，Prucha I R. 1998. A generalized spatial two-stage least squares procedure for estimating a spatial autoregressive model with autoregressive disturbances[J]. The Journal of Real Estate Finance and Economics，17（1）：99-121.

Kelejian H H，Prucha I R. 1999. A generalized moments estimator for the autoregressive parameter in a spatial model[J]. International Economic Review，40（2）：509-533.

Kelejian H H，Prucha I R. 2007a. HAC estimation in a spatial framework[J]. Journal of Econometrics，140（1）：131-154.

Kelejian H H，Prucha I R. 2007b. The relative efficiencies of various predictors in spatial econometric models containing spatial lags[J]. Regional Science and Urban Economics，37（3）：363-374.

Kelejian H H，Tavlas G S，Hondronyiannis G. 2006. A spatial modeling approach to contagion among emerging economies[J]. Open Economies Review，17（4）：423-442.

Krugman P. 1990. Increasing returns and economic geography[R]. Cambridge：National Bureau of Economic Research.

Lambert D M，Florax R，Cho S H. 2008. Bandwidth selection for spatial HAC and other robust covariance estimators[R]. Working Paper, Dept. of Agricultural Economics, Purdue University.

Lee L F. 2001a. Asymptotic distributions of Quasi-Maximum likelihood estimators for spatial econometric models I：Spatial autoregressive processes[Z]. Columbus：Ohio State University.

Lee L F. 2001b. Asymptotic distributions of Quasi-Maximum likelihood estimators for spatial econometric models II：mixed regressive, spatial autoregressive models[EB/OL]. http://www.econ.ohio-state.edu/pdf/lflee/spar2kl-apr-mixreg(1).pdf.

Lee L F. 2002. Consistency and efficiency of least squares estimation for mixed regressive, spatial autoregressive models[J]. Econometric Theory，18（2）：252-277.

Lee L F. 2003. Best spatial two‐stage least squares estimators for a spatial autoregressive model with autoregressive disturbances[J]. Econometric Reviews，22（4）：307-335.

Lee L F. 2004. Asymptotic distributions of Quasi-Maximum likelihood estimators for spatial autoregressive models[J]. Econometrica，72（6）：1899-1925.

Lee L F. 2007. GMM and 2SLS estimation of mixed regressive, spatial autoregressive models[J]. Journal of Econometrics，137（2）：489-514.

Lesage J P，Pace R K. 2009. Introduction to Spatial Econometrics [M]. Boca Raton：CRC Press Taylor, Francis Group.

Matheron G. 1963. Principles of geostatistics[J]. Economic Geology，(58)：1246-1266.

Matheron G. 1967. Kriging or polynomial interpolation procedures？[J]. Canadian Min. Metall. Bull.，(70)：240-244.

Moran P A. 1950. Notes on continuous stochastic phenomena[J]. Biometrika，(37)：17-33.

Moran P A P. 1948. The interpretation of statistical map[J]. Journal of Royal Statistical Society（Series B），10：243-251.

Ord J K，Getis A. 1995. Local spatial autocorrelation statistics：Distributional issues and an application [J]. Geographical Analysis，(27)：286-305.

Ord K. 1975. Estimation methods for models of spatial interaction[J]. Journal of the American Statistical Association，70（349）：120-126.

Pace R K，Barry R. 1997. Quick computation of spatial autoregressive estimators[J]. Geographical Analysis，29（3）：232-246.

Paelinck J, Klaassen L. 1979. Spatial Econometrics[M]. Farnborough: Saxon House.

White H. 1982. Maximum likelihood estimation of misspecified models[J]. Econometrica: Journal of the Econometric Society, 50 (1): 1-25.

Wu D M. 1973. Alternative tests of independence between stochastic regressors and disturbances[J]. Econometrica: Journal of the Econometric Society, 41 (4): 733-750.

Wu D M. 1974. Alternative tests of independence between stochastic regressors and disturbances: Finite sample results[J]. Econometrica: Journal of the Econometric Society, 42 (3): 529-546.

第 2 章 空间计量模型的选择及模拟分析*

2.1 研究背景

空间计量实证研究过程中，在获得数据后，通常希望得到一个能够较好地描述数据的空间特征和经济现象的模型，并把后续的分析工作建立在假定这个模型的数据生成过程与真实模型相符的基础上进行。这一过程的前提和基础就是研究者选择了恰当的空间计量模型，并进行了正确的估计。为此可以看到模型选择是数据分析的重要组成部分，是模型建立的基础，也是实证研究的一个关键环节，在计量模型的发展中具有非常重要的意义。但是专门研究计量模型选择的文献并不多，而对空间计量模型的研究更少。随着空间计量模型的扩展，空间计量模型的选择问题变成了空间建模必须解决的一个重要问题。一部分学者分别从频率学派和贝叶斯学派的角度提出了一些选择的方法与技巧，如 Burridge（1980）提出了用于检验非空间模型还是空间误差模型（SEM）的 LM 检验，Anselin（1988）提出了使用 LM 统计量对非空间模型还是空间自回归（SAR）模型的选择问题。Anselin 和 Florax（1995, 1996）提出了空间误差模型和空间自回归模型的判别准则。Hepple（1995a, 1995b），Lesage（1997, 2000）又将贝叶斯方法应用到空间计量，进一步促进了空间计量的贝叶斯理论发展。Jeffreys（1961）最早将贝叶斯理论应用到普通计量模型的选择中，而 Hepple（2004）最早将贝叶斯理论应用到空间计量模型的选择中。这些模型选择方法有的具有很大的局限性，有的会出现一定的误选，而有的需要特殊的处理技巧。这就需要对这些方法进行一定的理论探索和模拟分析，给出合理的有效性评判，从而为实证研究中选择恰当模型建立理论基础。

当前空间计量模型的实证研究中，很多文献均是基于 LM 检验在空间自相关和空间误差模型中进行选择和分析，而 LM 检验确实存在局限性。实际上空间计量模型已极为丰富，有必要根据实际的研究问题在更广泛的空间计量模型中作出合理的选择。

---

*本章部分成果发表在陶长琪、杨海文撰写的 2014 年第 8 期的《统计研究》上

2.2 空间计量模型选择方法分析

2.2.1 空间计量模型簇

现有的空间计量模型可以列为以下十种[①]：

$$\text{SEM}: y = X\beta + \mu, \mu = \lambda W\mu + \varepsilon, \varepsilon \sim N(0, \sigma_\varepsilon^2 I_n) \quad (2\text{-}1)$$

$$\text{SMA}: y = X\beta + \mu, \mu = \lambda W\varepsilon + \varepsilon, \varepsilon \sim N(0, \sigma_\varepsilon^2 I_n) \quad (2\text{-}2)$$

$$\text{SEC}: y = X\beta + \mu, \mu = W\eta + \varepsilon, \eta \sim N(0, \sigma_\eta^2 I_n), \varepsilon \sim N(0, \sigma_\varepsilon^2 I_n) \quad (2\text{-}3)$$

$$\text{SLX}: y = X\beta_1 + WX\beta_2 + \varepsilon, \varepsilon \sim N(0, \sigma_\varepsilon^2 I_n) \quad (2\text{-}4)$$

$$\text{FAR}: y = \rho Wy + \varepsilon, \varepsilon \sim N(0, \sigma_\varepsilon^2 I_n) \quad (2\text{-}5)$$

$$\text{SAR}: y = \rho Wy + X\beta + \varepsilon, \varepsilon \sim N(0, \sigma_\varepsilon^2 I_n) \quad (2\text{-}6)$$

$$\text{SARMA}: y = \rho W_1 y + X\beta + \mu, \mu = \varepsilon + \lambda W_2 \varepsilon, \varepsilon \sim N(0, \sigma_\varepsilon^2 I_n) \quad (2\text{-}7)$$

$$\text{SAC}: y = \rho W_1 y + X\beta + \mu, \mu = \varepsilon + \lambda W_2 \mu, \varepsilon \sim N(0, \sigma_\varepsilon^2 I_n) \quad (2\text{-}8)$$

$$\text{SDM}: y = \rho Wy + X\beta + WX\theta + \varepsilon, \varepsilon \sim N(0, \sigma_\varepsilon^2 I_n) \quad (2\text{-}9)$$

$$\text{SDEM}: y = X\beta + WX\theta + \varepsilon, \mu = \varepsilon + \lambda W\mu, \varepsilon \sim N(0, \sigma_\varepsilon^2 I_n) \quad (2\text{-}10)$$

把模型（2-1）～模型（2-10）统称为空间模型簇中的模型，其中模型（2-1）～模型（2-3）仅在误差项中存在空间相关性，模型（2-4）仅在解释变量中模型存在空间相关性，模型（2-5）～模型（2-6）仅在被解释变量中存在空间相关性，模型（2-7）～模型（2-10）存在混合的空间相关性。模型（2-1）、模型（2-6）和模型（2-9）分别称为空间误差模型（SEM）、空间自回归（SAR）模型、空间杜宾模型（SDM），它们是三种最常见的空间计量模型。广义空间自回归（simultaneous autoregressive conditional，SAC）模型为既包括空间滞后，又包括空间误差项的一般空间模型。一阶空间自回归（first-order spatial autoregressive，FAR）模型、空间误差分量（spatial error components，SEC）模型和空间杜宾误差模型（spatial Dubin error model，SDEM）并不常见，FAR 模型类似于时间序列分析中的一阶自回归模型，主要用于研究相邻地区的被解释变量的变动如何影响被研究地区的被解释变量。SEC 模型由 Kelejian 和 Robinson 分别在 1993 年和 1995 年提出，它与 SEM、空间平均移动（spatial moving average，SMA）模型的最大不同是误差项中不含有空间相关性系数，且误差项由两个独立误差分量构成。SDEM 是 Lesage 和 Pace 提出的空间杜宾误差模型，只是在 SEM 中增加了解释变量的空间滞后项。

[①] 本章只针对横截面的空间计量模型进行分析。另外，基于对表格大小、篇幅及工作量的考虑，本章模拟分析部分并未对十种模型全部进行模拟，而是对不同的模型选择方法进行了有针对性的模拟分析

2.2.2 基于空间计量模型极大似然值的选择方法

1)空间计量模型极大似然值的计算

极大似然估计是模型选择方法的一个重要理论基础,虽然对数似然值在最优模型选择方法中不能起到有效作用,但是后边介绍的信息准则以及贝叶斯方法都是在似然函数的基础上延伸出来的。

多元线性回归模型与空间计量模型的对数似然函数值的计算方法具有类比性,只是推导的过程中要特别注意雅可比行列式的作用,下面给出考虑异方差情况下较为一般的空间计量 SAC 模型的极大似然估计原理。设

$$
\begin{aligned}
&y = \rho W_1 y + X\beta + \mu \\
&\mu = \lambda W_2 \mu + \varepsilon \\
&\varepsilon \sim N(0, \Omega) \\
&\Omega = \sigma^2 V, V = \mathrm{diag}(v_1, v_2, \cdots, v_n)
\end{aligned}
\quad (2\text{-}11)
$$

令 $A = I - \rho W_1$,$B = I - \lambda W_2$,由式(2-11)可得

$$
\begin{aligned}
Ay &= X\beta + \mu \\
B\mu &= \varepsilon
\end{aligned}
\quad (2\text{-}12)
$$

由于 $E(\varepsilon\varepsilon') = \Omega$ 为对角矩阵,故存在由同方差随机干扰项构成的向量 η,使得 $\eta'\eta = (\Omega^{-1/2}\varepsilon)'(\Omega^{-1/2}\varepsilon) = \varepsilon'\Omega^{-1}\varepsilon = I$,满足同方差设定。将 $\varepsilon = \Omega^{1/2}\eta$ 代入式(2-12)的第二个式子得到

$$
\mu = B^{-1}\varepsilon = B^{-1}\Omega^{1/2}\eta \quad (2\text{-}13)
$$

再把式(2-13)代入式(2-12)的第一个式子中得到

$$
Ay = X\beta + B^{-1}\Omega^{1/2}\eta \quad (2\text{-}14)
$$

由式(2-14)可得

$$
\Omega^{1/2}B(Ay - X\beta) = \eta \quad (2\text{-}15)
$$

其中,η 是独立的标准正态分布干扰项;$\Omega^{1/2}B(Ay - X\beta)$ 是关于待估参数的非线性函数,即式(2-15)是一个非线性模型。同多元正态分布的似然函数推导一样,由 η 到 Y 的概率密度函数变换为 $f_Y = |J|f_\eta$,其中雅可比行列式为 $|J| = \left|\dfrac{\partial \eta}{\partial y}\right| = |\Omega^{-1/2}BA| = |\Omega^{-1/2}\|B\|A|$,故

$$
f_Y = |J|f_\eta = |\Omega^{-1/2}\|B\|A|\prod_{i=1}^n f_{\eta_i} = |\Omega|^{-1/2}|B\|A|\left(\dfrac{1}{\sqrt{2\pi}}\right)^n e^{-\frac{\eta'\eta}{2}} \quad (2\text{-}16)
$$

对式(2-16)取对数,便得到 Y 的对数似然函数为

$$l = -\frac{n}{2}\ln 2\pi - \frac{1}{2}\ln|\Omega| + \ln|B| + \ln|A| - \frac{1}{2}\eta'\eta \qquad (2\text{-}17)$$

其中，$\eta'\eta$ 可由式（2-15）得

$$\eta'\eta = (Ay - X\beta)'B'\Omega^{-1}B(Ay - X\beta) \qquad (2\text{-}18)$$

将式（2-18）代入式（2-17）后关于参数求偏导数即可得到参数的估计，只是需要注意四点：①求偏导时会遇到对数行列式求偏导和矩阵求偏导，需要使用矩阵分析中的理论；②雅可比行列式 $|\Omega^{-1/2}\|B\|A|$ 要取对数，必须大于零，这就要求 $|A|=|I-\rho W_1|>0, |B|=|I-\lambda W_2|>0$ 和 Ω 为正定矩阵（即要求 $v_i>0$）；③空间计量中得到的对数似然函数比多元线性函数的对数似然函数中多出由雅可比行列式得到的对数行列式，是因为多元线性函数的对数似然函数的雅可比行列式值等于 1，取对数后为零；④对数似然函数中出现了对数行列式，在空间加权矩阵为高阶时，行列式计算变得困难，这时需要使用稀疏矩阵理论，可参考 Pace 和 Barry（1997）稀疏矩阵 cholesky 分解法、Pace 和 Barry（1998）样条插值法、Pace 和 Barry（1999）蒙特卡罗（Monte Carlo，MC）渐近法三种方法加以解决。

当得到极大似然值后，通常认为似然值较大的模型较优，但是在实际使用中发现很多时候得到的模型的似然值并没有显著差异，因而失去可比性，于是在似然值的基础上增加惩罚机制，便产生了模型选择的信息准则方法。在空间计量模型中的信息准则计算公式和一般模型相同，只是对数似然值是按上面介绍的空间计量模型对数似然值计算方法得到的。

2）基于极大似然值构建信息准则[①]

1973 年日本著名统计学教授赤池弘次（H. Akaike）在研究信息论中时间序列定阶问题时，提出了综合权衡模型适用性和复杂性的赤池信息准则（Akaike information criterion，AIC）。对于所建模型，AIC 为

$$\text{AIC} = -2\ln(L) + 2k \qquad (2\text{-}19)$$

其中，$\ln(L)$ 表示极大似然函数值；k 代表模型中的参数个数，AIC 优先考虑 AIC 值最小的那一个模型。AIC 值是对数似然函数值乘以-2 倍的权重加上参数个数乘以 2 倍权重。第一项表示所建模型与真实分布的偏差，通常模型越复杂，估计偏差越小，但待估参数增多，则第二项增大；反之，模型越简单，待估参数少，第二项就小，但所建模型与真实分布偏差增大，因此第二项是一个"惩罚项"。AIC 是寻找可以最好地解释数据但包含最少待估参数的模型，权衡了模型的适用性与复杂性，突破了之前单从模型拟合度思考的倾向。

尽管 AIC 在实际应用中相对似然函数值来说取得了更好效果，但也有不足之

---

① 在常见软件中，进行空间计量模型的估计时，都没有输出信息准则值，可以根据给出的对数似然函数值利用下面介绍的公式进行计算，本章模拟部分的信息准则值是使用 Matlab 计算得到的

处：在样本数据具有较高偏度或峰度时，惩罚项无法弥补极大似然估计在估计参数时的损失。同时，备选模型具有相同结构和参数时，AIC 也会无能为力。关键是在 AIC 中，模型参数个数的惩罚因子权重始终为常数 2，即它与样本容量 n 无关。随着样本容量的增大，模型的拟合误差随之放大，导致样本容量趋于无穷大时，AIC 选择的拟合模型不收敛于真实模型，它通常比真实模型所含的未知参数个数要多。于是，很多学者尝试对惩罚项进行修改，来平衡模型过度拟合和拟合不足问题。

为了对 AIC 进行改进，Akaike 于 1976 年提出贝叶斯信息准则（Bayesian information criterion，BIC），也称施瓦兹准则（Schwarz criterion，SC），BIC 的值为 $-2\ln(L)+k\ln(n)$。同时 Schwartz 在 1978 年基于无先验信息的贝叶斯理论的最大后验密度，也得出同样的判别准则。BIC 将未知参数个数的惩罚权重由常数 2 变成了样本容量的对数，当样本容量大于等于 8 时，BIC 惩罚项的值大于 AIC 惩罚项的值，即通常情况下 BIC 要求更精简的模型。另外，除了 AIC、BIC，还有汉南-奎因准则（Hannan-Quinn criterion，HQ），HQ 值为 $-2\ln(L)+\ln[\ln(n)]k$。

这些准则也可以概括为 $\text{Crit}(L,n,k)=-2\ln(L)+\text{Pen}(n,k)$，即都是 $-2\ln(L)$ 加上一个与 n 和 k 相关的惩罚项，它们的差异仅是惩罚项的不同，或者说是它们的"惩罚力度"不同。这些信息准则均"鼓励"数据拟合的优良性，但是尽量避免出现过度拟合的情况。增加待估参数（与解释变量的个数对应）的数目提高了拟合的优良性，但也增加了"惩罚力度"。在样本数和待估参数个数相同的条件下（即去除了惩罚项的影响），极大似然值最大和 AIC、BIC、HQ 最小就完全一致了。BIC 和 HQ 倾向于选择比 AIC 更精简的模型，AIC 显得过于保守[①]。

另外，Burnham 和 Anderson（2002）还分别给出了数据存在过度离散和小样本两种情况下的信息准则。数据过度离散情况下的信息准则 QAIC（Quasi-AIC）定义为

$$\text{QAIC}=2k-\frac{2}{\text{VIF}}\ln(L) \qquad (2\text{-}20)$$

其中，VIF 为方差膨胀因子。在小样本情况下的信息准则 QAIC' 表示为 QAIC'= QAIC+$\dfrac{2k(k+1)}{n-k-1}$，即 QAIC 可以调整过度离散或缺乏拟合的情况。

信息准则在模型选择时具有很好的优势，例如，它对嵌套模型和非嵌套模型均有效，且可以比较具有不同误差分布的模型，但是在空间计量模型的模拟分析过程中发现它们检验的效度并不高。需要进一步使用更为复杂的方法——贝叶斯

---

① 要注意的是 EViews 软件中给出的信息准则值是样本平均意义上的信息准则值，详见 EViews 8 Users Guide I, Quantile Regression, Chapter 32, 式（11.89），P441。本章模拟分析部分的信息准则值是根据似然函数值通过 Matlab 编程计算得到的

模型选择方法。

2.2.3 基于模型后验概率的贝叶斯选择方法

要得到后验概率和后验机会比（odds ratio）进行模型选择，必须首先计算出边际似然函数值。

1）空间计量模型中边际似然函数值的计算

以 SEM 中 $y = X\beta + \mu, \mu = \lambda W\mu + \varepsilon, \varepsilon \sim N(0,\sigma)$ 为例，设 W 的最大特征值和最小特征值分别为 $K_{\max}$ 和 $K_{\min}$ （若 W 为行标准化空间加权矩阵，则 $K_{\max}=1$），记 $D = 1/K_{\max} - 1/K_{\min}, P = I - \lambda W, V^{-1} = P'P$，根据前面讲的似然函数的估计方法可得 SEM 的似然函数为

$$L = (2\pi)^{-n/2} \frac{|P|}{\sigma^n} \exp\left[-\frac{1}{2\sigma^2}(y-X\beta)'V^{-1}(y-X\beta)\right] \quad (2\text{-}21)$$

令 $p(\beta,\sigma) \propto \frac{1}{\sigma}, p(\theta) = \frac{1}{D}$，可得后验分布为

$$p(\beta,\theta,\sigma^2|y) = \frac{1}{p(y)} \frac{|P|}{D} \frac{1}{\sigma} \frac{1}{(2\pi\sigma^2)^{n/2}} \exp\left[-\frac{1}{2\sigma^2}(y-X\beta)'V^{-1}(y\ X\beta)\right] \quad (2\text{-}22)$$

式（2-22）关于 β,σ 积分后，得到关于 θ 的边际似然为

$$p(\theta|y) = \frac{1}{p(y)} \frac{1}{D} \Gamma\left(\frac{n-k}{2}\right) \frac{1}{(2\pi)^{(n-k)/2}} \frac{|P|}{|X^{*'}X^*|^{1/2}} \frac{1}{S^{(n-k)/2}} \quad (2\text{-}23)$$

其中，$X^* = PX = X - \theta WX, y^* = Py = y - \theta Wy$，$S = s^2$ 是 y^* 关于 X^* 回归得到的残差平方和。再由贝叶斯公式 $p(\theta|y)p(y) = p(y|\theta)p(\theta)$，将式（2-22）同乘 $p(y)$ 后关于 θ 积分便得边际似然函数为

$$p(y) = \frac{1}{D} \frac{1}{(2\pi)^{(n-k)/2}} \Gamma\left(\frac{n-k}{2}\right) \int \frac{|P|}{|X^{*'}X^*|^{1/2}} \frac{1}{S^{(n-k)/2}} d\theta \quad (2\text{-}24)$$

由于式（2-24）是关于 SEM 推导得到的，可以记为 $p(y|M_{\text{SEM}})$，类推可以得到其他空间模型的边际似然函数为

$$p(y|M_{\text{OLS}}) = \frac{1}{(2\pi)^{(n-k)/2}} \Gamma\left(\frac{n-k}{2}\right) \frac{1}{|X'X|^{1/2}} \frac{1}{S^{(n-k)/2}} \quad (2\text{-}25)$$

$$p(y|M_{\text{SAR}}) = \frac{1}{D} \frac{1}{(2\pi)^{(n-k)/2}} \Gamma\left(\frac{n-k}{2}\right) \frac{1}{|X'X|^{1/2}} \int |P| \frac{1}{S^{(n-k)/2}} d\rho \quad (2\text{-}26)$$

$$p(y|M_{\text{SMA}}) = \frac{1}{D} \frac{1}{(2\pi)^{(n-k)/2}} \Gamma\left(\frac{n-k}{2}\right) \int \frac{|P|}{|X^{*'}X^*|^{1/2}} \frac{1}{S^{(n-k)/2}} d\rho \quad (2\text{-}27)$$

$$p(y|M_{\text{SDM}}) = \frac{1}{D} \frac{1}{(2\pi)^{(n-k)/2}} \Gamma\left(\frac{n-k}{2}\right) \int \frac{|P|}{|X^{*'}X^*|^{1/2}} \frac{1}{S^{(n-k)/2}} d\rho \quad (2\text{-}28)$$

$$p(y|M_{\text{SARMA}}) = \frac{1}{D_1}\frac{1}{D_2}\frac{1}{(2\pi)^{(n-k)/2}}\Gamma\left(\frac{n-k}{2}\right)\iint \frac{|P\|G^{-1}|}{|X^{*'}X^*|^{1/2}}\frac{1}{S^{(n-k)/2}}\mathrm{d}\lambda\mathrm{d}\rho \quad (2\text{-}29)$$

Carlin 和 Louis（1997）给出了几种利用传统基于 MC 的边际似然函数 $P(y|M)$ 的估计方法，但这些方法对较高维的模型却难以实现。Gelfand 和 Hastings 分别给出了基于 Gibbs 抽样和 Metropolis-Hastings（M-H）抽样（也称 M-H 算法）的计算方法，有效地解决了高维的情况。边际似然函数值的计算有三种情况：①分析法计算；②数值近似计算；③模拟计算。分析法计算主要针对边际似然函数中的积分相对容易，可以通过解析和数值积分实现。对于相对复杂的情况需要将似然函数在极大值点处使用泰勒展开式进行近似估计。对于特别复杂的情况，可以利用马尔可夫链蒙特卡罗（Markov Chain Monte Carlo，MCMC）方法。

2）后验机会比与后验概率的计算

利用前面的边际似然值，可以进一步计算后验机会比。利用后验机会比和 Jeffreys 判断标准，可以对空间计量模型进行选择。

设存在 n 个候选模型 $M_i(i=1,2,\cdots,n)$，对应的参数向量为 $\theta_i(i=1,2,\cdots,n)$，则 M_i 为正确模型的后验概率为

$$p(M_i|y) = \frac{p(y|M_i)p(M_i)}{p(y|M_1)p(M_1)+p(y|M_2)p(M_2)+\cdots+p(y|M_n)p(M_n)} \quad (2\text{-}30)$$

其中，$p(y|M_i)$ 就是前面的边际似然值；$p(M_i)$ 是模型 M_i 的先验概率，显然由式（2-30）有 $\sum_{i=1}^{n}p(M_i|y)=1$，数据信息支持各个模型的程度，可用如下后验机会比表示为

$$\text{PO}_{ij} = \frac{p(M_i|y)}{p(M_j|y)} = \frac{p(y|M_i)p(M_i)}{p(y|M_j)p(M_j)} = \frac{p(y|M_i)p(M_i)}{p(y|M_j)p(M_j)} = \text{BE}_{ij}\times\text{PR}_{ij} \quad (2\text{-}31)$$

其中，BE_{ij} 为贝叶斯因子；PR_{ij} 为先验机会比，式(2-31)变形可得 $\text{BE}_{ij}=\text{PO}_{ij}/\text{PR}_{ij}$，即贝叶斯因子也等于后验机会比除以先验机会比。如果先验信息对模型没有偏好（先验机会比 $\text{PR}_{ij}=1$），则模型的贝叶斯因子完全由后验机会比决定。多个模型进行比较时，也可以通过后验机会比来计算后验概率，只需要将式（2-30）右端取倒数展开后再取倒数便得

$$p(M_i|y) = \frac{1}{\text{PO}_{1i}+\text{PO}_{2i}+\cdots+\text{PO}_{mi}} \quad (2\text{-}32)$$

从以上推理可以看出，使用贝叶斯方法选择模型的关键就是计算各个模型的边际似然值。得到了边际似然值结合先验概率就可计算出后验概率、贝叶斯因子和后验机会比。

由于前面介绍的边际似然函数的计算在空间计量模型中存在较大困难，通常需要采用 MCMC 方法进行计算。

2.2.4 基于 MCMC 的空间计量模型选择方法

MCMC 方法本身是一种特殊的蒙特卡罗（Monte Carlo，MC）方法。MC 方法是从给定的分布中抽样，而 MCMC 方法是利用给定的 MCMC 算法通过多次迭代形成平稳的马尔可夫链样本，以便用样本平均数来进行近似估算和统计推断的方法。对于积分运算来说，MCMC 本质上就是使用了马尔可夫链的蒙特卡罗模拟积分。而从随机过程的角度来说，MCMC 是将随机过程中的马尔可夫过程引入 MC 模拟中，以动态构造马尔可夫链为基础，通过遍历性约束来实现模拟目标分布的随机模拟方法。

当参数数目增多时，边际似然值、后验概率、贝叶斯因子、后验机会比等的计算会遇到积分困难的问题，而 MCMC 为解决此类问题提供了一种简单且行之有效的计算方法，从而为模型选择提供了重要的工具。

目前，在贝叶斯分析中应用最为广泛的 MCMC 方法主要有 Gibbs 抽样和 M-H 抽样。Gibbs 抽样是由 Stuart Geman 和 Donald Geman 于 1984 年在图像分析中马尔可夫随机场（Markov random field，MRF）方法的研究时提出的。Gibbs 抽样的成功在于它利用满条件分布将多个相关参数的复杂问题转换为每次只需处理一个参数的简单问题。但是许多实际问题中，某些参数的分量的满条件分布会较难抽样，这时可以使用比 Gibbs 抽样更一般的 M-H 抽样。M-H 抽样是一类最为常用的 MCMC 方法，它由 Metropolis 等在 1953 年提出，1970 年 Hastings 对此进行了推广。MCMC 方法的核心就是要获得合适的马尔可夫链，使其平稳分布就是待抽样的目标分布[在贝叶斯分析中目标分布一般为后验分布 $\pi(\theta|x)$]，而 M-H 抽样就是用于产生所要马尔可夫链的一种算法。

M-H 抽样的马尔可夫链产生过程如下。

（1）选择合适的建议分布（proposal distribution）$q(\cdot|\theta^{(t)})$（与目标分布接近且易于抽样）。

（2）从某个分布中产生 $\theta^{(0)}$（通常直接给定）。

（3）重复下面过程，直到马尔可夫链达到平稳状态。

从 $q(\cdot|\theta^{(t)})$ 中产生一个新状态 θ^*，计算接受概率 $\alpha(\theta^{(t)},\theta^*)=\min\{\gamma(\theta^{(t)},\theta^*),1\}$，其中 $\gamma(\theta^{(t)},\theta^*)=\dfrac{\pi(\theta^*|x)q(\theta^{(t)}|\theta^*)}{\pi(\theta^{(t)}|x)q(\theta^*|\theta^{(t)})}$；随机产生一个[0,1]上的均匀分布随机数 $u\sim U[0,1]$，如果 $u\leqslant\alpha(\theta^{(t)},\theta^*)$，则接受建议状态，马尔可夫链的状态变为 θ^*，否则拒绝建议状态，马尔可夫链的状态仍然停留在 $\theta^{(t)}$；增加 t，返回这一步的开始部分。

在接受概率的计算中只需知道目标分布 $\pi(\theta|x)$ 的核即可,正则化常数可以未知。从理论上讲,建议分布的选取是任意的,但在实际计算中,建议分布的选取对于计算效率影响很大。一般认为建议分布的形式与目标分布越接近,则模拟的效果越好。M-H 抽样的关键是两个函数:$q(\cdot|\theta^{(t)})$ 决定怎样基于 $\theta^{(t)}$ 得到 θ^*;$\alpha(\theta^{(t)},\theta^*)$ 决定得到的 θ^* 是否保留。本书的 MCMC 方法也是基于 M-H 算法。

在空间计量的贝叶斯分析方法中,给出参数的恰当先验分布是重要的一环。以 SAR 为例,考虑带有异方差的空间回归模型:

$$
\begin{aligned}
& y = \rho W y + X\beta + \varepsilon \\
& \varepsilon \sim N(0,\sigma^2 V), V = \mathrm{diag}(v_1,v_2,\cdots,v_n) \\
& \sigma \sim \Gamma(v_0,d_0) \\
& \rho \sim B(a,b) \\
& \beta \sim N(c,T) \\
& r/v_i \sim ID\chi^2(r)/r \\
& r \sim \Gamma(m,k)
\end{aligned}
\quad (2\text{-}33)
$$

先验分布设定方法参照了 Lindley 和 David(1971),Geweke(1993)和 Lesage(1997)的方法。其中,y 是 $n\times1$ 的被解释变量;x 由 $n\times k$ 的被解释变量矩阵构成;k 为解释变量的个数;e 为 $n\times 1$ 的非常数方差的正态分布随机变量。ρ 的先验分布设为贝塔分布,β 的先验分布设为正态分布,r、σ 设为伽马分布,当 $v_0=0,d_0=0$ 时,σ 的先验变为扩散先验分布,相对方差项 $(v_1,v_2,\cdots,v_n)$ 是需要估计的固定的未知参数。显然用普通的方法,需要 n 个观测值估计 $n+k+2$ 个参数,会出现自由度不足的问题,但是贝叶斯方法不会受到自由度的约束,因为 v_i 设定了有信息的先验分布,v_i 为服从独立的 $\chi^2(r)/r$ 分布(此分布只有一个单参数 r),即考虑了 v_i 先验的均值均相等,先验的方差为 $2/r$,当 r 越来越大时,v_i 接近于 1,导致 $V=I_n$,ε 变成满足 Gauss-Markov 的同方差正态分布;当 $V\neq I_n$ 时又能充分利用异常值降低此类观测值的影响,使模型得到更好的估计结果,且 r 越大异常值和非常数方差的影响越小。添加了一个单参数 r 的先验分布既考虑了异方差的影响又克服了自由度的局限,达到估计 n 个 v_i 的目的,体现了用贝叶斯方法解决复杂问题的优势。

使用 MCMC 的 M-H 抽样时,需给出恰当的 M-H 算法。以式(2-23)为例,主要算法过程①如下。

(1)首先分别给定参数向量 $\beta_{(0)},\sigma^2_{(0)},\rho_{(0)}$ 的初始值,使用正态分布 $N(c^*,\sigma_{(0)}T^*)$ 抽取样本 $\beta_{(1)}$,$p(\beta|\sigma^2_{(0)},\rho_0)\sim N(c^*,\sigma_{(0)}T^*)$,$c^*=(X'X+T^{-1})^{-1}[X'(I_n-\rho_{(0)}W)y+$

---

① 本算法的全部过程存在异方差与同方差两个迭代分支,为避免叙述重复冗长,仅给出了后者

T^1c], $T^* = (X'X + T^{-1})^{-1}$,用参数向量 $\beta_{(1)}$ 代替 $\beta_{(0)}$。

(2)使用逆伽马分布 $\text{IG}(a^*, b^*)$ 抽取样本 $\sigma_{(1)}^2$,$p(\beta|\sigma_{(1)}^2, \rho_0) \sim \text{IG}(a^*, b^*)$。其中,$a^* = a + n/2$,$b^* = b + (Ay - X\beta_{(1)})'(Ay - X\beta_{(1)})/2$,$A = I_n - \rho_{(0)}W$。

(3)使用 M-H 算法从 $p(\rho|\beta_{(1)}, \sigma_{(1)}^2)$ 抽取 $\rho_{(1)}$,其中 $p(\rho|\beta, \sigma) \propto \dfrac{p(\rho, \beta, \sigma | D)}{p(\rho, \beta, \sigma | D)}$ $\propto |I_n - \rho W| \exp\left[-\dfrac{1}{2\sigma^2}(Ay - X\beta)'(Ay - X\beta)\right]$,$D$ 表示样本数据,接受概率 $\alpha(\rho, \rho^*) = \min\left\{\dfrac{p(\rho^*|\beta, \sigma)}{p(\rho|\beta, \sigma)}, 1\right\}$,$\rho^* = \rho + c$,$c$ 为调整参数。使用 $\rho_{(1)}$ 更新 $\rho_{(0)}$ 返回到(1)。

在本章中初始值的设置为

$$\rho = 0.5, \sigma = 1.0, r = 4, a = 1, b = 1, v_0 = 0, d_0 = 0, c = (0, 0, \cdots, 0)'_k, T = I_k \times 1e^{+12}$$

M-H 抽样的初始调整参数都设为 $c = 0.2$,总抽样 1200 次,丢弃前 200 次进行分析。

2.3 空间计量模型选择的模拟分析①

由于仅从理论分析的角度并不能看出方法的优劣,下面使用模拟数据进行模拟分析。生成相对的小样本和大样本数据的空间加权矩阵,分别来源于 Anselin、Lesage、Hepple 等经常使用 49 阶和 3107 阶矩阵②。模拟数据的生成中放入了非显著变量作为干扰,自回归项系数 $\rho = 0.8$,误差自相关或误差移动平均的系数 $\lambda = 0.5$,解释变量和杜宾项系数都是全为 1 的向量。首先使用相对的小样本进行 Moran 指数、LM 检验和信息准则分析,然后分别使用相对的小样本和大样本进行 MCMC 方法的对比模拟分析。

1)Moran 指数检验的模拟分析

对由 49 阶邻接矩阵生成的 5 个空间模型 SAR、SEM、SARMA(spatial autoregressive moving average,空间自回归移动平均)、SDM、SAC 分别进行 Moran 指数检验得到如表 2-1 所示的结果。

表 2-1 空间计量模型的 Moran 指数检验

Value	SAR	SEM	SARMA	SDM	SAC
Moran's I	0.466	0.208	−0.000	0.456	0.170

---

① 本章所有的模拟程序均采用的是 Matlab 编写
② 分别为美国俄亥俄州的犯罪数据和 1980 年总统选举数据中的空间加权矩阵,详见 Anselin 的 Spatial Econometrics: Methods and Models 以及 Pace 和 Barry 的 Quick computation of spatial autoregressive estimators

续表

Value	SAR	SEM	SARMA	SDM	SAC
标准化后的 I	5.945	2.8094	0.280	5.819	2.352
P 值	0.000***	0.005***	**0.780**	0.000***	0.019**
期望	−0.023	−0.023	−0.023	−0.023	−0.023
标准差	0.082	0.082	0.082	0.082	0.082

注：*、**和***分别表示在10%、5%和1%水平上显著

从表 2-1 的 Moran 指数检验的 P 值可以看出，在 5%的显著性水平下，SAR、SEM、SDM、SAC 生成数据模型均存在显著的空间相关性，但对于 SARMA 生成数据模型并没有给出正确的检验结果。同时 Moran 指数检验并不能区分存在空间相关的模型差异。

2）基于 LM 检验的模型选择模拟分析

对五个空间模型 SAR、SEM、SARMA、SDM、SAC 的模拟数据进行 LM 检验可以得到表 2-2 的结果

表 2-2　基于 LM 的空间计量模型检验的模拟结果

Test	Value	SAR	SEM	SARMA	SDM	SAC
LM-Error	统计量	24.121	8.652	1.782	19.490	5.294
	P 值	0.000	0.003	0.182	0.000	0.021
LM-Lag	统计量	35.598	9.237	9.096	46.953	22.982
	P 值	0.000	0.002	0.003	0.000	0.000
Robust LM-Error	统计量	0.000	9.751	2.175	3.906	4.539
	P 值	0.998	0.002	0.140	0.048	0.033
Robust LM-Lag	统计量	13.379	0.050	16.560	31.543	21.242
	P 值	0.000	0.824	0.000	0.000	0.000

注：在1%的显著性水平下，$\chi^2(1)$ 临界值为 6.635，$\chi^2(2)$ 临界值为 9.210

从表 2-2 可以看出当真实的生成数据过程为 SAR 模型时，LM-Error 统计量和 LM-Lag 统计量都显著，进一步进行 Robust LM-Error 检验和 Robust LM-Lag 检验时，发现 Robust LM-Error 统计量不显著，而 Robust LM-Lag 统计量非常显著，根据前面的理论介绍可推断真实的模型为 SAR 模型，与事实非常吻合。同理，根据书中所述的判别准则，当真实的生成数据过程为 SEM 时，LM 检验推断得到的模型也为 SEM，也与事实完全吻合。但是，当真实的数据生成过程为其他三个模型时，这四个统计量都无法给出正确的选择，例如，SDM 和 SAC 模型的四个统计

量都显著,从而 LM 检验根本无法作出判断。这也说明了 LM 检验只是针对 SAR 模型和 SEM 区分有效,因此 LM 检验具有很大局限性。当 LM 检验无法给出判别时,部分学者通过比较哪类统计量更显著来选择模型,其实这时 LM 的检验结果提醒数据的真实生成过程可能为 SAR 模型与 SEM 之外的其他模型。

3)基于信息准则的模型选择模拟分析

对空间模型 SAR、SEM、SDM、SAC 的模拟数据,计算对数似然值和三个信息准则值可以得到如表 2-3 所示的结果。

表 2-3 空间计量模型的信息准则值模拟结果

Model	IC	SAR	SEM	SDM	SAC
SAR	AIC	**87.3288**	99.9272	88.5861	89.851
	BIC	**93.0043**	105.6027	96.1534	97.4183
	HQ	**85.4055**	98.0038	86.0216	87.2865
	ln(L)	**−40.6644**	−46.9636	−40.2931	−40.9255
SEM	AIC	80.5087	**74.3372**	76.1325	81.5608
	BIC	86.1841	**80.0126**	83.6998	89.1281
	HQ	78.5853	**72.4138**	73.568	78.9963
	ln(L)	−37.2543	**−34.1686**	−34.0663	−36.7804
SDM	AIC	98.8296	124.0054	**96.4888**	82.4332
	BIC	104.5051	129.6809	**104.056**	90.0004
	HQ	96.9063	122.082	**93.9243**	79.8687
	ln(L)	−46.4148	−59.0027	**−44.2444**	−37.2166
SAC	AIC	77.3734	92.3922	78.914	**71.4536**
	BIC	83.0488	98.0677	86.4813	**79.0208**
	HQ	75.45	90.4689	76.3495	**68.8891**
	ln(L)	−35.6867	−43.1961	−35.457	**−31.7268**

注:此表左侧每行表示真实数据生成过程对应的模型,右侧每列表示实际所选择的模型,故对角线上的数据为真实的数据生成过程和实际选择的模型相同时得到的结果

从表 2-3 的前 4 行可以看出,当真实的模型为 SAR 时,选择 SDM 进行估计得到的对数似然值却最大(−40.2931),同时采用 SAR、SDM 和 SAC 模型进行估计的对数似然值都只有微小的差异,即对数似然值最大原则在此由于缺少区分度,失去了模型选择的能力。当真实模型是 SAR、SEM、SAC 时,正确选择 SAR、SEM、SAC 模型进行分析,模型的 AIC、BIC 和 HQ 均为最小,即信息准则取得了较好的效果。但是,当真实模型是 SDM 时,错误地选择 SAC 模型,三个信息准则值均最小。因此信息准则值在此模型的选择上给出了误判,但是相对前面的模型选择方法来说,依然表现不错。

4）基于 MCMC 的空间计量模型选择模拟分析

真实模型是 FAR、SAR、SEM 和 SDM 时，利用和以上分析完全相同的生成数据，分别在相对 49 个样本和 3107 个样本的情况下，计算各种选择模型的后验概率，可以得到如表 2-4 所示的结果。

表 2-4　49 个样本和 3107 个样本下利用 MCMC 方法计算的各种选择模型的后验概率

Model	FAR		SAR		SEM		SDM	
FAR	**0.701**	**0.717**	0.000	0.000	0.000	0.000	0.000	0.000
SAR	0.010	0.004	**0.946**	**0.982**	0.008	0.000	0.000	0.000
SEM	0.265	0.265	0.000	0.000	**0.775**	**0.885**	0.000	0.000
SDM	0.025	0.015	0.054	0.018	0.217	0.116	**1.000**	**1.000**

注：此表行表示实际所选择的模型，右侧每列表示真实数据生成过程对应的模型。表中每栏的第一列均对应 49 个样本的计算结果，第二列对应 3107 个样本的计算结果

可以从表 2-4 看出，在 49 个样本情况下当真实模型是 FAR、SAR、SEM 和 SDM 时，正确选择它们的模型后验概率均比错误选择时的概率值大，如当真实的数据生成过程是 FAR 模型时，在 FAR、SAR、SEM、SDM 中使用 MCMC 方法选择 FAR 模型，计算得到的后验概率为 0.7007，与选择 SAR、SEM、SDM 的后验机会比分别为 72.99、2.65、27.92。这四种情况在 3107 个样本条件下正确选择真实模型的模型后验概率有进一步的提高，前面的后验机会分别变成了 204.71、2.70、47.77。显然 MCMC 算法在两种情况下均未出现误判，且在 3107 个样本情况下，能够根据后验概率作出准确的模型选择，效果很突出。

5）基于 MCMC 的不同权重矩阵的模型选择模拟分析

当选择了确定类型的空间计量模型之后，对于不同的空间加权矩阵的选择也是空间计量模型选择的一个重要方面。以 1~7 阶最近邻加权矩阵为例，各个模型的真实数据都由 4 阶最近邻空间加权矩阵生成。当各模型分别选择 1~7 阶来估计时，计算所选择的模型的后验概率如表 2-5 所示。

表 2-5　基于不同邻接矩阵的 49 个样本和 3107 个样本数据的 MCMC 方法的模拟结果

Model	FAR		SAR		SEM		SDM	
W1	0.000	0.000	0.000	0.000	0.001	0.000	0.000	0.000
W2	0.001	0.000	0.001	0.000	0.011	0.000	0.000	0.000
W3	0.001	0.000	0.201	0.000	0.110	0.000	0.000	0.000
W4	**0.598**	**1.000**	**0.605**	**1.000**	**0.422**	**1.000**	**0.999**	**1.000**
W5	0.114	0.000	0.149	0.000	0.355	0.000	0.000	0.000
W6	0.195	0.000	0.033	0.000	0.064	0.000	0.000	0.000
W7	0.092	0.000	0.011	0.000	0.038	0.000	0.000	0.000

注：表中每栏的第一列均对应 49 个样本的计算结果，第二列对应 3107 个样本的计算结果

从表 2-5 可以看出，在 49 个样本条件下，SAR、SEM、SDM、SAC 模型选择 4 阶最近邻空间加权矩阵时得到的模型后验概率最大。但是当阶数与 4 接近时，SAR、SEM、SAC 三个模型得到的模型后验概率也比较大，如当真实模型数据由 4 阶最近邻的 SEM 生成的时候，选择 3 阶最近邻的 SEM 进行估计的模型后验概率达到了 0.3550，与真实模型的后验概率 0.4217 仅相差 0.0667。但是总体上，选择真实模型估计的模型后验概率均是最大的，与实际完全符合。特别是在大样本的情况下，使用 MCMC 方法估计真实数据生成的模型的后验概率均接近于 1，其他情况均接近于 0。从而可以看出，在较大的样本情况下 MCMC 方法在基于不同阶空间邻接矩阵的空间计量模型选择上也具有较高效度。

从以上全部模拟结果来看，基于 OLS 残差与似然函数值的模型选择方法，均存在一定的局限性。在非 MCMC 的方法中信息准则总的来说基本有效，而 MCMC 方法在给定恰当 M-H 算法的条件下具有更高效度，特别是对于大样本的空间计量的选择来说具有绝对的优势。

2.4 结论与进一步研究

空间计量模型越来越丰富，基于实际问题，利用获得的数据给出恰当的模型选择也变得越来越重要。空间计量模型的选择方法虽然有很多，但是传统方法都有针对性和局限性。当扩充选择模型的范围时，基于 OLS 估计残差的 Moran 指数检验也并不能给出全部空间计量模型的空间相关性的判断，基于 OLS 估计残差的 LM 检验主要针对 SAR 和 SEM 的选择有效，特别需要注意的是当 LM 检验的判别准则无法给出结论时，应该进一步判断真实的数据生成过程为其他模型的可能。基于似然函数值的三大信息准则，对于空间计量模型的选择来说，也存在不能准确判断的情况。而近几十年研究的热门方法——MCMC，在空间计量模型选择上却有突出表现。在本章的模拟分析中它相对其他方法来说处于绝对优势地位。从而可以看出，仅利用 OLS 估计的残差或似然函数，对于相对复杂的空间计量模型，在扩展的模型簇中存在着利用信息上的不足，因而使用既利用似然函数又利用参数先验信息的 MCMC 方法能够解决这一问题。

本章对如何在空间计量模型中进行恰当的模型选择作了较为全面的探讨，获得了具有重要参考价值的结论。限于章节篇幅的限制，并没有探讨所有的空间计量模型的选择方法和模拟分析。实际上要实现本章中介绍的十大空间计量模型的 MCMC 选择方法，仍然存在一定困难，例如，SARMA 模型的 M-H 算法由于存在两个空间相关系数而变得特别复杂，依然不能得到恰当的算法设定。另外，模型的元选择（model meta-selection）问题（模型选择策略的挑选）、模型平均（model averaging）问题（考虑模型不确定性的一种有效的机制）以及空间面板模型的模型选择问题并未在本章中进行探讨，有待于后续的进一步研究。

参 考 文 献

陶长琪，杨海文. 2014. 空间计量模型选择及其模拟分析[J]. 统计研究，31（8）：88-96.

杨海文. 2015. 空间计量模型的选择、估计及其应用——基于经典方法与 MCMC 方法的比较[D]. 南昌：江西财经大学.

Akaike H. 1973. Information theory and an extension of the maximum likelihood principle[C]//Petrov B N，Csaki F. 2nd International Symposium of Information Theory. Akademia：Kiado，Budapest.

Anselin L. 1988. Lagrange multiplier test diagnostics for spatial dependence and spatial heterogeneity[J]. Geographical Analysis,（20）：1-17.

Anselin L，Bera A K，Florax R, et al. 1996. Simple diagnostic tests for spatial dependence[J]. Regional Science and Urban Economics，Elsevier,（1）：77-104.

Anselin L，Florax R. 1995. Small Sample Properties of Tests for Spatial Dependence in Regression Models: Some Further Results[M]. Berlin：Springer-Verlag.

Burnham K P，Anderson D R. 2002. Model Selection and Multi-Model Inference: A Practical Information-Theoretic Approach[M]. 2nd ed. New York：Springer.

Burridge P. 1980. On the Cliff-Ord test for spatial autocorrelation[J]. Journal of the Royal Statistical Society B,（42）：107-108.

Carlin B P，Louis T A. 1997. Bayes and empirical Bayes methods for data analysis[J]. Statistics and Computing，7（2）：153-154.

Gelfand A E，Smith A F M. 1990. Sampling-based approaches to calculating marginal Densities[J]. Journal of the American Statistical Association,（85）：398-409.

Geweke J. 1993. Bayesian treatment of the independent student t linear model[J]. Journal of Applied Econometrics,（8）：19-40.

Hastings W K. 1970. Monte Carlo sampling methods using Markov chains and their applications[J]. Biometrika,（57）：97-109.

Hepple L W. 1995a. Bayesian techniques in spatial and network econometrics: Model comparison and posterior odds[J]. Environment and Planning A,（27）：447-469.

Hepple L W. 1995b. Bayesian techniques in spatial and network econometrics: Computational methods and algorithms[J]. Environment and Planning A,（27）：615-644.

Hepple L W. 2004. Bayesian model choice in spatial econometrics[C]//LeSage J P，Pace R K. Advances in Econometrics：Vol 18：Spatial and Spatiotemporal Econometrics. Oxford：Elsevier Ltd.

Jeffreys H. 1961. Theory of Probability[M]. Oxford：Oxford University Press.

Kelejian H H，Robinson D P. 1993. A suggested method of estimation for spatial interdependent with autocorrelated errors，and an application to a county expenditure model[J]. Papers Regional Science，72（3）：297-312.

Kelejian H H，Robinson D P. 1995. Spatial correlation: A suggested alternative to the autoregressive model[M]//Anselin L，Florax R J. New Directions in Spatial Econometrics. Berlin：Springer-Verlag：75-95.

Lesage J P. 1997. Bayesian estimation of spatial autoregressive models[J]. International Regional Science Review,（20）：113-129.

Lesage J P. 2000. Bayesian estimation of limited dependent variable spatial autoregressive models[J]. Geographical Analysis，32（1）：19-35.

Lesage J P, Pace R K. 2009. Introduction to Spatial Econometrics [M]. Boca Raton: CRC Press Taylor, Francis Group.

Lindley D V. 1971. The estimation of many parameters[C]//Godambe V P, Sprout D A. Founda-tions of Statistical Science. Toronto: Holt, Rinehart, and Winston.

Pace R K, Barry R P. 1997. Kriging with large data sets using sparse matrix techniques[J]. Communications in Statistics-Computation and Simulation, 26 (2): 619-629.

Pace R K, Barry R P. 1998. Quick computations of spatially autoregressive estimators[J]. Geographical Analysis, 29 (2): 232-247.

Pace R K, Barry R P. 1999. Monte Carlo estimates of the log determinant of large sparse matrices[J]. Linear Algebra and Its Applications, 289: 41-54.

Schwarz G E. 1978. Estimating the dimension of a model[J]. Annals of Statistics, 6 (2): 461-464.

第3章　带未知异方差广义空间模型的有效估计*

空间单元大小以及其他的经济特征上的差异，常会导致空间异方差问题。本章给出广义空间模型异方差问题的三种不同估计方法。第一种方法是将异方差形式参数化，来克服自由度的不足，使用 ML 估计进行实现。针对异方差形式未知时，分别采用基于 2SLS 的迭代 GMM 估计和更加直接的 MCMC 抽样方法加以解决，特别是 MCMC 方法表现得更加优美。蒙特卡罗模拟表明，给定异方差形式条件下，ML 估计通过异方差参数化的方法依然可以获得较好的估计效果。异方差形式未知的情况下，另外两种方法随着样本数的增大也可以与 ML 的估计结果趋于一致。

3.1　研究背景

同方差假设是经典计量分析中较为常用的模型设定，它简化了模型的估计程序，然而限制了模型的使用范围。空间单元大小以及其他的经济特征上的差异，会导致空间异方差问题，且使在空间计量模型中空间单元之间的差异更加多元化，进而导致多种复杂的未知异方差形式的存在。另外，由于空间结构的复杂性，无法找到能够完全刻画实际空间依赖关系的空间加权矩阵，当存在一些空间加权矩阵的误用时，也会导致所设定的模型可能存在空间异方差。所以，在空间计量模型中异方差问题变得非常常见。Lesage 和 Pace（2009）认为空间数据样本中异方差和异常值会经常出现，空间单元自身的差异（如规模、大小等）表现出固有的空间异质性，使得模型存在异方差的假设比 Gauss-Markov 同方差假设更适合。另一些实证研究的文献也表明，在空间计量模型的很多实证研究中都必须考虑异方差因素（Ertur et al.，2006）。Gianfranco（2010）也认为空间单元在许多重要特征上存在差异，同方差是一个过强的假设，在许多空间的应用问题中并不成立。

最大似然估计（MLE）和广义矩估计（GMM）是空间计量中最常用的两种估计方法。当存在空间异方差且异方差结构已知时，可以采取异方差参数化后的最大似然进行估计。即使异方差形式未知，通过恰当地使用 GMM 估计仍然能得到一致有效的估计量。Fleming（2004）在评述空间相关的模型估计方法时认为

---

*本章部分成果发表在陶长琪、杨海文撰写的 2014 年第 9 期的《数量经济技术经济研究》上

MCMC 方法是最灵活的方法，它不但可以处理 SAR 和 SEM，甚至适用存在异方差时的通用形式。Cameron 和 Trivedi（2005）认为贝叶斯方法能产生不算极好的估计值，但在很多情况下仍能获得有效的估计结果。Lin（2005）给出了带未知异方差的 SAR 模型的 GMM 估计。Anselin 和 Lozano-Gracia（2008）和 Baltagi 等（2008）给出了使用空间异方差自相关一致（SHAC）估计的两个典型的实证应用。Gianfranco（2010）认为由 Lee（2004）提出的空间模型新息同方差假设下的拟最大似然估计理论并不能搬到异方差假设情况下。基于此，Arraiz 等（2010）给出了异方差情况下最大似然估计不一致的模拟证据。Anselin（2011）给出了带异方差和不带异方差的 SEM 的 GMM 估计。

本章针对广义空间模型，使用三种不同的异方差处理思路给出三种对应的估计方法。由于异方差问题，使用最大似然估计随样本变化的方差时，会由于自由度的不足而无法估计。将异方差形式参数化，即把异方差的形式设定为特定的含参数的函数形式，就能克服自由度的不足，仍然可以使用最大似然估计。但是对于一些复杂的未知异方差形式并不能得到恰当的参数形式，就需要寻找不用考虑异方差的结构就能够有效地解决这一问题的估计方法。针对这种情况给出了基于 2SLS 的迭代 GMM 和特定的 MCMC 方法，并通过蒙特卡罗模拟对这两种方法与参数化异方差形式的 MLE 进行了比较。

3.2 广义空间模型相关设定及异方差结构分析

设广义空间模型的一般形式如下：

$$y_i = \rho \sum_{j=1}^{n} w_{ij} y_j + \sum_{k=1}^{K} X_k \beta_k + u_i, u_i = \lambda \sum_{j=1}^{n} m_{ij} u_j + \varepsilon_i, i = 1, \cdots, n$$

写成紧凑的矩阵形式为[①]

$$y = \rho W y + X \beta + u, u = \lambda M u + \varepsilon \tag{3-1}$$

其中，y 是由被解释变量的观察值构成的 $n \times 1$ 向量；W 和 M（可以取相同的矩阵）为 $n \times n$ 的空间加权矩阵（为已知的非随机矩阵），它们可以是对称矩阵也可以是非对称矩阵，但它们对角线上的元素都是零；Wy 和 Mu 分别为 $n \times 1$ 的空间解释变量滞后和空间误差滞后向量；ρ 和 λ 为对应的空间滞后项参数（为标量）；X 是由 k 个外生解释变量观察值构成的 $n \times k$ 的矩阵，β 为对应的 $k \times 1$ 的参数向量。ε 是 $n \times 1$ 的新息构成的向量。一般的经典假设中新息向量 $\varepsilon \sim N(0, \sigma^2 I)$（正如常见的

---

① 为了书写简洁，全部模型均未写常数项，实际上含常数项时，模型在形式上仍能保持一致，即 $y = \alpha \iota + \rho W y + X \beta + u, u = \lambda M u + \varepsilon$，令 $Z = [\iota, X], \delta = [\alpha, \beta']'$，得 $y = \rho W y + Z \delta + u, u = \lambda M u + \varepsilon$，其中 ι 为元素全为 1 的列向量

空间计量文献中的情况),而实际上空间计量和经典计量一样,也可能存在违背经典假设的情况,且在空间计量模型中这种情况更加普遍。

1) 广义空间模型的相关设定

式(3-1)表明因变量不仅要受到空间单元内自变量的影响,还会受到空间上邻近区域及邻近空间单元内的误差冲击的共同影响,同时描述了空间实质性相关和空间扰动性相关,是空间滞后模型和空间误差模型的结合。这个模型因 Clif 和 Ord(1973,1981)的两篇具有重要影响的文章而出名,所以有时人们也称为 Clif-Ord 模型,Anselin 和 Florax(1995)将其记为空间自相关误差自相关(spatial autoregressive model with autogressive distubances,SARAR)模型,Lesage 和 Pace(2009)又将其简记为 SAC 模型。

模型(3-1)中的空间滞后项参数 ρ 和 λ 分别用来衡量样本观察值中的因变量和干扰项空间依赖作用的方向和大小。当 $\rho=0$ 时模型(3-1)变成了空间滞后模型(spatial lag model,SLM),由于空间滞后模型与时间序列中的自回归模型相类似,SLM 也称为空间自回归(SAR)模型。当 $\lambda=0$ 时模型(3-1)变成了空间误差模型(SEM)。空间滞后模型和空间误差模型称为空间计量经济学模型的基本类型。特别地,当 $\rho=\lambda=0$ 时模型(3-1)变成了线性回归模型。

关于模型的随机干扰项,设 $\Omega_u = E(uu') = \sigma_\varepsilon^2 (I-\lambda M)^{-1}(I-\lambda M')^{-1}$,可得

$$E[(Wy)u] = W(I-\rho W)^{-1}\Omega_u = W(I-\rho W)^{-1}(I-\lambda M)^{-1}(I-\lambda M')^{-1} \neq 0$$

即空间滞后被解释变量 Wy 与干扰项 u 是相关的,从而模型(3-1)中 Wy 是一个内生变量,模型(3-1)的 OLS 估计将是有偏估计。

Anselin(1988)曾对空间加权矩阵 W 和 M 相同的广义空间模型的可识别性提出过质疑。但是 Kelejian 和 Prucha(2007)则给出了论证,证明在解释变量 X 对被解释变量有显著影响时模型是可以识别的。相反,将模型(3-1)改写为

$$y = (I-\rho W)^{-1}X\beta + (I-\rho W)^{-1}(I-\lambda W)^{-1}\varepsilon \tag{3-2}$$

当 X 对被解释变量没有显著影响(即 β 为零向量)时,由 $(I-\rho W)(I-\lambda W) = (I-\lambda W)(I-\rho W)$ 得 $y = (I-\rho W)^{-1}(I-\lambda W)^{-1}\varepsilon, y = (I-\lambda W)^{-1}(I-\rho W)^{-1}\varepsilon$ 同时成立,从而模型不可识别。另外,Lesage 和 Pace(2009)认为即使 $\beta \neq 0$,随着干扰项方差变大,X 对 y 的影响会逐渐消失,这时模型也会存在近似无法识别的情况。

2) 广义空间模型异方差结构的相关设定

模型(3-1)新息的方差可能存在三种情况:

$$E(\varepsilon\varepsilon') = \begin{cases} \sigma_\varepsilon^2 I, \text{表现为同方差} \\ \sigma_\varepsilon^2 \Lambda, \text{表现为异方差}[\Lambda = \text{diag}(\sigma_1^2, \sigma_2^2, \cdots, \sigma_n^2)] \\ \sigma_\varepsilon^2 \Sigma, \text{表现为分组异方差}(\Sigma \text{为准对角矩阵}) \end{cases}$$

在一般非分组数据的情况下，新息的方差假定为中间的情况，并简记如下：
$$\varepsilon_n \sim N(0,\Omega), \Omega = E(\varepsilon_n \varepsilon_n') = \mathrm{diag}(\sigma_1^2, \sigma_2^2, \cdots, \sigma_n^2) = \sigma^2 \mathrm{diag}(\lambda_1, \lambda_2, \cdots, \lambda_n) = \sigma^2 \Lambda$$

$\Lambda = \mathrm{diag}(\lambda_1, \lambda_2, \cdots, \lambda_n)$ 有时形式是已知的，如 Griffiths（2003）给出了关于每个行业具有不同公司数的异方差结构 $\Lambda = \mathrm{diag}(1/k_1, 1/k_2, \cdots, 1/k_n)$，其中 $k_i (i=1,2\cdots,n)$ 表示第 i 个行业的公司数，这种异方差源于行业公司数的差异。一般情况下 $\Lambda = \mathrm{diag}(\lambda_1, \lambda_2, \cdots, \lambda_n)$ 的具体形式是未知的，这时要通过 n 个样本来估计 n 个 λ_i 和 $k+2$ 个回归参数，显然存在自由度不足。在不增加样本的条件下，通过假设 λ_i 服从某种函数形式，来减少待估参数的个数，如设 $\sigma_i^2 = \sigma^2 h(\alpha, z_i), i=1,2,\cdots,n$，其中 z 与 α 分别是已知的变量（也可能是某些解释变量）构成的矩阵和待估计的参数，由于 z 已知，也可以简记为 $\sigma^2 h(\alpha)$ [$h(\alpha) > 0$]。例如，$\sigma_i^2 = \theta_0 + \theta_1 z_{1i} + \cdots + \theta_t z_{ti} = \sigma^2(1 + \alpha_1 z_{1i} + \cdots + \alpha_t z_{ti}) = \sigma^2 h_i(\alpha)$ $(t+k \leqslant n)$。Griffiths 还给出了 $h_i(\alpha)$ 的非线性和指数的形式，如 $h_i(\alpha) = (1 + \alpha_1 z_{1i} + \cdots + \alpha_t z_{ti})^2$ 或 $h_i(\alpha) = e^{(1+\alpha_1 z_{1i} + \cdots + \alpha_t z_{ti})}$。当然，还可能存在其他的一些复杂的非线性变化方式，如先递减再递增等情况。对于空间计量模型来说，$h_i(\alpha)$ 还可能存在随空间结构的变化而变化的更为复杂的情况。有时为了便于对带异方差空间计量模型进行模拟分析，人为构造一些异方差形式也是很有必要的。空间计量模型的异方差形式大致可以分为两类，一类是与空间结构无关的异方差形式，另一类是与空间结构有关的异方差形式。与空间结构无关的异方差形式较为常见，与空间结构有关的异方差形式并不常见，Arraiz 等（2008，2010）给出的基于东北角修正的 Rook 邻近空间加权矩阵（以美国实际地图特征为基础）在模拟中经常使用。

3.3 带未知异方差的广义空间模型的有效估计方法

下面使用不同方法来分析带未知异方差的广义空间模型的估计。为了集中于模型的估计方法的分析，在此略去了模型估计相关正则条件的设定和估计结果渐近分布的研究，这部分的详细内容可参考 Lee（2007）、Arraiz 等（2010）和 Kelejian 和 Prucha（2010）的文献。

Lesage 和 Pace（2009）认为最小二乘法估计含有空间滞后被解释变量的空间模型时，回归参数和估计标准误具有不一致性。早期的空间计量模型又由于最大似然估计的计算繁杂而避免使用最大似然估计，但是 Anselin（1988）介绍的空间计量模型的最大似然估计使得估计方法得到了极大的进步，且 Lee（2004）认为最大似然估计是一致的。但当广义空间模型存在未知异方差时最大似然估计变得难以处理，为了便于把经典的最大似然估计与广义矩估计及 MCMC 方法进行比较，对最大似然估计中异方差的处理使用参数化的形式（相当于异方差形式是已知的）。

3.3.1 参数化异方差形式的广义空间模型最大似然估计

Cliff 和 Ord（1973）给出了空间自回归（SAR）模型和空间移动平均（SMA）模型的最大似然估计。下面给出参数化异方差形式的广义空间模型最大似然估计的过程。

令 $A = I - \rho W$，$B = I - \lambda M$，$A = I - \rho W_1$，$B = I - \lambda M_2$，模型（3-1）可写为

$$Ay = X\beta + u, \quad Bu = \varepsilon \tag{3-3}$$

且 $E(\varepsilon\varepsilon') = \Omega$（对角矩阵），令 Ω 对角线上的第 i 个元素 $\sigma_i^2 = \sigma^2 h_i(\alpha)$，$\eta = \Omega^{-1/2}\varepsilon$，则 $\eta'\eta = (\Omega^{-1/2}\varepsilon)'(\Omega^{1/2}\varepsilon) = \varepsilon'\Omega^{-1}\varepsilon = I$，即 η 满足同方差设定。将 $\varepsilon = \Omega^{1/2}\eta$ 代入式（3-3）有

$$u = B^{-1}\varepsilon = B^{-1}\Omega^{1/2}\eta \tag{3-4}$$

再把式（3-4）代入式（3-3）的第一个式子有

$$\eta = \Omega^{-1/2}B(Ay - X\beta) \tag{3-5}$$

由 η 到 y 的概率密度函数变换为

$$f_y = |J| f_\eta = |\Omega^{-1/2}| |B| |A| \prod_{i=1}^n f_{\eta_i} = |\Omega^{-1/2}| |B| |A| \left(\frac{1}{\sqrt{2\pi}}\right)^n e^{-\frac{\eta'\eta}{2}} \tag{3-6}$$

其中，雅可比行列式 $|J| = \left|\dfrac{\partial \eta}{\partial y}\right| = |\Omega^{-1/2}BA| = |\Omega^{-1/2}| |B| |A|$，对式（3-6）取对数得到 y 的对数似然函数：

$$L = -\frac{1}{2}\ln(2\pi) - \frac{1}{2}\ln|\Omega| + \ln|A| + \ln|B| - \frac{1}{2}(Ay - X\beta)'B'\Omega^{-1}B(Ay - X\beta)^{①} \tag{3-7}$$

由似然函数式（3-7）可得以下一阶导数：

$$\begin{aligned}
\frac{\partial L}{\partial \beta} &= [\Omega^{-1/2}B(Ay - X\beta)]'\Omega^{-1/2}BX(Ay - X\beta)'B'\Omega^{-1}BX \\
\frac{\partial L}{\partial \rho} &= -\mathrm{tr}(A^{-1}W) + (Ay - X\beta)'B'\Omega^{-1}BWy \\
\frac{\partial L}{\partial \lambda} &= -\mathrm{tr}(B^{-1}M) + (Ay - X\beta)'B'\Omega^{-1}M(Ay - X\beta) \\
\frac{\partial L}{\partial \alpha_i} &= -\frac{1}{2}\mathrm{tr}(\Omega^{-1}H_i) + \frac{1}{2}[\Omega^{-1/2}B(Ay - X\beta)]'\Omega^{-1}H_i\Omega^{-1/2}B(Ay - X\beta)
\end{aligned} \tag{3-8}$$

其中，$H_i = \partial\Omega/\partial\alpha_i = \sigma^2 \mathrm{diag}[\partial h(\alpha)/\partial \alpha_i]$（$i = 1, 2, \cdots, n$）。由于无法直接利用式（3-8）的一阶条件获得全部参数的解析解，所以把式（3-7）写成如下关于参数的非集中

---

① 加权最小二乘估计相当于最小化最大似然估计的 $(Ay - X\beta)'B'\Omega^{-1}B(Ay - X\beta)$ 部分，而由于雅可比行列式中也含有待估计参数 λ 和 ρ，可知广义空间模型的空间加权最小二乘估计是有偏的，它的偏误正是因为没有包括含有待估参数的雅可比行列式

对数似然函数形式：
$$\ln L(y|\rho,\lambda,\beta,\alpha) = -\frac{n}{2}\ln(2\pi) - \frac{n}{2}\ln|\Omega(\alpha)| + \ln|A(\rho)| + \ln|B(\lambda)|$$
$$-\frac{1}{2}[A(\rho)y - X\beta]'B(\lambda)'\Omega(\alpha)^{-1}B(\lambda)[A(\rho)y - X\beta]$$

在式（3-8）中，令 $\partial L/\partial\beta = 0$ 可得

$$\beta^*(\rho,\lambda,\alpha) = [X'B(\lambda)'\Omega(\alpha)^{-1}B(\lambda)X]^{-1}X'B(\lambda)'\Omega(\alpha)^{-1}B(\lambda)A(\rho)y \quad (3\text{-}9)$$

对于给定 ρ,λ 的值，可以通过式（3-9）中 $\partial L/\partial\alpha_i = 0$ 得 α 的最优值 $\alpha^*(\rho,\lambda)$，于是让 ρ,λ 取 $(-1,1)\times(-1,1)$ 二维平面上的精细格点值，最大化 ρ,λ 的集中对数似然函数，便得到了拟最大似然估计值 $\hat{\rho},\hat{\lambda}$，再由 $\alpha^*(\rho,\lambda)$ 获得 $\hat{\alpha}$ 和 $\hat{\Omega}(\hat{\alpha})$，最后把 $\hat{\rho},\hat{\lambda},\hat{\alpha}$ 代入式（3-9）得到 β 的估计值 $\hat{\beta}(\hat{\rho},\hat{\lambda},\hat{\alpha})$，从而获得了全部参数估计值。

3.3.2 带未知异方差广义空间模型的 GMM 估计

ML 估计实际上也可以看作 GMM 估计的特殊情况，只需要将 ML 估计得到的一阶条件看作 GMM 估计的矩条件即可，当然这种矩条件是通过 ML 估计得到的。存在未知异方差时 GMM 估计需要使用多个步骤，在此对这些过程进行简述：首先，对广义空间模型（3-1）的第一个式子进行 2SLS 估计（由于 Wy 为内生解释变量），得到模型回归系数 δ（β 和 ρ 构成的参数向量）的一致但非有效的初步估计 $\hat{\delta}_1$，并得到残差 $\hat{u}$。接下来，将 2SLS 获得的残差 $\hat{u}$ 用于矩条件，使用 GMM 或非线性最小二乘（NLS）得到误差自回归系数 λ 的一致但非有效估计 $\hat{\lambda}$（由于未加权），并在二次迭代中获得最优加权矩阵，使用最优加权的 GMM 获得 λ 一致且有效估计 $\hat{\hat{\lambda}}$。最后，使用获得的 $\hat{\hat{\lambda}}$ 对模型（3-1）空间 Cochrane-Orcutt 变换后的模型进行可行广义空间加权最小二乘估计，得到回归系数 δ 的一致且有效估计 $\hat{\delta}_s$。重复这些步骤，直到估计的参数收敛。

1）模型的空间 Cochrane-Orcutt 变换及矩条件设定

对模型（3-1）进行空间 Cochrane-Orcutt 变换，令

$$y = \rho Wy + X\beta + u = Z\delta + u \quad (3\text{-}10)$$

其中，$Z = [X, Wy]; \delta = [\beta', \rho]'$。由 $u = \lambda Mu + \varepsilon$ 得 $(I - \lambda M)u = \varepsilon$，给式（3-10）的两边同时左乘 $I - \lambda M$ 得

$$y_s(\lambda) = Z_s(\lambda)\delta + \varepsilon \quad (3\text{-}11)$$

其中，$y_s(\lambda) = y - \lambda My; Z_s(\lambda) = Z - \lambda MZ$。称 y_s, Z_s 为 y, Z 的空间过滤变量，称式（3-11）为式（3-10）的空间 Cochrane-Orcutt 变换形式。

λ 的估计需要使用 GMM 方法，根据 Kelejian 和 Prucha（2010）可设总体矩条件为

$$n^{-1}E[(M\varepsilon)'M\varepsilon] = n^{-1}\mathrm{tr}\{M'\Lambda M\} = 0 \tag{3-12}$$

$$n^{-1}E[(M\varepsilon)'\varepsilon] = 0 \tag{3-13}$$

其中，$\Lambda = \mathrm{diag}_{i=1}^{n}[E(\varepsilon_i^2)]$。当模型为同方差 $[\sigma^2 = E(\varepsilon_i^2), i = 1, \cdots, n]$ 时，式（3-12）变为 $n^{-1}E(\varepsilon_L'\varepsilon_L) = \sigma^2 n^{-1}\mathrm{tr}\{MM'\}$。用 m_i 表示 M 的第 i 列，令 $A_1 = M'M - \mathrm{diag}_{i=1}^{n}(m_i'm_i)$，当 M 为对称矩阵和非对称矩阵情况时，A_2 分别设为 M 和 $2^{-1}(M + M')$，则矩条件式（3-12）和式（3-13）又可以写成

$$n^{-1}E\begin{bmatrix}\varepsilon'A_1\varepsilon \\ \varepsilon'A_2\varepsilon\end{bmatrix} = 0 \tag{3-14}$$

将 $\varepsilon = (I - \lambda M)u$ 代入式（3-14）整理可得

$$\begin{bmatrix}n^{-1}E(u'A_1 u) \\ n^{-1}E(u'A_2 u)\end{bmatrix} - \begin{bmatrix}2n^{-1}E(u'M'A_1 u) & -n^{-1}E(u'MA_1 Mu) \\ -n^{-1}E(u'M(A_2 + A_2')u) & -n^{-1}E(u'MA_2 Mu)\end{bmatrix}\begin{bmatrix}\lambda \\ \lambda^2\end{bmatrix} = 0$$

简记为

$$g - G\begin{bmatrix}\lambda \\ \lambda^2\end{bmatrix} = 0 \tag{3-15}$$

其中，$g = \begin{bmatrix}n^{-1}E(u'A_1 u) \\ n^{-1}E(u'A_2 u)\end{bmatrix}$；$G = \begin{bmatrix}2n^{-1}E(u'M'A_1 u) & -n^{-1}E(u'MA_1 Mu) \\ -n^{-1}E(u'M(A_2 + A_2')u) & -n^{-1}E(u'MA_2 Mu)\end{bmatrix}$。

2）基于以上设定的 GMM 估计过程的两个主要步骤

（1）由于 Wy 是内生变量，需给出 Wy 的最优工具变量，一般令广义空间模型的工具变量矩阵 $H = [X, WX, W^2 X, \cdots, W^q X, MX, MWX, \cdots, MW^q X]$，实际使用中，一般取 $q = 1$ 或 $q = 2$。详细讨论见 Lee（2003，2007）、Das 等（2003）、Kelejian 和 Prucha（2004）。

首先利用工具变量 H 对式（3-11）进行 2SLS 估计，令 H 的投影矩阵 $P_H = H(H'H)^{-1}H$，记 $\hat{Z} = P_H Z = (X, PWy)$，则得到 δ 的 2SLS 估计量 $\hat{\delta} = (\hat{Z}'Z)^{-1}\hat{Z}'y$。于是将得到的 2SLS 估计残差 $\hat{u} = y - Z\hat{\delta}$ 替代式（3-15）中 g 和 G 的 u 可得

$$g(\hat{\delta}) - G(\hat{\delta})\begin{bmatrix}\lambda \\ \lambda^2\end{bmatrix} = v$$

其中，v 表示残差向量。λ 的初始 GMM 估计为

$$\hat{\lambda} = \arg\min_{\lambda} v'v = \arg\min_{\lambda}\left\{g(\hat{\delta}) - G(\hat{\delta})\begin{bmatrix}\lambda \\ \lambda^2\end{bmatrix}\right\}'\left\{g(\hat{\delta}) - G(\hat{\delta})\begin{bmatrix}\lambda \\ \lambda^2\end{bmatrix}\right\} \tag{3-16}$$

式（3-16）也可以看成未加权的非线性最小二乘估计。由于没有加权，结果是一致但非有效的。下面进一步获得 λ 的一致且有效的估计。

将式（3-16）中获得的 $\hat{\lambda}$ 和 2SLS 估计残差 $\hat{u}$，替代加权矩阵 $\psi = (\varphi_{ij})_{2\times 2}$ 中的 λ 和 u，其中 $\varphi_{ij} = (2n)^{-2}\mathrm{tr}[(A_i + A_i')]\Lambda(A_j + A_j')\Lambda] + n^{-1}(HR\gamma_i)'\Lambda(HR\gamma_j)(i,j=1,2)$，$H$ 为工具变量矩阵，$R = (n^{-1}H'H)^{-1}(n^{-1}H'Z)[(n^{-1}H'Z)'(n^{-1}H'H)^{-1}(n^{-1}H'Z)]^{-1}$，$\gamma_i = -n^{-1}E[Z'(I-\lambda M')(A_i + A_i')(I-\lambda M)u]$。将得到 $\hat{\psi}$ 作为加权矩阵再次进行 GMM 估计，即

$$\hat{\hat{\lambda}} = \arg\min_{\lambda}\left\{g(\hat{\delta}) - G(\hat{\delta})\begin{bmatrix}\lambda\\\lambda^2\end{bmatrix}\right\}'\hat{\psi}^{-1}\left\{g(\hat{\delta}) - G(\hat{\delta})\begin{bmatrix}\lambda\\\lambda^2\end{bmatrix}\right\} \tag{3-17}$$

Arraiz 等（2008）证明了 $\hat{\hat{\lambda}}$ 是 λ 的一致有效估计。

（2）基于（1）获得 $\hat{\hat{\lambda}}$ 和空间 Cochrane-Orcutt 变换对式（3-11）进行可行广义空间两阶段最小二乘估计（feasible generalized-spatial 2SLS estimator，FGS2SLSE），得到

$$\delta_s(\hat{\hat{\lambda}}) = [\hat{Z}_s(\hat{\hat{\lambda}})'\hat{Z}_s(\hat{\hat{\lambda}})]^{-1}\hat{Z}_s(\hat{\hat{\lambda}})'y_s(\hat{\hat{\lambda}}) \tag{3-18}$$

其中，$y_s(\hat{\hat{\lambda}}) = y - \hat{\hat{\lambda}}My; Z_s(\hat{\hat{\lambda}}) = Z - \hat{\hat{\lambda}}MZ; \hat{Z}_s(\hat{\hat{\lambda}}) = H(H'H)^{-1}H'Z_s(\hat{\hat{\lambda}})$，并利用获得的残差 $u_s = y_n - Z\delta_s(\hat{\hat{\lambda}})$ 回到（1）的过程，进行反复迭代，直到估计的参数达到收敛。

3.3.3 广义空间计量模型的 MCMC 估计

前面所使用的 ML 和 GMM 方法都是非贝叶斯方法，这些方法通常都可以转化为求最值的算法。但是当估计大样本和高维数模型时，求最值过程麻烦且计算量也非常大；而贝叶斯方法可以避免使用最值算法，达到减少计算量的目的。

下面使用与前面的方法完全不同的一种基于贝叶斯的特殊蒙特卡罗方法——MCMC 方法来估计带未知异方差广义空间模型的参数。一般情况下蒙特卡罗模拟是对独立的样本抽样，从而满足样本均值收敛到期望值的大数定律。如果样本之间不是独立的，可以借助马尔可夫链进行抽样，MCMC 方法就是为了解决有相互关联的参数抽样问题而产生的。Gibbs 抽样和 M-H 抽样是两种最为常见的 MCMC 方法。Gibbs 抽样是利用完全条件分布将多个相关参数的复杂问题，转换为每次只需处理一个参数的简单问题。但是当遇到某些参数的完全条件分布较难抽样或只知道某个参数的条件分布的核，而不知道它具体服从的分布时，可以使用比 Gibbs 抽样更一般的 M-H 抽样。M-H 抽样是从建议分布中抽取一个候选值，并把候选值和当前值分别代入所要研究参数的条件分布函数的核，来计算一个接受概率，最后通过接受概率来决定是否由当前值转移到候选值的一个循环过程。

用 $\pi(\cdot)$ 表示参数的先验分布，$p(\cdot)$ 表示参数的后验分布，设 $A = I - \rho W$，$B = I - \lambda M$，$\mathrm{eig}(\cdot)_{\min}, \mathrm{eig}(\cdot)_{\max}$ 分别表示对应矩阵的最小与最大特征值。带未知异

方差的广义空间模型及参数的先验分布设定如下：

$$
\begin{aligned}
&y = \rho W y + X\beta + u, u = \lambda M u + \varepsilon \\
&\varepsilon \sim N(0, \sigma^2 V) \\
&V = \mathrm{diag}(v_1, \cdots, v_n) \\
&\pi(\beta) \sim N(\mu, T) \\
&\pi(\sigma^2) \sim \mathrm{IG}(a, b) \\
&\pi(r/v_i) \sim iid\, \chi^2(r), i = 1, \cdots, n \\
&\pi(\rho) \sim U[1/\mathrm{eig}(W)_{\min}, 1/\mathrm{eig}(W)_{\max}] \\
&\pi(\lambda) \sim U[1/\mathrm{eig}(M)_{\min}, 1/\mathrm{eig}(M)_{\max}]
\end{aligned}
\qquad (3\text{-}19)
$$

对于参数 β，在不确定的情况下，可设 $\mu = (0, \cdots, 0)_k$，$T = I_k \times 10^{10}$（k 表示解释变量的个数），即采用扩散先验。另外，前面的先验设定中假设 β, σ^2 和 ρ, λ 是独立的，注意先验的独立假设并不意味着参数后验分布也是独立的，先验的设定与最终的后验结果可以存在不一致。ρ, λ 的先验也可以设为 $B(a_1, a_2)$，当 $a_1 = a_2 = 1$ 时就等同于均匀分布。

下面给出带未知异方差的广义空间模型的 MCMC 抽样过程，这一抽样过程可以称为带 M-H 抽样的 Gibbs 抽样。任意给定初始值 $\beta_{(0)}, \sigma_{(0)}, \rho_{(0)}, \lambda_{(0)}, V_{(0)}$，从以下五个条件分布中连续循环抽样，直到达到设定的最大抽样次数①。

（1）在如下正态分布中，使用初始值 $\sigma_{(0)}, \rho_{(0)}, \lambda_{(0)}, V_{(0)}$ 替代条件分布中的参数，抽取 $\beta_{(1)}$。

$$
\begin{aligned}
&p(\beta | \rho, \lambda, \sigma^2, V) \sim N(\mu^*, T^*) \\
&\mu^* = (BX)'V^{-1}BX + \sigma^2 T^{-1}[(BX)'V^{-1}BAy + \sigma^2 T^{-1}\mu] \\
&T^* = \sigma^2[(BX)'V^{-1}BX + \sigma^2 T^{-1}]^{-1}
\end{aligned}
$$

其中，μ, T 分别是先验正态分布中的均值和方差；μ^*, T^* 是后验正态分布中的均值和方差，在此采用了类似于广义最小二乘法（generalized least squares, GLS）估计的形式。

（2）在如下的逆伽马分布中，使用（1）更新得到的 $\beta_{(1)}$ 和初始值 $\rho_{(0)}, \lambda_{(0)}, V_{(0)}$ 替代条件分布中的参数，抽取 $\sigma_{(1)}$。

$$
p(\sigma^2 | \beta, \rho, \lambda, V) \sim \mathrm{IG}(a^*, b^*)
$$

其中，$a^* = a + n/2; b^* = (2b + e'V^{-1}e)/2; e = BAy - BX\beta$。

（3）在如下的卡方分布中，使用（1）和（2）更新得到的 $\beta_{(1)}, \sigma_{(1)}$ 和初始值 $\rho_{(0)}, \lambda_{(0)}, V_{(0)}$ 替代条件分布中的参数，抽取 $V_{(1)}$。

---

① 整个抽样过程在 Matlab 中可以使用 While 循环语句实现。另外，整个循环中涉及的所有固定的计算过程都应该放到循环程序之外，这样可以明显节省程序运行的时间

$$p\left(\frac{e_i^2 + r}{v_i}\bigg|\beta,\rho,\lambda,\sigma^2,v_{-i}\right) \sim \chi^2(r+1)$$

其中，$v_1, v_2, \cdots, v_n$ 为 V 的对角线上的元素；e_i^2 为向量 $e'e$ 的第 i 个元素；r 为超参数；$v_{-i} = (v_1, \cdots v_{i-1}, v_{i+1}, \cdots, v_n)$。

（4）使用随机游走的 M-H 抽样更新 λ。由广义空间模型的似然函数可知，

$$p(\lambda|\beta,\sigma,\rho,V) \propto \frac{p(\lambda,\beta,\sigma,\rho,V|y)}{p(\beta,\sigma,\rho,V|y)}$$

$$\propto |A(\rho^c)||B|\exp\left\{-\frac{1}{2\sigma^2}[BA(\rho^c)y - BX\beta]'V^{-1}[BA(\rho^c)y - BX\beta]\right\}$$

使用 M-H 抽样，首先要给出一个建议分布（如正态分布），从建议分布中抽取参数 λ 的一个候选值，记为 λ^*，一般采用 Lesage 和 Pace（2009）的调和随机游走过程：$\lambda^* = \lambda^c + \tau\varepsilon$，$\tau$ 为调和参数①，ε 为来源于标准正态分布的随机偏差。将候选值 λ^* 和当前值 λ^c 分别代入以上 λ 的条件分布函数的核计算接受概率 $\alpha(\lambda^c, \lambda^*)$：

$$\alpha(\lambda^c, \lambda^*) = \min\left[1, \frac{p(\lambda^*|\beta,\sigma,\rho,V)}{p(\lambda^c|\beta,\sigma,\rho,V)}\right]$$

随机产生一个 $(0, 1)$ 上的均匀分布随机数 u，若 $u \leq \alpha(\lambda^c, \lambda^*)$ 则接受建议状态，马尔可夫链的状态变为 λ^*，否则拒绝建议状态，马尔可夫链仍然停留在状态 λ^c。

（5）使用随机游走的 M-H 抽样更新 ρ。

$$p(\rho|\beta,\sigma,\lambda,V) \propto \frac{p(\rho,\beta,\sigma,\lambda,V|y)}{p(\beta,\sigma,\lambda,V|y)}$$

$$\propto |A||B(\lambda^c)|\exp\left\{-\frac{1}{2\sigma^2}[B(\lambda^c)Ay - B(\lambda^c)X\beta]'V^{-1}[B(\lambda^c)Ay\right.$$

$$\left. - B(\lambda^c)X\beta]\right\}$$

其抽样原理同上。其中更新 ρ 之后，返回（1）进行下一次的循环更新。

抽样过程依次按照（1）～（5）进行，每完成一次循环就获得了全部参数的一次更新。上面的抽样过程（3）是 MCMC 方法处理异方差问题的关键步骤。由于使用常用的参数估计方法，估计固定的 $v_1, \cdots, v_n$ 会出现自由度不足的问题（n 个观测值去估计 $n+k+2$ 个参数），但是设 v_i 服从独立的卡方分布（此分布只有一个单参数 r），当 r 越大时异常值和非常数方差的影响越小。通过设定单参数的先验

---

① 此处调和参数的作用就是通过增加或减少随机误差的方差，确定 M-H 抽样能在整个条件分布上进行。为了让建议分布从高密度部分抽样，可以对调和参数作如下调整：当接受率小于 40% 时，把原先的 τ 调整为 $\tau/1.1$；当接受率大于 60% 时，调整为 1.1τ；接受率在 40%～60% 不作调整。经过一定次数的抽样之后，这个调节过程就会停止，使得接受率保持在大约 50% 的稳定水平。

分布可以克服估计异方差参数时自由度不足的问题，这也体现了 MCMC 方法解决异方差问题的优势。抽样过程（4）和（5）使用的是 M-H 抽样，虽然已经给出了条件分布函数的核，但是所服从的具体分布形式是未知的，这与（1）～（3）中已知参数分别服从正态分布、逆伽马分布和卡方分布完全不同，因而无法直接使用具体的分布去抽样，这时有两种处理方法：一种是使用 Smith 和 Lesage（2004）介绍的反演法[①]；另一种是 M-H 抽样法。为了使抽样过程达到稳定状态，需要一定次数的抽样（如抽样次数 $n=2500$），同时为了剔除初始值取值任意性的影响，需要去除前 m 次抽样（如取 $m=500$）。一旦取样器达到稳定状态，就可以使用剔除前 m 次之后的抽样作为参数的后验分布进行推断。

从以上三种估计方法可以看出，迭代 GMM 与最大似然估计的计算量都很大。最大似然估计处理异方差时，使用参数化的形式进一步增加了待估计的参数数量，且推断时还需要计算信息矩阵。显然最大似然估计和 GMM 相对于 MCMC 的一次循环来说，MCMC 方法明显减少了计算量，但是 MCMC 估计需要抽样器进行大量循环更新，相对其他两者来说要使用更长的计算机运行时间。由于现在计算机的性能都有了较大提高，对样本数等于 100 的带未知异方差的广义空间模型的估计只需要几十秒钟就能完成，不过样本大于 500 时，运行时间会大幅延长。因此这三种方法就计算量和计算机运行时间来说各有优缺点。这三种估计方法估计带未知异方差的广义空间模型得到结果的有效性并不能从估计过程中获得直接认识，需要通过蒙特卡罗方法进行数值模拟分析。

3.4　蒙特卡罗数值模拟

为了对前面给出的三种估计方法进行比较，通过蒙特卡罗数值模拟进行分析。模拟时除了得到参数的估计值，还对每一种方法的每个估计参数值都计算其估计的样本标准差和均方根误差（root mean squared error，RMSE），RMSE 的计算公式采用 $\text{RMSE} = \left[n^{-1} \sum_{j=1}^{r} (\hat{\theta}_{kj} - \theta_k)^2 \right]^{1/2}$，其中 r 为模拟重复的次数，θ_k、$\hat{\theta}_{kj}$ 分别表示第 k 个参数的真实值和第 k 个参数第 j 次模拟的估计值。

1）数据生成过程

广义空间模型的数据生成过程为

$$y = (I - \rho W)^{-1} X \beta + (I - \rho W)^{-1} (I - \lambda M)^{-1} \varepsilon, \quad \varepsilon \sim N(0, \sigma^2 V)$$

其中，空间加权矩阵使用规则矩形网格单元的方式来构造，这种方法在空间模拟

[①] 首先通过单变量积分得到归一化常数，并建立 λ 的后验条件分布的经验累积分布函数，再通过"反演"过程从经验累积分布函数中得到 λ 的抽样

时经常使用，得到的空间加权矩阵可称为网格近邻空间加权矩阵。如果将所有空间网格单元映射到一个圆环上时，每个空间单元都将有相同的邻居数，且没有边可以消除边缘效应，从而空间单元的分布非常均匀。基于规则矩形网格单元可以构造 Rook 型和 Queen 型（包括环形），还可以考虑 K 近邻和空间滞后等形式。Bivand 等（2013）认为这样构造的空间加权矩阵对模拟分析来说很有用。本章对生成的网格近邻空间加权矩阵均进行了行标准化处理，而类型选择 Rook 型（Rook 型和 Queen 型在模拟时差异并不大），且使用它们的稀疏矩阵形式以缩短程序运算时间。外生的解释变量 X_i ($i=1,2,3$) 由独立的标准正态分布生成，其系数 β 取值为 $\beta_1=-1$，$\beta_2=\beta_3=0$，即 β_1,β_3 取完全相反的值，$\beta_2=0$ 相当于加入不显著解释变量干扰。ρ,λ 可取多种情况进行测试，由于表格大小的限制没有把所有情况都列出来，在后面的模拟结果中仅给出了 $\rho=0.8,\lambda=0.5$ 时的相关结果。

对于异方差的设定，需要在模拟时给定一种异方差结构，以便用最大似然估计对异方差进行参数化，但是前面给出的 GMM 和 MCMC 估计均不需要考虑异方差的参数结构。为了测试方法的稳健性，考虑一种相对复杂的异方差结构：构造两个随样本变化的序列 V_1，V_2 的加权平均后再取指数的形式 $\mathrm{e}^{aV_1+bV_2}$，其中序列 V_1 的前 10 个数（与前 10 个样本变化的方差对应）从 1 按照步长 1 递增到 10，接下来 10 个数再从 10 按照步长 1 递减到 1，其余元素全取 1，而序列 V_2 取序列 V_1 的倒序形式。下面模拟分析时取 $a=0.3,b=0.2$。

样本大小分别取 n=49、100、400、900[①]，分别对应由 7×7、10×10、20×20、30×30 的正方形网格构成的空间加权矩阵。MCMC 估计值先验参数的取值 $\mu=0$，$T=I_k\times 10^{12}$，M-H 抽样的初始调整参数 $a=0.2$，初始值 $\rho_0=0.5$，$\lambda_0=0.2$，$\sigma_0=1$，超参数 r 的先验设为 4，总抽样为 2500 次，丢弃前 500 次进行分析。所有方法的蒙特卡罗次数均为 500。

2）数值模拟结果

为了模拟结果表述简洁，用 n,θ,T 分别表示样本个数、参数、参数的真实值；$R^2,\bar{R}^2$ 分别表示可决系数和调整可决系数；Mean、SD（standard deviation，标准差）、RMSE 分别表示各方法所对应参数估计的均值、标准差、均方根误差。作为一个参照，首先对其他设定符合以上数据生成过程，但模型为同方差 [$\sigma^2=1,\varepsilon\sim N(0,1)$] 情况下，给出三种方法在 W,M 相同与不同（W 为 Rook 型邻接矩阵，M 为 W 的二阶邻接矩阵）时的两种模拟结果分别见表 3-1 和表 3-2。n=49、100、400、900 时模型为数据生成过程中所设定的异方差条件下，W,M 相同与不同时模拟结果分别见表 3-3 和表 3-4。

---

① 在双核 12 线程 64 位 Windows 7 操作系统的台式工作站计算机上，如果不使用稀疏矩阵，则当 n=400 时 MCMC 2500 次抽样的 100 次蒙特卡罗时间需要 20 分钟左右，但当 n=900 时的运行时间会大幅延长（大约需要 6 小时），但是使用稀疏矩阵时 n=900 的运行时间仅需要运行 50 分钟左右

表 3-1　$n=49$、900，$W=M$，模型为同方差情况下 ML、GMM、MCMC 的模拟结果

n	θ	T	Mean			SD			RMSE		
			ML	GMM	MCMC	ML	GMM	MCMC	ML	GMM	MCMC
49	β_1	-1	-1.099	-1.136	-1.108	0.190	0.205	0.191	0.191	0.210	0.196
	β_2	0	0.011	0.013	0.012	0.171	0.184	0.172	0.172	0.186	0.173
	β_3	1	1.088	1.126	1.097	0.184	0.199	0.184	0.187	0.203	0.186
	ρ	0.8	0.773	0.791	0.705	0.044	0.071	0.094	0.046	0.079	0.097
	λ	0.5	0.571	0.562	0.603	0.401	0.495	0.796	0.402	0.495	0.798
	R^2		0.889	0.870	0.849						
	$\overline{R}^2$		0.884	0.864	0.843						
900	β_1	-1	-1.03	-1.005	-1.075	0.131	0.156	0.142	0.132	0.144	0.180
	β_2	0	0.007	0.007	0.008	0.110	0.119	0.128	0.032	0.029	0.029
	β_3	1	1.029	0.998	1.067	0.132	0.152	0.143	0.134	0.163	0.145
	ρ	0.8	0.788	0.802	0.784	0.030	0.031	0.038	0.030	0.033	0.039
	λ	0.5	0.503	0.505	0.506	0.026	0.023	0.024	0.027	0.023	0.025
	R^2		0.890	0.878	0.855						
	$\overline{R}^2$		0.889	0.878	0.853						

表 3-2　$n=49$、900，$W \neq M$，模型为同方差情况下 ML、GMM、MCMC 的模拟结果

n	θ	T	Mean			SD			RMSE		
			ML	GMM	MCMC	ML	GMM	MCMC	ML	GMM	MCMC
49	β_1	-1	-1.099	-1.136	-1.108	0.190	0.205	0.191	0.191	0.206	0.193
	β_2	0	0.011	0.013	0.012	0.171	0.184	0.172	0.175	0.185	0.173
	β_3	1	1.088	1.126	1.097	0.184	0.199	0.184	0.185	0.202	0.185
	ρ	0.8	0.811	0.869	0.820	0.180	0.332	0.179	0.181	0.332	0.179
	λ	0.5	0.623	0.618	0.617	0.512	0.491	0.435	0.515	0.493	0.436
	R^2		0.853	0.780	0.845						
	$\overline{R}^2$		0.842	0.766	0.833						
900	β_1	-1	-1.089	-1.119	-1.089	0.039	0.043	0.039	0.040	0.045	0.040
	β_2	0	0.001	0.001	0.001	0.039	0.045	0.039	0.041	0.047	0.042
	β_3	1	1.087	1.117	1.087	0.040	0.048	0.039	0.042	0.049	0.040
	ρ	0.8	0.801	0.803	0.805	0.020	0.031	0.039	0.021	0.032	0.039
	λ	0.5	0.576	0.549	0.578	0.167	0.143	0.217	0.168	0.145	0.227
	R^2		0.861	0.843	0.860						
	$\overline{R}^2$		0.861	0.842	0.860						

表 3-3 n=49、100、400、900，$W = M$，模型为异方差情况下 ML、GMM、MCMC 的模拟结果

n	θ	T	Mean			SD			RMSE		
			ML	GMM	MCMC	ML	GMM	MCMC	ML	GMM	MCMC
49	β_1	−1	−1.116	−1.061	−1.191	0.712	0.861	0.952	0.772	0.864	1.011
	β_2	0	−0.016	−0.017	−0.022	0.584	0.615	0.730	0.588	0.658	0.738
	β_3	1	1.105	1.047	1.186	0.753	0.840	1.001	0.772	0.842	1.006
	ρ	0.8	0.722	0.756	0.702	0.366	0.456	0.895	0.366	0.458	0.897
	λ	0.5	0.618	0.675	0.623	0.910	1.191	0.919	0.915	1.197	0.927
	R^2		0.756	0.712	0.658						
	$\bar{R}^2$		0.746	0.701	0.646						
100	β_1	−1	−1.045	−1.003	−1.109	0.279	0.301	0.374	0.284	0.304	0.379
	β_2	0	0.005	0.007	0.005	0.218	0.230	0.255	0.219	0.232	0.256
	β_3	1	1.05	1.008	1.113	0.278	0.308	0.380	0.286	0.310	0.384
	ρ	0.8	0.763	0.794	0.711	0.114	0.126	0.293	0.115	0.127	0.295
	λ	0.5	0.658	0.692	0.649	0.863	0.919	0.636	0.869	0.938	0.643
	R^2		0.821	0.798	0.767						
	$\bar{R}^2$		0.817	0.794	0.762						
400	β_1	−1	−1.038	−1.006	−1.085	0.066	0.062	0.107	0.071	0.068	0.113
	β_2	0	0.001	0.001	0.002	0.038	0.040	0.048	0.043	0.045	0.051
	β_3	1	1.029	0.997	1.074	0.061	0.063	0.101	0.065	0.066	0.104
	ρ	0.8	0.776	0.796	0.762	0.035	0.023	0.070	0.037	0.026	0.071
	λ	0.5	0.616	0.609	0.603	0.573	0.541	0.478	0.575	0.546	0.479
	R^2		0.854	0.842	0.817						
	$\bar{R}^2$		0.853	0.842	0.817						
900	β_1	−1	−1.032	−1.003	−1.075	0.033	0.027	0.060	0.034	0.028	0.062
	β_2	0	0.001	0.001	0.001	0.018	0.020	0.021	0.019	0.020	0.023
	β_3	1	1.032	1.002	1.075	0.031	0.025	0.058	0.034	0.027	0.061
	ρ	0.8	0.778	0.799	0.776	0.017	0.011	0.053	0.019	0.011	0.056
	λ	0.5	0.517	0.511	0.518	0.316	0.231	0.421	0.319	0.231	0.422
	R^2		0.858	0.848	0.835						
	$\bar{R}^2$		0.858	0.848	0.834						

表 3-4　n=49、100、400、900，$W \neq M$，模型为异方差情况下 ML、GMM、MCMC 的模拟结果

n	θ	T	Mean			SD			RMSE		
			ML	GMM	MCMC	ML	GMM	MCMC	ML	GMM	MCMC
49	β_1	−1	−1.172	−1.151	−1.183	1.007	1.063	1.012	1.101	1.086	1.118
	β_2	0	−0.006	−0.010	−0.006	0.921	0.957	0.942	0.951	0.974	0.952
	β_3	1	1.168	1.146	1.179	1.065	1.054	1.118	1.096	1.076	1.120
	ρ	0.8	0.749	0.743	0.711	0.539	0.528	0.520	0.557	0.533	0.541
	λ	0.5	0.631	0.619	0.593	0.701	0.734	0.593	0.703	0.747	0.595
	R^2		0.678	0.656	0.671						
	$\bar{R}^2$		0.660	0.645	0.652						
100	β_1	−1	−1.140	−1.129	−1.146	0.501	0.498	0.492	0.504	0.500	0.514
	β_2	0	−0.004	−0.004	−0.004	0.380	0.387	0.381	0.383	0.393	0.384
	β_3	1	1.123	1.113	1.129	0.468	0.469	0.477	0.473	0.471	0.482
	ρ	0.8	0.767	0.752	0.715	0.441	0.468	0.456	0.443	0.471	0.460
	λ	0.5	0.571	0.553	0.577	0.566	0.646	0.485	0.566	0.646	0.685
	R^2		0.785	0.784	0.781						
	$\bar{R}^2$		0.779	0.778	0.776						
400	β_1	−1	−1.106	−1.111	−1.108	0.141	0.150	0.144	0.145	0.154	0.147
	β_2	0	−0.001	−0.002	−0.001	0.072	0.080	0.076	0.077	0.086	0.077
	β_3	1	1.112	1.117	1.114	0.150	0.155	0.151	0.153	0.161	0.154
	ρ	0.8	0.778	0.769	0.743	0.402	0.441	0.448	0.409	0.443	0.451
	λ	0.5	0.553	0.537	0.554	0.320	0.379	0.281	0.323	0.384	0.288
	R^2		0.791	0.784	0.749						
	$\bar{R}^2$		0.790	0.781	0.748						
900	β_1	−1	−1.105	−1.117	−1.106	0.084	0.091	0.084	0.085	0.094	0.085
	β_2	0	0.001	0.001	0.001	0.033	0.037	0.032	0.033	0.039	0.033
	β_3	1	1.106	1.109	1.108	0.082	0.089	0.086	0.086	0.091	0.087
	ρ	0.8	0.806	0.801	0.788	0.312	0.221	0.311	0.318	0.225	0.312

续表

n	θ	T	Mean			SD			RMSE		
900	λ	0.5	0.529	0.516	0.517	0.220	0.264	0.203	0.224	0.267	0.203
	R^2		0.805	0.819	0.803						
	$\bar{R}^2$		0.804	0.818	0.803						

从表 3-1 可以看出在 $n=49$ 的情况下，对于同方差条件下来说，三种方法都能获得较好的估计结果。从 R^2 与 $\bar{R}^2$ 来说，MCMC 估计略差于 GMM 估计，而 GMM 估计又略差于 ML 估计，即在同方差情况下 ML 估计在三种方法中获得了最好表现，与 Das 等（2003）指出 GMM 方法的计算精度不如 ML 方法相符合。当 $n=900$ 时三种估计方法的差异明显减小，且总的来说 R^2 与 $\bar{R}^2$ 都有所提高，GMM 估计与 MCMC 估计相对于 ML 估计来说提高得更加明显。特别需要注意的是，当 $n=49$ 时 λ 估计的均方根误差相对其他参数来说偏差相对较大，当 $n=900$ 时 λ 估计的标准差和均方根误差明显减小，λ 的估计值接近于真实值。从表 3-1 与表 3-2 的对比来看，当 $W \neq M$ 时三种估计方法总体表现仍然良好，但是相对于 $W=M$ 时拟合效果有所降低。

Das 等（2003）强调了 GMM 方法的计算精度不如 ML 方法，是由于这些估计方法并没有考虑空间计量模型的差异，以及异方差因素所产生的差异。其实在模型存在异方差的情况下，使用了参数化异方差形式的 ML 估计仍然获得了较好的表现，当然这种设定相对其他方法来说存在一定的"不公平"。从表 3-3 和表 3-4 可以看出在异方差条件下，随着样本 n 的不断增大，三种估计方法的模型拟合效果越来越好，但总体效果差于同方差的情况，即异方差的存在增加了模型估计的不确定，需要更多的样本信息来弥补。另外，当 $W \neq M$ 时三种估计方法相比 $W=M$ 时模型拟合效果略差，空间加权矩阵的选择对模型的估计结果有一定的影响，对于广义空间模型，当空间自相关和误差自相关选择的空间加权矩阵不同时，模型的误差自相关系数 λ 的 RMSE 有所降低，但其他系数的 RMSE 有所增加。总体上来说，随着样本的增大，三种方法的估计效果都有所增强，且当样本大于 400 以后，三种方法的估计效果差异缩小，且 ML 估计仍保持更好的效果，这是因为 ML 估计利用了较多的模型信息。图 3-1 给出了在 $n=49$ 的情况下，真实的异方差信息与 ML 估计的异方差估计值曲线。图 3-2 给出了在异方差条件下，且 $W \neq M$ 时三种方法估计得到的 λ 的均方根误差，可以看出 n 大于 400 以后三者的差异开始逐渐减小[①]。

[①] 限于篇幅，其他的类似图形在此没有给出，读者可根据表中所给的数据自行绘制

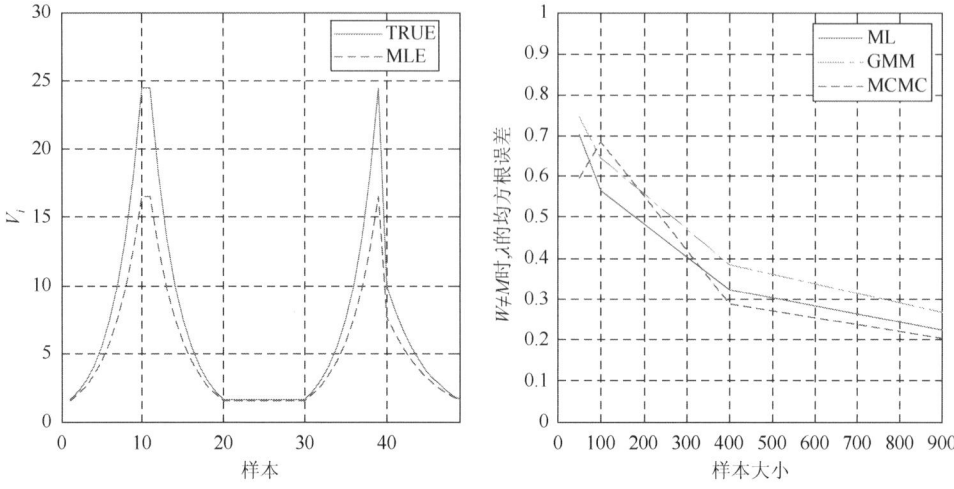

图 3-1 异方差的真实值与 ML 的参数化估计值（n=49）对比

图 3-2 三种方法估计的 λ 的均方根误差对比

3.5 结论与进一步研究

带未知异方差的广义空间模型可以从多个角度多种方法进行估计。如果异方差形式能够参数化且分布形式已知，ML 估计是一种不错的选择，ML 估计可以充分利用这些信息。当异方差形式完全未知时，基于 2SLS 的迭代 GMM 估计可以得到较好的结果。另外，使用 MCMC 方法也能非常优美地解决这一问题（相对其他方法过程更加简单清楚）。但三种方法所依赖的条件大不相同：ML 估计依赖于异方差的参数化形式与干扰项的分布形式；GMM 估计依赖于矩条件的设定和最优加权的反复迭代；MCMC 在大样本条件下，仅依赖于数据本身与模型的参数关系的抽样（未知异方差的处理也是通过使用了带超参数的卡方分布的抽样来解决的），MCMC 是三种方法中过程最为简单直接且结果有效的一种方法。但是，MCMC 方法在小样本下对先验分布的依赖性比较强，先验的误设会导致结果的偏误，而在较大样本的条件下先验分布设定的影响逐渐减弱。对不同样本大小来说，GMM 估计的结果相对来说更加稳定。当有充分的干扰项分布信息和异方差形式的可用信息时，ML 估计依然是一种很好的选择。

从三种估计方法本身，可以看到贝叶斯计量与经典的计量方法有着较大的差异。实际上大量的经典计量问题都可以使用贝叶斯方法来解决，而 MCMC 方法又与传统的贝叶斯方法有着很大的差异，特别是在空间计量中，用传统的贝叶斯方法估计空间计量模型通常需要在闭区间上对参数的后验分布进行单变量数值积分。相比之下，MCMC 不需要求助于数值积分。同时 MCMC 方法在带异方差的空间计量模型中也体现出它的突出优势，说明了 MCMC 方法在解决复杂的空间计量模型估计问题时，把参数的直接估计转换为参数后验分布的抽样，既避免了大量的计算，又避免了多变量约束的最优化问题的分析，且整个过程变得清晰明了，另外基于 MCMC 估计的参数各种分析（如求均值、中位数、分位数、标准差等）以及空间间接效应、直接效应的计算都变得更加简单。特别是这种方法解决其他空间计量分析的过程都是完全相似的。正是如此，Lesage 和 Pace（2009）认为 MCMC 方法给出了空间回归问题优美而正式的解。

另外，如果空间模型既存在异方差又存在序列相关，需要使用空间异方差自相关一致（spatial heteroscedasticity and autocorrelation consistent，SHAC）估计。Kelejian 和 Prucha（2007）在空间框架下使用非参数方法给出了异方差和自相关一致性的协方差矩阵估计，且给出了 SHAC 估计的一些渐近性质。同时，在空间分析中，异方差还可能存在一种特殊情况——局部空间异方差（local spatial heteroscedasticity，LSH），它是一个新的研究领域。在后续的研究中可以进一步深入探索广义空间模型的相关研究。

参 考 文 献

陶长琪，杨海文. 2014. 带未知异方差广义空间模型的有效估计[J]. 数量经济技术经济研究,（9）：107-123.

杨海文. 2015. 空间计量模型的选择、估计及其应用——基于经典方法与 MCMC 方法的比较[D]. 南昌：江西财经大学.

Anselin L. 1988. Spatial Econometrics：Methods and Models[M]. Dordrecht：Kluwer Academic Publishers.

Anselin L. 2011. GMM estimation of spatial error autocorrelation with and without heteroskedasticity[DB/OL]. https://geodacenter.asu.edu/drupal_files/Anselin_GMM_notes.pdf.

Anselin L，Florax R. 1995. Small Sample Properties of Tests for Spatial Dependence in Regression Models：Some Further Results[M]. Berlin：Springer-Verlag.

Anselin L，Lozano-Gracia N. 2008. Errors in variables and spatial effects in hedonic houseprice models of ambient air quality [J]. Empirical Economics，34(1)：5-34.

Arraiz I，Drukker D M，Kelejian H H，et al. 2008. A Spatial Cliff-Ord-Type Model with Heteroskedastic Innovations：Small and Large Sample Results[DB/OL]. www.CESifo-group.org/wp.

Arraiz I，Drukker D M，Kelejian H H，et al. 2010. A spatial cliff-ord-type model with heteroskedastic innovations：Small and large sample results[J]. Journal of Regional Science,（50）：592-614.

Baltagi B H，Egger P，Pfaffermayr M. 2008. Estimating regional trade agreement effects on FDI in an interdependent world [J]. Journal of Econometrics，145(1-2)：194-208.

Bivand R S，Pebesma E J，Gómez-Rubio V. 2013. Applied Spatial Data Analysis with R[M]. 2nd ed. Berlin：Springer.

Cameron A，Trivedi P K. 2005. Supplement to Microeconometrics: Methods and Applications [M]. New York: Cambridge University Press.

Cliff A D，Ord J K. 1973. Spatial Autocorrelation[M]. London：Pion Progress.

Cliff A D，Ord J K. 1981. Spatial Processes，Models and Applications[M]. London：Pion.

Das D，Kelejian H H，Prucha I R. 2003. Finite sample properties of estimators of spatial autoregressive models with autoregressive disturbances[J]. Regional Science，82（1）：1-27.

Ertur C, Koch W. 2006. Convergence, Human Capital and International Spillovers[R]. IDEAS Working Paper.

Fleming M M. 2004. Techniques for Estimating Spatially Dependent Discrete-Choice Models[M]//Anselin L, Florax R J G M, Rey S J. Advances in Spatial Econometrics: Methodology, Tools and Applications. Berlin: Springer-Verlag.

Gianfranco P. 2010. Sphet: Spatial models with heteroskedastic innovations in R[J]. Journal of Statistical Software, 35(1): 1-21.

Griffiths W E. 2003. Heteroskedasticity[M]//Baltagi B H. A Companion to Theoretical Econometrics. Oxford: Blackwell Pub.

Kelejian H H, Prucha I R. 2004. Instrumental variable estimation of a spatial autoregressive model with autoregressive disturbances: Large and small sample results[J]. Advances in Econometrics, 18(12): 163-198.

Kelejian H H, Prucha I R. 2007. HAC Estimation in a spatial framework[J]. Journal of Econometrics, (140): 131-154.

Kelejian H H, Prucha I R. 2010. Specification and estimation of spatial autoregressive models with autoregressive and heteroskedastic disturbances[J]. Journal of Econometrics, 157(1): 53-67.

Lee L F. 2003. Best spatial two-stage least squares estimators for a spatial autoregressive model with autoregressive disturbances[J]. Econometric Reviews, 22: 307-335.

Lee L F. 2004. Asymptotic distributions of quasi-maximum likelihood estimators for spatial econometric model[J]. Econometrica, (72): 1899-1926.

Lee L F. 2007. GMM and 2SLS estimation of mixed regressive, spatial autoregressive models[J]. Journal of Econometrics, (137): 489-514.

Lesage J P. 1997. Bayesian estimation of spatial autoregressive models[J]. International Regional Science Review, (20): 113-129.

Lesage J P, Pace R K. 2009. Introduction to Spatial Econometrics[M]. Boca Raton: CRC Press Taylor, Francis Group.

Lin X. 2005. GMM Estimation of Spatial Autocorrelation Models with Unknown Heteroskedasticity[R]. Columbus: The Ohio State University.

Smith T E, Lesage J P. 2004. A Bayesian probit model with spatial dependencies[J]//Lesage J P, Pace R K. Spatial and spatiotemproal econometrics. Advances in Econometrics, 18: 127-160.

第4章　含空间自回归误差项的空间动态面板模型的有效估计[*]

4.1　研究背景

近年来，空间计量模型在社会科学尤其是在经济领域的应用出现了爆炸性增长，空间计量模型用于研究区域就业增长率、房屋价格模型、技术引进、机场消费等问题，是区域科学、地理和经济领域的重要分析工具。从方法论角度而言，空间回归技术已成为应用计量工具箱的一部分，于是现在广大学者的研究兴趣已逐渐从空间计量模型转向更复杂的空间面板数据模型、空间动态面板数据（SDPD）模型。本章研究的 SDPD 模型更注重探究空间单元之间的交互效应，这也使得模型的估计变得更加复杂。交互效应的形式包含因变量的时空滞后和误差项的空间自回归，与经济行为间存在的交互关系不谋而合，现在较多学者注重分析个体和时点固定效应下 SDPD 模型的空间交互作用，而忽略了误差项的空间自回归效应也是经济关系的重要影响因素。本章主要探究误差项空间自回归效应存在下 SDPD 模型的有限样本表现，分析模型的适应性。为今后空间自回归误差项 SDPD 模型的应用作铺垫。

空间动态面板数据模型由静态面板数据模型（Anselin，1988）发展而来，这类模型具有截面和空间相关性，大多用于探究待估模型的渐近性质（Elhorst，2003；Kapoor et al.，2007；Baltagi et al.，2013），使用面板数据进行预测等（Baltagi et al.，2004；Badi et al.，2014）。当经济单元中的数据同时具有截面和动态关联性时，使用空间面板模型进行分析是最直接有效的方法，学者主要通过一般化 Cliff 和 Ord（1973）提出的截面空间自回归（SAR）模型得到 SDPD 模型。较早的时候，没有直接的关于 SDPD 模型的研究，主要归因于当将空间与动态相关联时，专门用于分析动态而非空间或者分析空间而非动态的方法会产生估计偏误，这也是一直以来 SDPD 模型方法论的研究缺陷。近年来，SDPD 模型逐渐成为学者的研究焦点。2001 年，Elhorst 在他的文章里第一次分析了时间和空间角度的动态模型，开创了长久以来 SDPD 模型估计无人问津的研究先例。如今已

---

[*]本章部分成果发表在陶长琪、周璇撰写的 2016 年第 4 期的《数量经济技术经济研究》上，并被 2016 年第 4 期《中国人民大学复印报刊资料（统计与精算）》全文复印

有的关于 SDPD 模型的研究主要集中于分析模型的空间交互作用，并通过在模型中加入固定效应（Blundell et al.，1998；Korniotis，2010）或随机效应（Parent et al.，2010；Parent et al.，2012）后进行 SDPD 模型的估计和统计推断。此外，关于 SDPD 模型的应用集中于同时考虑固定效应和随机效应下的模型估计。选择的估计方法大多是拟极大似然（QML）估计，在进行一致性和渐近性分析的时候，选择的估计模型略有不同，多数条件下选择的是一般化的 SDPD 模型（张征宇和朱平芳，2009；Lee et al.，2010a）。

SDPD 模型常用的估计方法是 QML 估计法。Su 和 Yang（2007）分析了当 n 很大而 T 固定的条件下 SDPD 模型的误差效应。Yu 等（2008）考虑了在 n 和 T 都足够大的条件下 SDPD 模型的个体效应。Parent 和 Lesage（2010）则将时空滤波的方法引入空间动态面板随机效应模型，并对其进行空间溢出影响效应的量化分析。Elhorst（2010）分析了极大似然估计（ML）、误差修正最小二乘虚拟变量（least squares dummy variables，LSDV）法和广义矩估计法（GMM）的估计偏差和时间复杂度，并进行了方法比较。Yu 等（2012）探究了不稳定情形即存在单位根情况下的 QML 估计，同时考虑了当 T 较小时的两阶段最小二乘估计（2SLS）和广义矩估计（GMM）。已有的关于 SDPD 模型的分析主要集中于探究 n 和 T 变动下模型的一致和渐近估计，而鉴于误差项的空间自回归效应将进一步增加模型的估计复杂度，较少文献将其考虑在内，但在区域市场、劳动经济、公共经济、城市经济敛散性等领域，除了时空滞后项，误差项的空间交互作用也将对模型的估计偏误产生影响。于是应在考虑 SDPD 模型随机效应的同时，注重分析误差项空间自回归 SDPD 模型的有限样本性质。

4.2 SDPD 模型的空间自回归误差项结构和假设

对 SDPD 模型的研究近年来才兴起，很多领域还未涉足，鉴于模型分析的复杂性，含空间误差项的 SDPD 模型的研究也几乎没有。如今，关于 SDPD 模型的应用日趋增多，SDPD 模型能更好地表达经济增长数据间的面板特性，考察省域或区域经济变量间的时空联动性，使得模型估计结果更符合经济波动规律。但现有研究大多忽略了随机误差项的空间相关性，在构建模型时，随机误差项通常用来存放未考虑的遗漏变量，于是随机误差项常被认为会对模型参数估计的显著性产生定性影响。通过显式表达空间自回归误差项，将随机误差项的影响效应扩展到空间范围，从定性分析和定量分析两方面探究随机误差项的扰动强度，便于今后研究中对随机误差项空间影响效应的细致分析。

选择的一般化的 SDPD 模型如下：

$$Y_{nt} = \lambda_0 W_n Y_{nt} + \gamma_0 Y_{n,t-1} + \rho_0 W_n Y_{n,t-1} + \beta_0 X_{nt} + c_{n0} + U_{nt}, t=1,2,\cdots,T \quad (4\text{-}1)$$

其中，$Y_{nt}=(y_{1t},y_{2t},\cdots,y_{nt})'$ 是 $n\times1$ 维的列向量；$(\lambda,\gamma,\rho,\beta')$ 是上述模型包含的所有参数，而 γ_0 代表纯动态效应，ρ_0 捕获时空效应；W_n 是一个已知的 $n\times n$ 空间权重矩阵，表示截面单元 y_{it} 间产生的空间依赖性特征，它通常是一个对称的行标准化矩阵，并且矩阵的第 i 行元素可以表示成 $[c_{n,i1},c_{n,i2},\cdots,c_{n,in}]/\sum_{j=1}^{n}c_{n,ij}$（$c_{n,ij}$ 代表某些空间里不同单元的空间距离）；X_{nt} 是 $n\times k_x$ 维的非随机回归矩阵；c_{n0} 是 $n\times1$ 维的常数项，并假设该常数项随个体变化但不随时间变化；误差项 $U_{nt}=(u_{1t},u_{2t},\cdots,u_{nt})'$ 由两部分构成，第一部分是随机效应 $\mu_n=(\mu_1,\cdots,\mu_n)'$，其代表不可观测的空间特殊效应；在 Parent 和 Lesage（2012）的研究基础上，本章在其模型的误差项中加入空间自回归结构，即第二部分包含空间自回归结构的 ε_{nt}，如下：

$$U_{nt}=\mu_n+\varepsilon_{nt} \quad (4-2)$$

$$\varepsilon_{nt}=\alpha_0 M_n\varepsilon_{nt}+V_{nt} \quad (4-3)$$

其中，ε_{nt} 是空间关联误差 $\varepsilon_{nt}=(\varepsilon_{1t},\cdots,\varepsilon_{nt})'$；$V_{nt}$ 是服从均值为 0、方差为 $\sigma_v^2 I_N$ 的独立同分布（i.i.d.）的新息向量 $V_{nt}=(v_{1t},\cdots,v_{nt})'$；$\alpha_0$ 为空间自回归系数；M_n 是一个对角线元素为零的 $n\times n$ 已知矩阵。

于是，令 $C_n(\lambda)=I_n-\lambda W_n$，$C_n\equiv C_n(\lambda_0)=I_n-\lambda_0 W_n$，$A_n=C_n^{-1}(\gamma_0 I_n+\rho_0 W_n)$，$B_n=I_n-\alpha_0 M_n$，并假设 C_n 可逆，将式（4-1）~式（4-3）写成紧凑格式，可得

$$Y_{nt}=A_n Y_{n,t-1}+\beta_0 C_n^{-1}X_{nt}+C_n^{-1}c_{n0}+C_n^{-1}U_{nt}$$
$$U_{nt}=\mu_n+B_n^{-1}V_{nt},\ t=1,\cdots,T \quad (4-4)$$

上述模型有限样本性质存在的假设条件（Kelejian et al.，1999；Lee et al.，2010b）如下。

【假设 1】 W_n 和 M_n 均为行标准化的空间权重矩阵，各矩阵主对角线上的元素均为零。

对空间加权矩阵进行行标准化能够确保所有的权重都在 0~1，并且在设定空间权重矩阵时，任一个体与自身均不存在邻里关系。

【假设 2】 对于对称的行标准化矩阵 $C_n(\lambda)$ 和 B_n，在 $\lambda\in(1/\omega_{\min 1},1)$ 和 $\alpha_0\in(1/\omega_{\min 2},1)$ 时均非奇异，其中，$\omega_{\min 1}$ 和 $\omega_{\min 2}$ 分别是矩阵 $C_n(\lambda)$ 和 B_n 的最小特征值（Lesage et al.，2009）。

$C_n(\lambda)$ 和新加入矩阵 B_n 的非奇异性保证两者可逆，此外，$C_n(\lambda)$ 的非奇异还是式（4-14）连续后向替换成立的保障。

【假设 3】 W_n、M_n、$C_n(\lambda)$ 和 B_n 行列加和的绝对值均一致有界（UB）。

一致有界的假定最早出现在 Kelejian 和 Prucha（1998）的文章中，并且也被 Lee（2004）使用，主要作用是限定空间关联程度在一个可控的范围，便于极限定理的实施。

【假设 4】 随机新息变量 $\{v_{nt}\}$ 服从 0 均值、方差为 σ_v^2 的独立同分布, 其中 $0 < \sigma_v^2 < q$, $q < \infty$。此外, 存在有限四阶矩, 即 $E|v_{nt}|^\eta < \infty$ 对任意 $\eta > 4$ 均成立。

假定随机新息变量遵循独立同分布, 否则当模型存在未知异方差时, 模型的 QML 估计量将不一致。模型的有限四阶矩存在, 并且高于四阶的矩条件可使用 Kelejian 和 Prucha（2010）的中心极限定理。

4.3 含空间自回归误差项的 SDPD 模型的 QML 估计

基于上述模型识别结果, 选择误差项包含随机效应和空间自回归结构的空间自回归误差 SDPD 模型进行 QML 估计, 主要分析 n 和 T 变化组合下模型的有限样本性质。模型中各变量的假设以及变量间的关系会导致模型的估计偏误。于是假设随机效应 μ_n 与观测变量不相关, μ_n 服从均值为 0、方差为 σ_μ^2 的独立同分布 (i.i.d.), 与新息向量 V_{nt} 不相关。此外, 由于 SDPD 模型的时空滞后效应同时存在, 并且随着时间维度 T 的大小变化, 初始截面数据包含的信息将对模型估计的结果和计算复杂度产生影响（Su et al., 2007）, 于是在进行模型有限样本性质的估计分析时, 在加入空间自回归误差项的条件下, 对 Y_{n0} 的识别形式进行如下细分 (Parent et al., 2012)。

1. Y_{n0} 是外生的估计

当 Y_{n0} 是外生的估计时, 它与系统中的参数不存在信息包含关系, 于是可作为一个常数, 此时对应的 x_0 也可以忽略, 那么, 最终使用 $t(t=1,\cdots,T)$ 个时期的数据进行系统估计。定义 $Y_{nt} = (y'_{1t},\cdots,y'_{nT})'$, $Y_{n,t-1} = (y'_{0t},\cdots,y'_{n,T-1})'$, $X_{n,t-1} = (x'_{0t},\cdots,x'_{n,T-1})'$, 且 $V_{n,t-1} = (v'_{0t},\cdots,v'_{n,T-1})'$, 那么式 (4-4) 可写成

$$Y_{nt} = A_n Y_{n,t-1} + \beta_0 C_n^{-1} X_{nt} + C_n^{-1} c_{n0} + C_n^{-1} U_{nt}, \quad U_{nt} = (\iota_T \otimes I_n)\mu_n + (I_T \otimes B_n^{-1})V_{nt} \quad (4\text{-}5)$$

若 μ_n 和 V_{nt} 服从正态分布, 则 $\sigma_v^2 \Omega = \sigma_\mu^2 (J_T \otimes I_n) + \sigma_v^2 [I_T \otimes (B'_n B_n)^{-1}]$, $U_{nt} \sim N(0, \sigma_v^2 \Omega)$, 于是

$$\Omega = \phi_\mu (J_T \otimes I_n) + I_T \otimes (B'_n B_n)^{-1} \quad (4\text{-}6)$$

其中, $\phi_\mu = \sigma_\mu^2 / \sigma_v^2$, $J_T = \iota_T \iota'_T$, $B_n = I_n - \alpha_0 M_n$, 则 B_n 与 α_0 和 n 的取值有关。令 $\theta = (\gamma, \rho, \beta')'$, $\delta = (\alpha, \phi_\mu, \lambda)$, $Z_{nt} = (Y_{n,t-1}, W_n Y_{n,t-1}, X_{nt})$, $\varsigma = (\theta', \sigma_v^2, \delta')'$, 于是, 式 (4-1) 可化简为

$$U_{nt}(\varphi) = C_n(\lambda) Y_{nt} - Z_{nt}\theta - c_n \quad (4\text{-}7)$$

其中, $\varphi = (\theta', c'_n, \lambda)$, 那么由 U_{nt} 的分布可设 $\Gamma = \sigma_v^{-1} \Omega^{-1/2} U_{nt}(\varphi)$, 则可得雅可比 (Jacobian) 行列式 $|J| = |\partial \Gamma / \partial Y_{nt}| = |\sigma_v^{-1}| |\Omega^{-1/2}| |C_n(\lambda)|$, 那么 Y_{nt} 关于 Γ 的概率密度

函数为

$$f_{Y_{nt}} = |J| f_{\Gamma} = |\sigma_v^{-1}| |\Omega^{-1/2}| |C_n(\lambda)| \left(\frac{1}{\sqrt{2\pi}}\right)^n e^{-\frac{\Gamma'\Gamma}{2}} \quad (4\text{-}8)$$

于是,可得关于式(4-8)的对数似然函数:

$$\ln L_{n,T}(\varsigma, c_n) = -\frac{nT}{2}\ln 2\pi - \frac{nT}{2}\ln \sigma_v^2 - \frac{1}{2}\ln|\Omega| + T\ln|C_n(\lambda)| - \frac{1}{2\sigma_v^2}\sum_{t=1}^n U_{nt}'(\varphi)\Omega^{-1}U_{nt}(\varphi)$$
(4-9)

那么,当$\{u_{nt}\}$、$\{v_{nt}\}$的有限四阶矩存在时,最大化式(4-9)即得到其拟极大似然估计量,即$\partial \ln L_{n,T}(\varsigma, c_n)/\partial\theta = 0$ 且 $\partial \ln L_{n,T}(\varsigma, c_n)/\partial\sigma_v^2 = 0$,则$\delta$既定下,有

$$\hat{\theta}(\delta) = \left[\frac{1}{nT}\sum_{t=1}^T \tilde{Z}_{nt}'\Omega^{-1}\tilde{Z}_{nt}\right]^{-1} \left[\frac{1}{nT}\sum_{t=1}^T \tilde{Z}_{nt}'\Omega^{-1}C_n(\lambda)Y_{nt}\right] \quad (4\text{-}10)$$

$$\hat{\sigma}_v^2(\delta) = \frac{1}{nT}\sum_{t=1}^T [C_n(\lambda)Y_{nt} - \tilde{Z}_{nt}\hat{\theta}(\delta)]'\Omega^{-1}[C_n(\lambda)Y_{nt} - \tilde{Z}_{nt}\hat{\theta}(\delta)] \quad (4\text{-}11)$$

其中,$\tilde{Z}_{nt} = (Y_{n,t-1}, W_n Y_{n,t-1}, \tilde{X}_{nt})$。最终,得到$\delta$的集中对数似然函数:

$$\ln L_{n,T}^c(\delta) = -\frac{nT}{2}[\ln(2\pi)+1] - \frac{nT}{2}\ln[\hat{\sigma}_v^2(\delta)] + T\ln|C_n(\lambda)| - \frac{1}{2}\ln|\Omega| \quad (4\text{-}12)$$

2. Y_{n0}是内生的估计

式(4-9)是在Y_{n0}满足外生性假定条件下推导出的(Bhargava et al.,1983),若该假定不满足,则式(4-9)的估计结果就是有偏和不一致的。此时,假设Y_{n0}是内生的,于是选择初始0时期的前$m(m \geq 1)$个时期进行分析,该情形下的x_0不能忽略,那么,主要使用$T+1(t=1,\cdots,T)$个时期的数据进行系统估计。式(4-4)还可以写成

$$C_n Y_{nt} = AY_{n,t-1} + \beta_0 X_{nt} + c_{n0} + \mu_n + B_n^{-1}V_{nt}, t = 1,\cdots,T \quad (4\text{-}13)$$

其中,$A = \gamma_0 I_n + \rho_0 W_n$,假设参数$\lambda_0$、$\gamma_0$和$\rho_0$间存在数量关系$\rho_0 = -\lambda_0 \times \gamma_0$,那么有$\gamma_0 = AC_n^{-1}$。继而对式(4-13)运用连续后向替换可得

$$C_n Y_{n,t} = \gamma_0^m C_n Y_{n,t-m} + \sum_{i=0}^{m-1}\gamma_0^i \beta_0 X_{n,t-i} + c_{n0}\frac{1-\gamma_0^m}{1-\gamma_0} + \mu_n \frac{1-\gamma_0^m}{1-\gamma_0} + \sum_{i=0}^{m-1}\gamma_0^i B_n^{-1}V_{n,t-i} \quad (4\text{-}14)$$

当$t=0$时,有

$$C_n Y_{n,0} = \gamma_0^m C_n Y_{n,-m} + \sum_{i=0}^{m-1}\gamma_0^i \beta_0 X_{n,-i} + c_{n0}\frac{1-\gamma_0^m}{1-\gamma_0} + \mu_n \frac{1-\gamma_0^m}{1-\gamma_0} + \sum_{i=0}^{m-1}\gamma_0^i B_n^{-1}V_{n,-i} \quad (4\text{-}15)$$

式(4-15)可分成内生和外生两部分,分别是

$$X_0 = \gamma_0^m C_n Y_{n,-m} + \sum_{i=0}^{m-1} \gamma_0^i \beta_0 X_{n,-i} + c_{n0} \frac{1-\gamma_0^m}{1-\gamma_0} \qquad (4\text{-}16)$$

$$Y_0 = \mu_n \frac{1-\gamma_0^m}{1-\gamma_0} + \sum_{i=0}^{m-1} \gamma_0^i B_n^{-1} V_{n,-i} \qquad (4\text{-}17)$$

其中，$E(Y_0) = 0$，$\mathrm{Var}(Y_0) = \sigma_\mu^2 \left(\frac{1-\gamma_0^m}{1-\gamma_0}\right)^2 I_n + \sigma_v^2 \frac{1-\gamma_0^{2m}}{1-\gamma_0^2}(B_n' B_n)^{-1}$。

式（4-16）中的 $Y_{n,-m}$ 和 $X_{n,-i}$ 均不可观测，若将式（4-16）中包含 $Y_{n,-m}$ 和 $X_{n,-i}$ 的前半部分记为 $\tilde{Y}_{n0}$，则

$$\tilde{Y}_{n0} = \iota_N \pi_0 + x^* \pi + \xi = \pi \hat{x} + \xi \qquad (4\text{-}18)$$

其中，π_0 为常数项的系数；$x^* = (x_0, x_1, \cdots, x_T)$ 是一个 $N \times (T+1)k$ 维的解释变量矩阵；$\pi = (\pi_1', \cdots, \pi_{T+1}')$ 是 $k(T+1)$ 维的位置参数向量，假设 $\xi \sim N(0, \sigma_\xi^2 I_N)$，于是可近似得出初始观察值 $Y_{n,0}$，即

$$C_n Y_{n,0} = \tilde{Y}_{n0} + c_{n0} \frac{1-\gamma_0^m}{1-\gamma_0} + u_{n0}, \quad u_{n0} = \xi + \xi_0 \qquad (4\text{-}19)$$

又在 x 的严格外生性假设下，有 $E(u_{n0}) = 0$，那么

$$E(u_{n0} u_{n0}') = \sigma_\xi^2 I_N + \sigma_\mu^2 \left(\frac{1-\gamma_0^m}{1-\gamma_0}\right)^2 I_n + \sigma_v^2 \frac{1-\gamma_0^{2m}}{1-\gamma_0^2}(B_n' B_n)^{-1} \qquad (4\text{-}20)$$

$$E(u_{n0} u_{nt}') = \sigma_\mu^2 \frac{1-\gamma_0^m}{1-\gamma_0}(\iota_T' \otimes I_n) \qquad (4\text{-}21)$$

在原始误差项 μ_n 和 V_{nt} 以及新的预测误差 ξ 的正态性假设下，有 $u^* \sim N(0, \sigma_v^2 \Omega^*)$，其中 Ω^* 为 $n(T+1) \times n(T+1)$ 维的矩阵，有

$$\Omega^* = \begin{pmatrix} \phi_\xi I_N + \phi_\mu \left(\dfrac{1-\gamma_0^m}{1-\gamma_0}\right)^2 I_n + \dfrac{1-\gamma_0^{2m}}{1-\gamma_0^2}(B_n' B_n)^{-1} & \phi_\mu \dfrac{1-\gamma_0^m}{1-\gamma_0}(\iota_T' \otimes I_n) \\ \phi_\mu \dfrac{1-\gamma_0^m}{1-\gamma_0}(\iota_T \otimes I_n) & \Omega \end{pmatrix} \qquad (4\text{-}22)$$

其中，$\phi_\xi = \sigma_\xi^2 / \sigma_v^2$。此外，鉴于 QML 法在估计过程中计算的复杂性，考虑 m 趋于正无穷的情形，设定 γ_0 为一个较小的数值，那么根据极限的思想，有 $\lim\limits_{m \to \infty} \gamma_0^m = 0$，于是式（4-22）可化简为

$$\Omega^{*\prime} = \begin{pmatrix} \phi_\xi I_N + \phi_\mu \left(\dfrac{1}{1-\gamma_0}\right)^2 I_n + \dfrac{1}{1-\gamma_0^2}(B_n' B_n)^{-1} & \phi_\mu \dfrac{1}{1-\gamma_0}(\iota_T' \otimes I_n) \\ \phi_\mu \dfrac{1}{1-\gamma_0}(\iota_T' \otimes I_n) & \Omega \end{pmatrix}$$

类似 Y_{no} 外生的情况，假设 $\theta=(\pi', \rho, \beta)$，$\delta_1=(\alpha_0, \phi_\mu, \phi_\xi, \lambda, \gamma_0)$，$\xi=(\theta', \sigma_v^2, \delta_1')'$。进而基于式（4-1）~式（4-3）和上述推导过程，可得 ξ 的拟极大似然估计函数：

$$\ln L_{n,T}(\xi, c_n) = -\frac{n(T+1)}{2}\ln(2\pi) - \frac{n(T+1)}{2}\ln\sigma_v^2 - \frac{1}{2}\ln|\Omega^*|$$
$$+ (T+1)\ln|C_n(\lambda)| - \frac{1}{2\sigma_v^2}u^{*'}(\theta, \lambda)\Omega^{-1*}u^*(\theta, \lambda) \quad (4\text{-}23)$$

其中，$u^*(\theta, \lambda) = \left(C_n(\lambda)Y_{nt} - (\iota_n\pi_0 + x^*\pi)' - c_{n0}\dfrac{1}{1-\gamma_0}, U_{nt}\right) = \hat{Y}_{nt} - \hat{Z}_{nt}\theta$，而 U_{nt} 可由式（4-1）变换得到，且

$$\hat{Y}_{nt} = \begin{pmatrix} C_n(\lambda)\ Y_{nt} - c_{n0}\dfrac{1}{1-\gamma_0} \\ C_n(\lambda)\ Y_{nt} - \gamma_0 Y_{n,t-1} - c_{n0} \end{pmatrix} \quad \hat{Z}_{nt} = \begin{pmatrix} \hat{x} & 0_{nT\times k} & 0_{nT\times k} \\ 0_{nT\times k} & -W_n Y_{n,t-1} & -X_{nt} \end{pmatrix}$$

于是，得到 δ_1 给定条件下的拟极大似然估计量，有

$$\hat{\theta}(\delta_1) = \left[\frac{1}{n(T+1)}\sum_{t=1}^T \hat{Z}_{nt}'\Omega^{-1*}\hat{Z}_{nt}\right]^{-1}\left[\frac{1}{n(T+1)}\sum_{t=1}^T \hat{Z}_{nt}'\Omega^{-1*}C_n(\lambda)\hat{Y}_{nt}\right] \quad (4\text{-}24)$$

$$\hat{\sigma}_v^2(\delta_1) = \frac{1}{n(T+1)}\sum_{t=1}^T \hat{u}_{nt}^{*'}(\delta_1)\Omega^{-1*}\hat{u}_{nt}^*(\delta_1) \quad (4\text{-}25)$$

其中，$\hat{u}_{nt}^*(\delta) = C_n(\lambda)\hat{Y}_{nt} - \hat{Z}_{nt}\hat{\theta}(\delta_1)$，$\hat{\theta}(\delta_1) = (\hat{\pi}'(\delta_1), \hat{\rho}'(\delta_1), \hat{\beta}'(\delta_1))$，将 $\hat{\theta}(\delta_1)$ 和 $\hat{\sigma}_v^2(\delta_1)$ 同时代入式（4-23），得集中的拟极大似然函数为

$$\ln L_{n,T}^c(\delta_1) = -\frac{n(T+1)}{2}[\ln(2\pi)+1] - \frac{n(T+1)}{2}\ln\sigma_v^2(\delta_1) + (T+1)\ln|C_n(\lambda)| - \frac{1}{2}\ln|\Omega^*|$$
$$(4\text{-}26)$$

4.4 含空间自回归误差项的 SDPD 模型的有限样本性质和检验

4.4.1 含空间自回归误差项的 SDPD 模型的有限样本性质

已有研究对含空间自回归误差项的空间计量模型进行了分析，分别得出各类模型的有限样本性质。Das 等（2003）通过对带自回归扰动的空间自回归模型进行蒙特卡罗模拟，认为其估计参数的精确度随样本数的递增而递增。Yu 等（2008）认为模型的预测结果随着 n 和 T 的变化而发生变动，即当 n 不变时，参数估计的偏差和标准差与 T 的变动成反比，而当 T 不变时，只有参数估计的标准差与 n 的变动成反比。Lee 和 Yu（2010）探究了个体固定效应下的空间自回归模型，认为

只有在 T 较大时才能得到一致的参数估计结果。上述研究使用不同的模型进行了有限样本性质的探究,基于以上研究结果,分析如下的含空间自回归误差项的 SDPD 模型的有限样本性质。

为了评价 4.2 节和 4.3 节估计方法的有效性和可行性,选择蒙特卡罗模拟法,分别从 Y_{n0} 外生和内生的角度进行模拟分析,得出对应参数的估计值,进而选择估计结果样本的均值(Mean)、标准差(SD)和均方根误差(RMSE)评价估计效果,那么有

$$\text{RMSE} = \left[n^{-1} \sum_{j=1}^{r} (\hat{\theta}_{kj} - \theta_k) \right]^{1/2}$$

其中,$\hat{\theta}_{kj} - \theta_k$ 为第 k 个参数的第 j 次模拟估计值与真实值之差;r 代表模拟的次数。

1. 数据生成过程

SDPD 模型的数据生成过程如下:

$$Y_{nt} = \lambda_0 W_n Y_{nt} + \gamma_0 Y_{n,t-1} + \rho_0 W_n Y_{n,t-1} + X_{nt} \beta_0 + c_{n0} + U_{nt}$$

$$U_{nt} = \mu_n + \varepsilon_{nt}$$

$$\varepsilon_{nt} = \alpha_0 M_n \varepsilon_{nt} + V_{nt}$$

将随机数点与 Delaunay 三角剖分算法相结合以构造空间加权矩阵(Lesage et al., 2009),并使用稀疏矩阵存储行标准化后的邻接矩阵,假设选取相同的邻接矩阵 W_n 和 M_n,并产生 $20+T$ 期服从标准正态分布 $N(0, I_N)$ 的 X_{nt}、c_{n0}、μ_n 和 V_{nt},选取最后 T 期数据作为样本数据。蒙特卡罗模拟次数均为 500 次。

2. 数值模拟结果

对上述的统计推导进行模拟实验,分别测算 Y_{n0} 的外生性和内生性假设条件下的 QML 估计值。n、ξ_0 和 T 分别代表样本数、参数初值和观测期,为了便于探究 SDPD 模型 QML 估计的有限样本性质,选取 $n=10, 30, 80$ 与 $T=5, 10, 20$ 的部分组合,而模拟初值 σ_μ,σ_v,γ_0,ρ_0,β_0,α_0,λ_0 可以选择多种情况进行测试,鉴于篇幅的限制,表 4-1 和表 4-2 仅给出了单一初值下的 QML 模拟结果,初值设定为 $\xi_0 = (\sigma_\mu, \sigma_v, \gamma_0, \rho_0, \beta_0, \alpha_0, \lambda_0) = (1, 1, 0.2, -0.08, 1.25, 1, 0.4)$。设定空间自回归系数为 $\alpha_0 = 0.4$,即说明随机误差项的空间扰动强度为 0.4。对模型的数据生成过程进行 1000 次迭代计算得出参数的先验均值和标准差,进而测算其 5% 和 95% 显著性水平下的置信区间。最终模型的 QML 模拟结果如表 4-1 和表 4-2 所示。

表 4-1 Y_{n0} 外生性假设下 SDPD 模型的 QML 模拟结果（含空间自回归项）

n, T	ξ_0	σ_μ	σ_v	γ	ρ	β	α	λ
	初值	1	1	0.2	−0.08	1.25	1	0.4
$n=80$ $T=5$	Mean	0.9906	1.0967	0.1873	−0.0843	1.2731	0.9570	0.4423
	SD	0.0458	0.4563	0.0641	0.0151	0.0891	0.1687	0.1323
	RMSE	0.0468	0.4571	0.0762	0.0161	0.0903	0.1777	0.1334
	5%	0.9854	0.9931	0.1857	−0.0950	1.1803	0.9464	0.4330
	95%	1.0113	1.1170	0.2048	−0.0790	1.3678	0.9619	0.4618
$n=80$ $T=10$	Mean	0.9928	1.0649	0.1918	−0.0825	1.2560	0.9721	0.4209
	SD	0.0201	0.1591	0.0196	0.0045	0.0136	0.0658	0.0376
	RMSE	0.0213	0.1624	0.0206	0.0064	0.0170	0.0712	0.0523
	5%	0.9854	0.9929	0.1892	−0.0950	1.1802	0.9465	0.4030
	95%	1.0156	1.0735	0.2137	−0.0754	1.3337	0.9851	0.4291
$n=10$ $T=20$	Mean	1.0109	1.0990	0.2135	−0.0785	1.2741	1.0203	0.4467
	SD	0.0748	0.6985	0.0894	0.0098	0.1662	0.1419	0.3293
	RMSE	0.0771	0.7000	0.0953	0.0104	0.1708	0.1434	0.3305
	5%	1.0015	1.0792	0.1996	−0.0823	1.1834	1.0125	0.4268
	95%	1.0200	1.1346	0.2259	−0.0776	1.3337	1.0205	0.4571
$n=30$ $T=20$	Mean	0.9908	1.0726	0.1904	−0.0829	1.2697	0.9610	0.4317
	SD	0.0408	0.3428	0.0382	0.0132	0.0903	0.1699	0.1452
	RMSE	0.0419	0.3531	0.0393	0.0118	0.0808	0.1591	0.1319
	5%	0.9855	0.9937	0.1892	−0.0949	1.2500	0.9593	0.4308
	95%	1.0114	1.1377	0.2009	−0.0762	1.3041	0.9630	0.4406
$n=80$ $T=20$	Mean	0.9947	1.0346	0.1955	−0.0812	1.2531	0.9858	0.4215
	SD	0.0103	0.0859	0.0013	0.0021	0.0068	0.0298	0.0206
	RMSE	0.0133	0.0864	0.0112	0.0030	0.0077	0.0355	0.0979
	5%	0.9926	0.9927	0.1790	−0.0920	1.1989	0.9694	0.4007
	95%	1.0104	1.0434	0.2013	−0.0726	1.2845	0.9933	0.4219

由表 4-1 可见，当 Y_{n0} 为外生时，n 既定条件下所有参数（λ 除外）的均值都随着 T 的增大而不断接近给定初值，并且所有的（λ 除外）RMSE 数值与 T 的变动成反比，即模型估计的准确度越来越高。当 T 一定时，n 的增大使得 σ_μ，σ_v，γ，β，λ 的估计值逐渐逼近初值，σ_μ，σ_v，γ，β，λ 的 RMSE 递减，即随着 n 和 T 持续增大到 $n=80$ 和 $T=20$，Y_{n0} 外生性假设下 SDPD 模型的 QML 模拟结果表现出较好的大样本性质。

由表 4-2 可见，当 Y_{n0} 为内生时，n 既定条件下 T 的增大使得 σ_μ，σ_v，γ，ρ，λ 估计值的均值趋近给定初值，所有参数的 RMSE 趋于递减。当 T 一定时，σ_μ，σ_v，γ，ρ，λ 的估计值随着 n 的递增而趋于精确，σ_μ，σ_v，γ，ρ，β，λ 对应的 RMSE 也与 n 值成反比。那么，Y_{n0} 内生性假设下 SDPD 模型的 QML 模拟结果同样表现出了良好的大样本性质。

表 4-2　Y_{n0} 内生性假设下 SDPD 模型的 QML 模拟结果（含空间自回归项）

n, T	ξ_0	σ_μ	σ_v	γ	ρ	β	α	λ
	初值	1	1	0.2	−0.08	1.25	1	0.4
n=80 T=5	Mean	0.9928	1.0769	0.2059	−0.0830	1.2553	0.9590	0.4337
	SD	0.0425	0.4318	0.0609	0.0132	0.0804	0.1648	0.1072
	RMSE	0.0443	0.4329	0.0709	0.0141	0.0707	0.1747	0.1171
	5%	0.9854	0.9929	0.1858	−0.0950	1.2299	0.9464	0.4329
	95%	1.0058	1.0775	0.2121	−0.0764	1.2925	0.9659	0.4447
n=80 T=10	Mean	0.9988	1.0073	0.1986	−0.0806	1.2511	0.9933	0.4392
	SD	0.0092	0.0153	0.0028	0.0017	0.0076	0.0211	0.0863
	RMSE	0.0116	0.0188	0.0037	0.0018	0.0086	0.0222	0.0981
	5%	0.9963	0.9059	0.1921	−0.0851	1.2497	0.9639	0.4250
	95%	1.0038	1.0193	0.2193	−0.0717	1.2743	1.0068	0.4420
n=10 T=20	Mean	1.0081	1.0843	0.2088	−0.0850	1.2604	1.0140	0.4314
	SD	0.0546	0.5781	0.0511	0.0301	0.0647	0.0902	0.2153
	RMSE	0.0574	0.5961	0.0620	0.0356	0.0740	0.0989	0.2223
	5%	1.0014	1.0784	0.1994	−0.0864	1.1827	1.0122	0.4260
	95%	1.0145	1.1059	0.2167	−0.0827	1.3070	1.0158	0.4327
n=30 T=20	Mean	0.9935	1.0773	0.2032	−0.0822	1.2542	0.9634	0.4332
	SD	0.0315	0.3571	0.0037	0.0072	0.0103	0.1379	0.1309
	RMSE	0.0323	0.3694	0.0132	0.0089	0.0184	0.1496	0.1380
	5%	0.9855	0.9938	0.1894	−0.0949	1.2498	0.9594	0.4308
	95%	0.9971	1.1471	0.2067	−0.0748	1.2734	0.9676	0.4436
n=80 T=20	Mean	0.9998	1.0003	0.1995	−0.0804	1.2521	0.9875	0.4393
	SD	0.0005	0.0008	0.0007	0.0010	0.0037	0.0212	0.0823
	RMSE	0.0008	0.0014	0.0012	0.0010	0.0052	0.0312	0.0246
	5%	0.9926	0.9825	0.1900	−0.0821	1.2089	0.9694	0.4008
	95%	1.0205	1.0349	0.2063	−0.0680	1.2825	0.9967	0.4601

综上，对比表4-1和表4-2可见，无论是 n 既定还是 T 既定条件下，Y_{n0} 为外生时均值与初值的差和 RMSE 较 Y_{n0} 内生性假设下参数对应的估计值普遍更大，说明 Y_{n0} 为内生时估计结果的精确度整体较高。通过对比 Y_{n0} 两种假设条件下的协方差矩阵即式（4-6）和式（4-22）可见，式（4-22）所包含的模型信息更加丰富，使最终的计算结果更精确。此外，还可通过对比 n 相同或 T 相同时各参数的 RMSE 平均变化率，绘制图4-1和图4-2以对比 Y_{n0} 外生和内生条件下 RMSE 的下降率。可见，各个参数 n 一定 T 上升时的 RMSE 平均下降率低于 T 既定 n 上升时的 RMSE 平均下降率，主要原因是表4-1和表4-2中，n 一定而 T 上升引起的面板数据变动总量比 T 一定 n 上升时引起的面板数据变动量小，则前者模型包含的估计信息少于后者。此外，Y_{n0} 内生条件下，含空间自回归误差项的 SDPD 模型进行 QML 估计时能利用更多信息，进一步提升参数估计的精确度，表现为 RMSE 的平均下降率更高，面板数据的变动数量与精确度的正向关联性也说明了模型具有较好的大样本性质。

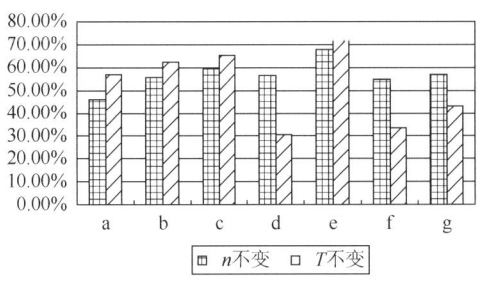

图 4-1　Y_{n0} 外生时的 RMSE 平均下降率对比　　图 4-2　Y_{n0} 内生时的 RMSE 平均下降率对比

注：横坐标的字母 a～g 依次代表模型的参数 σ_μ、σ_ν、γ、ρ、β、α、λ，数据来源于表4-1的 RMSE 计算结果

注：横坐标的字母 a～g 依次代表模型的参数 σ_μ、σ_ν、γ、ρ、β、α、λ，数据来源于表4-2的 RMSE 计算结果

以上论述较好地表征了 SDPD 模型 QML 估计的大样本性质，为了更细致地说明空间关联误差项系数的变动对模型性质的影响，本章通过 λ、α 以及 λ 的 RMSE 值的三维图描述参数 λ 和 α 的变动对模型参数 λ 估计精确度（用 RMSE 值表示）的影响。首先，使用 QML 估计分别计算出其他参数不变，λ 和 α 在-1、-0.75、-0.5、-0.25、0、0.25、0.5、0.75 和 1 这 9 个值中变化时参数 λ 的 RMSE 值；进而，采用拥有保凸性、局部支撑性、几何不变性、变差减小性和凸包性等优点的 B 样条曲线最小二乘逼近法进行曲面拟合；最终，得出以 α、λ 为 X、Y 轴，λ 的 RMSE 值为 Z 轴的三维参数估计图，如图4-3所示。图4-4～图4-6同样采用这种拟合方式，之后就不再赘述。

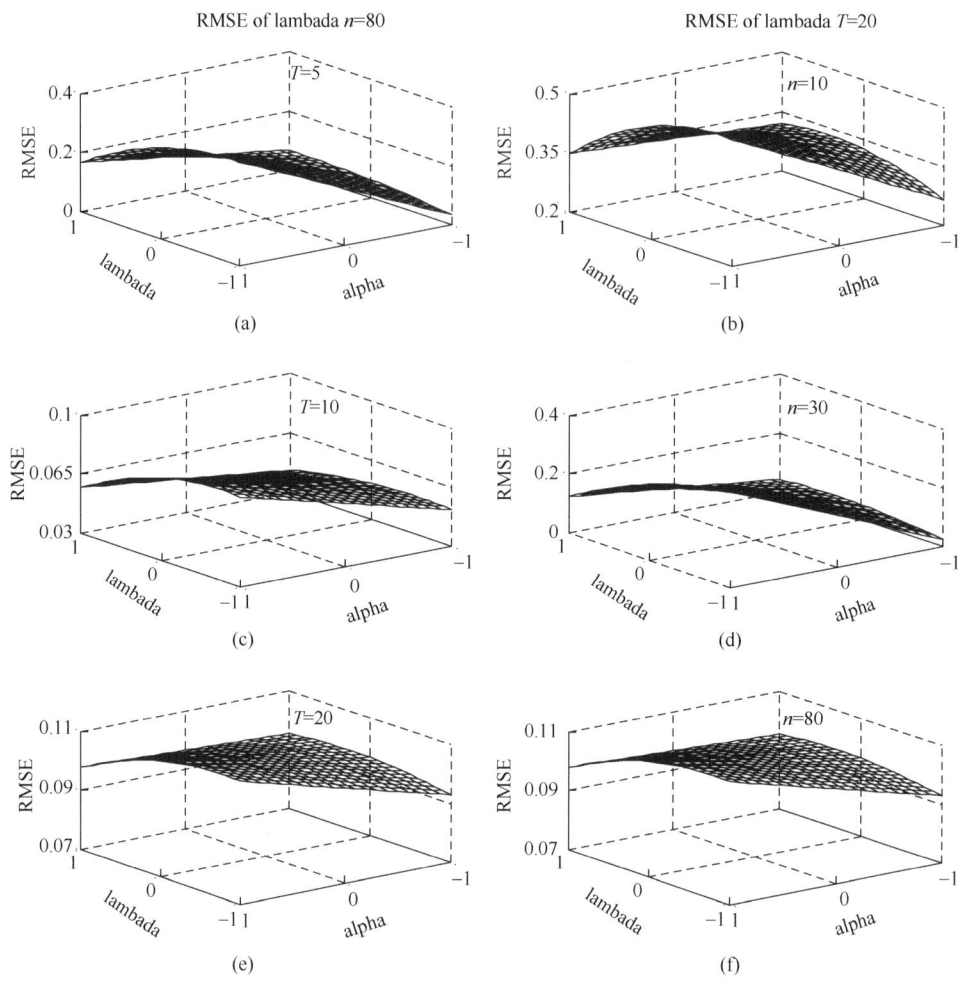

图 4-3 Y_{n0} 外生性假设下估计参数 λ 的 RMSE

注：上述三维图中的 alpha 即 α，lambada 即 λ，下同

由图 4-3 可见 λ 和 α 的变动对 λ 估计精度的影响情况。当保持 n 不变时，对比图 4-3（a）、图 4-3（c）和图 4-3（e）可得参数 λ 的 RMSE 值与 T 的变化成反比。当 T 保持不变时，图 4-3（b）小样本下 λ 的 RMSE 波动较大，图 4-3（d）和图 4-3（f）大样本下 λ 的 RMSE 波动幅度较小，并且随着样本量的增加，RMSE 数值变化趋于缓慢，那么既定 T 下，随着 n 值的增大，RMSE 值的变化在大样本条件下不显著。综上，在加入误差项空间自相关的 SDPD 模型中，T 变动下的 RMSE 值变化比 n 变动下的 RMSE 值变动大，于是时间 T 对模型估计精确度的影响占主要地位，此时 QML 估计表现出较优良的大样本性质。

此外,从图 4-3 可见,当 λ 为定值时,α 关于 RMSE 是一个凸函数,而 α 给定下的 λ 关于 RMSE 为凹函数。由式(4-1)~式(4-3)知,当 α 趋于 1 时,空间关联误差 ε_{nt} 的方差上升,简单的计量模型中可令其他条件保持不变,那么空间误差项系数 α 的增大将使模型的估计产生偏误。但本章的 SDPD 模型中要实现其他条件不变是不可行的,于是 ε_{nt} 变动引致的 U_{nt}、$W_n Y_{nt}$ 等的联动效应就造成 λ 的 RMSE 值在不同的 λ 和 α 下呈凹凸性的复杂变动。图 4-3 中 α 取最大值时,模型的空间相关性最强。综上,当空间误差项系数 α 取最大值时,参数估计结果的波动也最大,说明随机误差项的空间效应对模型的估计结果仍会产生显著干扰,并且 α 的扰动程度随着其取值的变化而变化,并且与 λ 相结合后,会产生不同的变动,但整体仍呈现为凹函数的形状。

图 4-4 给出了 Y_{n0} 内生性假设下估计参数 λ 的 RMSE 值。Y_{n0} 内生条件下,模型估计利用的信息更加丰富,于是 λ 的估计精度受 λ 和 α 变动的影响也相对较小。同样,n 不变时,参数 λ 的 RMSE 值随着 T 的上升而下降,并且在 λ 和 α 的数值变化中其波动得更平稳,即表现出较好的大样本性质。类似图 4-3 的分析,λ 和 α 的值分别给定的情形下,RMSE 关于 α 和 λ 也呈现出凹凸性,而 Y_{n0} 内生性假设下模型的参数估计更加精确,使得 RMSE 的凹凸性显著程度弱于图 4-3。综上说明,当 Y_{n0} 内生时,参数变动下 SDPD 模型的估计精确度将进一步提升,得益于模型较好的大样本性质。

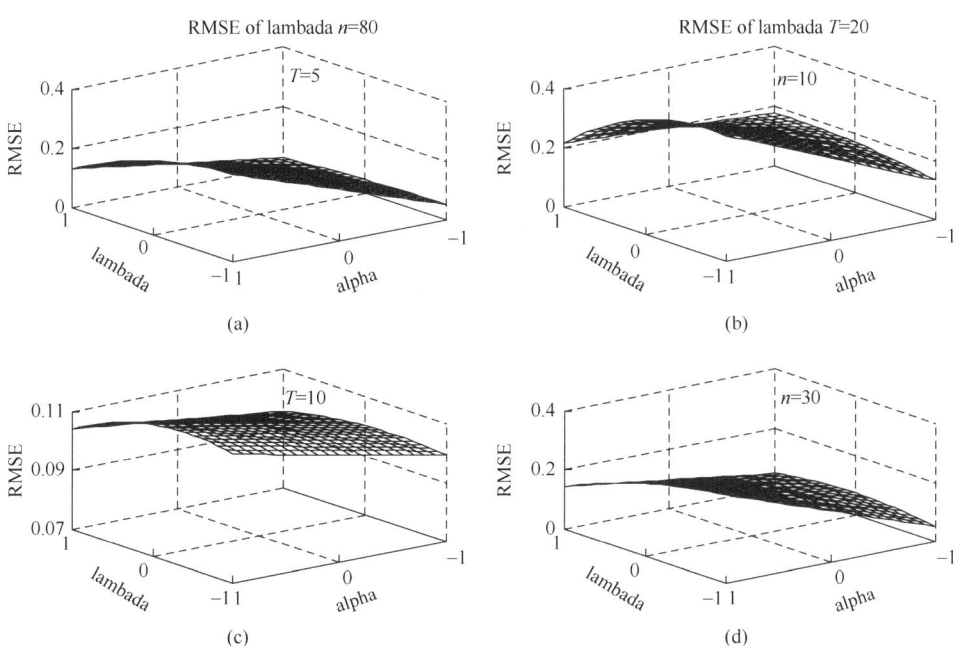

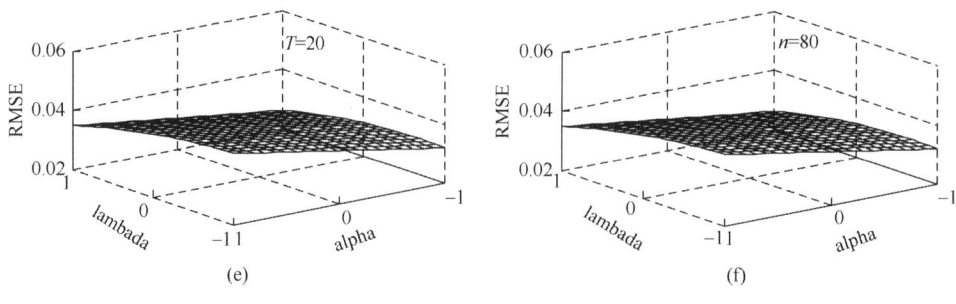

图 4-4 Y_{n0} 内生性假设下估计参数 λ 的 RMSE

为了明晰含空间自回归误差项的 SDPD 模型的估计效果，继而对不含空间自回归误差项的 SDPD 模型也进行了相应的估计，此时 SDPD 模型的数据生成过程即去掉 ε_{nt} 的空间自回归项，有

$$Y_{nt} = \lambda_0 W_n Y_{nt} + \gamma_0 Y_{n,t-1} + \rho_0 W_n Y_{n,t-1} + X_{nt}\beta_0 + c_{n0} + U_{nt}$$

$$U_{nt} = \mu_n + \varepsilon_{nt}$$

同样产生 $20+T$ 期服从标准正态分布 $N(0, I_N)$ 的 ε_{nt}，选取最后 T 期数据作为样本数据。得出的各参数模拟结果如表 4-3 和表 4-4 所示。

表 4-3 Y_{n0} 外生性假设下 SDPD 模型的 QML 模拟结果（不含空间自回归项）

n, T	ξ_0	σ_μ	σ_ε	γ	ρ	β	λ
	初值	1	1	0.2	−0.08	1.25	0.4
$n=80$ $T=5$	Mean	0.9893	1.1063	0.2130	−0.0909	1.2728	0.4655
	SD	0.0425	0.2563	0.0412	0.0302	0.0578	0.1635
	RMSE	0.0431	0.2691	0.0424	0.0322	0.0588	0.1648
	5%	0.9824	0.9931	0.2006	−0.0951	1.1471	0.4464
	95%	0.9922	1.1361	0.2164	−0.0821	1.3928	0.4788
$n=80$ $T=10$	Mean	0.9908	1.0621	0.1991	−0.0831	1.2634	0.4110
	SD	0.0425	0.1601	0.0236	0.0065	0.0376	0.0361
	RMSE	0.0426	0.1605	0.0246	0.0079	0.0399	0.0396
	5%	0.9904	0.9928	0.1793	−0.0851	1.1165	0.4014
	95%	1.0051	1.0678	0.2095	−0.0765	1.3278	0.4212
$n=10$ $T=20$	Mean	0.9877	1.1082	0.2141	−0.0936	1.2745	0.4872
	SD	0.1208	0.6985	0.1094	0.0998	0.1647	0.5919
	RMSE	0.1304	0.7697	0.1260	0.1005	0.1757	0.6186
	5%	0.9857	1.0796	0.1997	−0.0942	1.2627	0.4663
	95%	0.9983	1.1525	0.2272	−0.0880	1.2977	0.4953

续表

n, T	ξ_0	σ_μ	σ_ε	γ	ρ	β	λ
	初值	1	1	0.2	−0.08	1.25	0.4
$n=30$ $T=20$	Mean	0.9913	1.0886	0.2109	−0.0896	1.2676	0.4418
	SD	0.0615	0.3428	0.0582	0.0392	0.0761	0.1699
	RMSE	0.0659	0.3674	0.0656	0.0393	0.0761	0.1755
	5%	0.9901	0.9940	0.1896	−0.0950	1.2365	0.4327
	95%	0.9960	1.1695	0.2415	−0.0797	1.3775	0.4702
$n=80$ $T=20$	Mean	0.9944	1.0167	0.1971	−0.0824	1.2562	0.4097
	SD	0.0165	0.0479	0.0113	0.0051	0.0237	0.0329
	RMSE	0.0165	0.0486	0.0169	0.0065	0.0256	0.0383
	5%	0.9924	0.9926	0.1790	−0.0920	1.1675	0.3994
	95%	0.9932	1.0177	0.2045	−0.0750	1.3421	0.4209

由表 4-3 可见，当 Y_{n0} 为外生时，大部分的参数均值和对应的 RMSE 数值表现出与表 4-1 相同的变动规律。但在 n 和 T 取同一组数值时，含有空间自回归项下的表 4-1 比不含空间自回归项的表 4-3 的参数估计精度普遍更高，如当 $n=80$、$T=5$ 时，含空间自回归项下 σ_μ，γ，ρ，λ 的估计准确度更高。

同样表 4-4 的参数均值和对应的 RMSE 数值也与表 4-2 的变化规律类似。在同一组 n 和 T 取值条件下，含有空间自回归项下的表 4-2 比不含空间自回归项的表 4-4 的参数估计精度普遍更高。上述现象的主要原因为：很多研究在构建模型时，通常会存在一些遗漏变量，普遍的做法是将未考虑的遗漏变量放在随机误差项中，造成随机误差项的自相关、非白噪声以及方差非齐性，虽然在进行模型估计时经常会假设随机干扰项服从零均值、同方差的独立同分布，但在实际操作过程中，空间计量模型经常存在违背经典假设的情形，最终影响估计参数的显著性和模型的拟合优度。大多数模型尤其是 SDPD 模型的随机误差项均以时间序列或面板数据的形式存在，很多学者并没有考虑随机误差项的空间交互效应，导致估计偏误的产生。本章分析 SDPD 模型随机误差项的空间相关性，相当于间接考察遗漏变量的空间关联作用，使得模型的估计更加准确。此外，现在各类空间计量模型的检验方法，如 Moran 检验、LM 检验等都能准确判断随机误差项存在下模型的空间相关性，但大多数模型都没有分析随机误差项空间自回归效应的大小，于是无法进一步界定随机误差项的扰动强度。本章在随机误差项中加入空间自回归过程，通过分析 α 估计值的大小就能顺利解决上述问题。综上所述，使用带空间自回归误差项的 SDPD 模型进行参数估计，得出的结果是可行的，为了进一步分析模型估计的稳健性，进行如下的模型稳健性检验。

表4-4 Y_{n0}内生性假设下SDPD模型的QML模拟结果（不含空间自回归项）

n，T	ξ_0	σ_μ	σ_ε	γ	ρ	β	λ
	初值	1	1	0.2	−0.08	1.25	0.4
$n=80$ $T=5$	Mean	0.9901	1.1371	0.2083	−0.0846	1.2644	0.4900
	SD	0.1058	0.3436	0.0231	0.0141	0.0432	0.2271
	RMSE	0.1059	0.3465	0.0261	0.0148	0.0449	0.2274
	5%	0.9864	1.1194	0.1858	−0.0950	1.1951	0.4466
	95%	1.0038	1.1974	0.2168	−0.0796	1.3729	0.5277
$n=80$ $T=10$	Mean	0.9915	1.0524	0.2027	−0.0825	1.2587	0.4207
	SD	0.1001	0.1313	0.0102	0.0067	0.0233	0.0524
	RMSE	0.1059	0.1313	0.0106	0.0071	0.0233	0.0525
	5%	0.9823	1.0323	0.1922	−0.0851	1.1669	0.4137
	95%	0.9928	1.0851	0.2077	−0.0753	1.3769	0.4414
$n=10$ $T=20$	Mean	0.9883	1.0420	0.2137	−0.0858	1.2743	0.4541
	SD	0.0937	0.2781	0.1011	0.0471	0.1696	0.3902
	RMSE	0.0947	0.3008	0.1193	0.0471	0.1759	0.3947
	5%	0.9786	1.0383	0.1997	−0.0865	1.2619	0.4247
	95%	1.0137	1.0615	0.2263	−0.0842	1.2955	0.4864
$n=30$ $T=20$	Mean	0.9911	1.0854	0.2055	−0.0898	1.2628	0.4415
	SD	0.0408	0.3571	0.0037	0.0072	0.0903	0.1379
	RMSE	0.1533	0.3830	0.0236	0.0421	0.0535	2.2812
	5%	0.9901	0.9940	0.2013	−0.0950	1.1184	0.4393
	95%	0.9957	1.1630	0.2112	−0.0801	1.4171	0.4705
$n=80$ $T=20$	Mean	0.9956	1.0072	0.2025	−0.0821	1.2558	0.4095
	SD	0.0867	0.0218	0.0089	0.0042	0.0429	0.0236
	RMSE	0.0867	0.0219	0.0091	0.0053	0.0430	0.0238
	5%	0.9825	0.9826	0.1900	−0.0832	1.1973	0.3894
	95%	1.0157	1.0488	0.2122	−0.0714	1.3328	0.4211

4.4.2 含空间自回归误差项的SDPD模型的检验

从图4-3和图4-4可见，当模型样本相对较大时，参数λ的RMSE值波动较小，说明此时模型的估计结果较好，即大样本条件下，模型较为稳健。图中小样本条件下，参数λ的RMSE值波动较大，Blanchard和Matyas（1996）认为在经济问题中，这尤其与在小样本条件下误差项偏离正态性与否关联。于是为了验证小样本条件下模型的估计结果仍是稳健的,选择检验 QML 估计在 μ 和 V_{nt} 非正态分布假设下含空间自回归误差项的 SDPD 模型的稳健性,分别对 μ 和 V_{nt} 的分布进行混合正态分布、均匀分布、t 分布和卡方分布的假设,以验证小样本条件下模型的稳健性,为使各类分布下的标准差具有同一量纲而便于比较,设定各分布的方差均为 2。最终得出 Y_{n0} 外生性和内生性假设下的测试结果,由于篇幅限制,选择与表 4-1 和表 4-2 相同的初值进行分析,而选择的 μ 和 V_{nt} 分布组合以及结果如表 4-5 和表 4-6 所示。

表 4-5 Y_{n0} 外生性假设下 SDPD 模型的 QML 模拟结果（$n=10$，$T=20$）

μ 和 V_{nt} 的分布	ξ_0	σ_μ	σ_v	γ	ρ	β	α	λ
	初值	1	1	0.2	−0.08	1.25	1	0.4
$\mu \sim N(0,2)$ ① $V_{nt} \sim N(0,3)$	Mean	1.0094	1.1015	0.1991	−0.0758	1.2594	0.9693	0.4470
	SD	0.0526	0.7075	0.0053	0.0193	0.0518	0.2072	0.3225
	RMSE	0.0666	0.7177	0.0069	0.0295	0.0670	0.2174	0.3326
	5%	1.0008	1.0793	0.1926	−0.0822	1.2273	0.9369	0.4268
	95%	1.0196	1.1394	0.2010	−0.0723	1.3957	0.9816	0.4577
$\mu \sim U(-\sqrt{6},\sqrt{6})$ $V_{nt} \sim U(-\sqrt{6},\sqrt{6})$	Mean	1.0041	1.1091	0.2157	−0.0737	1.2606	0.9364	0.4515
	SD	0.0165	0.7652	0.1004	0.0366	0.0654	0.3580	0.2658
	RMSE	0.0294	0.7714	0.1108	0.0443	0.0754	0.4500	0.3645
	5%	1.0003	1.0797	0.1998	−0.0820	1.1231	0.9348	0.4270
	95%	1.0445	1.1542	0.2302	−0.0683	1.2734	0.9485	0.4665
$\mu \sim t(4)$ $V_{nt} \sim t(4)$	Mean	1.0097	1.0054	0.2219	−0.0734	1.2601	1.0264	0.4476
	SD	0.0587	0.0288	0.1435	0.0463	0.0654	0.1681	0.3065
	RMSE	0.0687	0.0388	0.1547	0.0532	0.0719	0.1865	0.3369
	5%	1.0006	0.9972	0.2001	−0.0820	1.1222	1.0128	0.4268
	95%	1.0306	1.0104	0.2422	−0.0676	1.3160	1.0324	0.4589
$\mu \sim \chi^2(1)$ $V_{nt} \sim \chi^2(1)$	Mean	1.0029	1.1108	0.2134	−0.0708	1.2657	1.0237	0.4410
	SD	0.0112	0.7698	0.0821	0.0578	0.0956	0.1364	0.2691
	RMSE	0.0212	0.7835	0.0946	0.0648	0.1114	0.1674	0.2902
	5%	1.0002	1.0798	0.1996	−0.0819	1.2149	1.0127	0.4265
	95%	1.0402	1.1576	0.2257	−0.0626	1.2847	1.0271	0.4460

① 混合正态分布的占比为 20%的 $\mu \sim N(0,2)$ 和 80%的 $V_{nt} \sim N(0,3)$

由表 4-5 可见,小样本条件下,当扰动项 U_{nt} 所包含的不可观测的空间特殊效应项和随机新息变量服从不同分布时,得出的模拟结果与表 4-1 中两者均服从标准正态分布时的结果存在差异,但总体的 RMSE 波动趋势相似。此外,当 μ 和 V_{nt} 均服从标准正态分布时的模拟结果优于表 4-5 中各分布的情况。

表 4-6 Y_{n0} 内生性假设下 SDPD 模型的 QML 模拟结果(n=10,T=20)

μ 和 V_{nt} 的分布	ξ_0	σ_μ	σ_v	γ	ρ	β	α	λ
	初值	1	1	0.2	−0.08	1.25	1	0.4
$\mu\sim N(0,2)$ $V_{nt}\sim N(0,3)$	Mean	1.0058	1.0978	0.1976	−0.0769	1.2392	0.9696	0.4472
	SD	0.0401	0.6891	0.0152	0.0115	0.0657	0.1991	0.3200
	RMSE	0.0413	0.6915	0.0173	0.0217	0.0763	0.2153	0.3341
	5%	1.0006	1.0791	0.1926	−0.0822	1.1314	0.8895	0.4268
	95%	1.0126	1.1322	0.1981	−0.0745	1.3563	0.9822	0.4581
$\mu\sim U(-\sqrt{6},\sqrt{6})$ $V_{nt}\sim U(-\sqrt{6},\sqrt{6})$	Mean	1.0092	1.0988	0.2033	−0.0769	1.2577	0.9893	0.4464
	SD	0.0552	0.6789	0.0230	0.0115	0.0329	0.0661	0.3125
	RMSE	0.0652	0.6986	0.0232	0.0217	0.0550	0.0762	0.3284
	5%	1.0006	1.0792	0.1991	−0.0822	1.1230	0.9601	0.4268
	95%	1.0544	1.1342	0.2060	−0.0745	1.2678	1.0109	0.4565
$\mu\sim t(4)$ $V_{nt}\sim t(4)$	Mean	1.0084	1.1010	0.2156	−0.0796	1.2584	1.0202	0.4490
	SD	0.0562	0.7041	0.1003	0.0153	0.0469	0.1352	0.3328
	RMSE	0.0595	0.7142	0.1101	0.0254	0.0599	0.1434	0.3468
	5%	1.0005	1.0793	0.1998	−0.0823	1.1222	1.0125	0.4269
	95%	1.0281	1.1385	0.2300	−0.0796	1.3127	1.0205	0.4616
$\mu\sim \chi^2(1)$ $V_{nt}\sim \chi^2(1)$	Mean	1.0065	1.1092	0.2122	−0.0759	1.2623	1.0222	0.4446
	SD	0.0361	0.7698	0.0761	0.0263	0.0687	0.1423	0.3055
	RMSE	0.0462	0.7721	0.0861	0.0288	0.0874	0.1568	0.3157
	5%	1.0004	1.0797	0.1996	−0.0822	1.2147	1.0126	0.4267
	95%	1.0472	1.1544	0.2233	−0.0725	1.2780	1.0242	0.4530

表 4-6 的结果同样验证了标准正态分布的优越性。此外,Y_{n0} 内生条件下的结果依旧优于外生条件下的结果。同样,表 4-5 和表 4-6 均只给出了一组参数下的 QML 小样本估计结果,为了更清晰地探究各个参数真实值变化下的 RMSE 波动情况,依然选择计算 λ 和 α 分别为 −1、−0.75、−0.5、−0.25、0、0.25、0.5、0.75 和 1 的数值组合情况下 λ 的 RMSE 值,得出的结果如图 4-5 和图 4-6 所示。

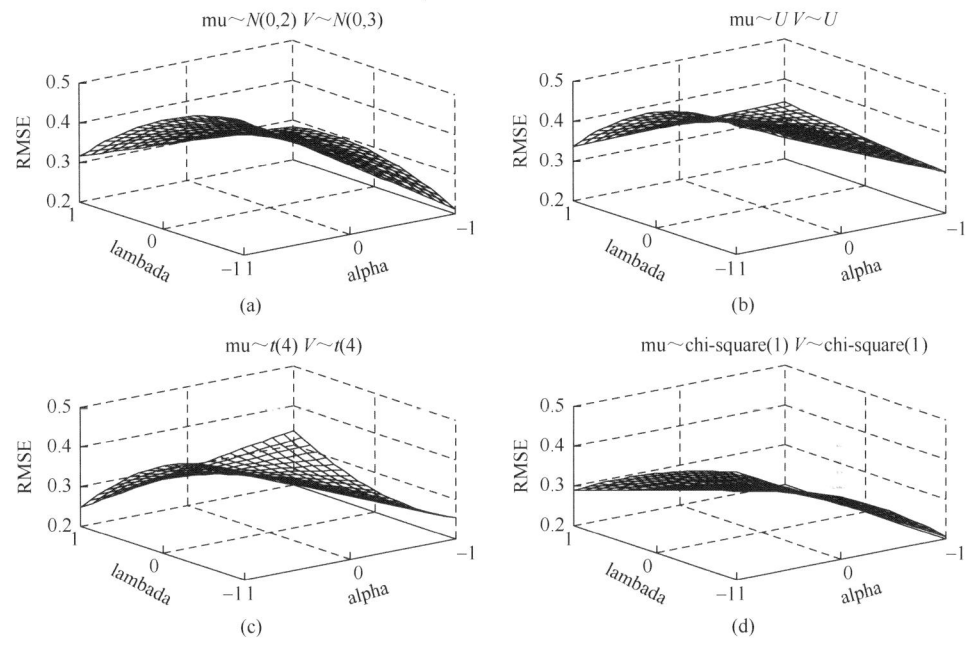

图 4-5 Y_{n0} 外生性假设下估计参数 λ 的 RMSE（$n=10$，$T=20$）

图4-5（a）中 mu~N（0,2）等价于 $\mu \sim N(0,2)$，$V \sim N(0,3)$ 等价于 $V_{nt} \sim N(0,3)$；图4-5（b）中 mu~U 表示 $\mu \sim U(-\sqrt{6},\sqrt{6})$，$V \sim U$ 表示 $V_{nt} \sim U(-\sqrt{6},\sqrt{6})$；图4-5（c）中 mu~t(4)为 $\mu \sim t(4)$，$V \sim t(4)$ 为 $V_{nt} \sim t(4)$；图4-5（d）中 mu~chi-square(1)代表 $\mu \sim \chi^2(1)$，$V \sim$ chi-square(1)代表 $V_{nt} \sim \chi^2(1)$。下同

图 4-5 和图 4-6 给出了 λ 和 α 在区间[-1，1]内参数 λ 的 RMSE 变化情况，可见当 μ 和 V_{nt} 均服从正态分布时，相对于图 4-5 中 λ 的 RMSE 数值波动最小，说明当 μ 和 V_{nt} 均服从正态分布时，小样本条件下 SDPD 模型的 QML 估计结果受影响程度较小，验证了 Blanchard 和 Matyas（1996）的观点。此外，当 μ 和 V_{nt} 均不服从正态分布时，参数 λ 的 RMSE 变化值波动情况与图 4-4（b）的波动趋势较为一致，说明扰动项偏离正态分布对估计结果仍存在影响，趋势的一致性也进一步验证 $\rho_0 = -\lambda_0 \times \gamma_0$ 假设条件下的 QML 估计是稳健的。

通过分析图 4-5 和图 4-6，在方差相同的各类不同分布下，不同 Y_{n0} 假设下 λ 的 RMSE 波动劣于正态分布下 λ 的 RMSE 变动，但总体的相似之处可归纳如下两点：①本章的模型具有较强的空间相关性时，QML 估计量对应的 RMSE 值就较高，即图中当 α 趋近 1、λ 趋近-1 时，模型的 RMSE 值最大；②α 值越大，误差项的空间相关性对参数估计精度的影响越大，即图中当 α 趋近 1、λ 在-1~1 波动时，λ 的 RMSE 数值最明显。上述结论为今后进行经济金融领域的分析提供了有效依据，即在进行实证分析时，应注意模型估计结果中的空间自回归系数的数值变动。当数值较大时，应在进行变量的定量分析时考虑空间误差项的空间扰动效应对模

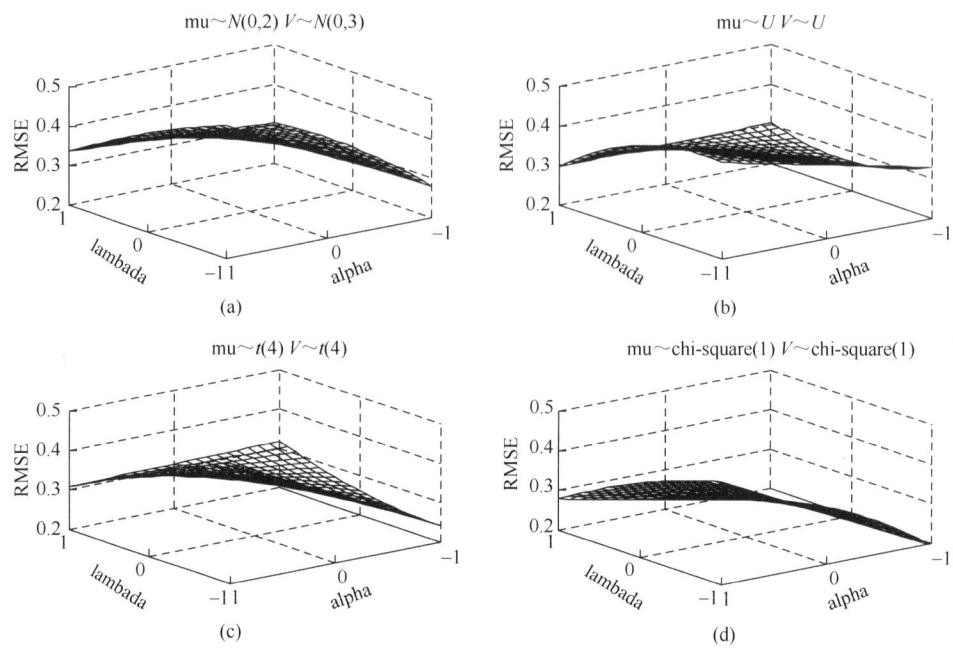

图 4-6 Y_{n0} 内生性假设下估计参数 λ 的 RMSE（$n=10$，$T=20$）

型结果准确性的影响。这也是广大空间计量经济学类的文献一直忽略的问题。

4.5 结论与进一步研究

近年来空间计量经济学分析越来越受到广大学者的青睐，大多数学者通过变量间的空间关联来分析经济中更加复杂的问题，探究变量间存在的空间相关性和空间异质性，得出更新颖的结论。但各类空间模型误差项的空间形式也会影响空间计量模型的估计结果，而大多数进行空间计量模型分析的文献都忽略了误差项的作用，那么最终的估计结果会因误差项的差异性影响效应而产生偏误。本章通过在 SDPD 模型中加入误差项的空间自回归项，分析模型参数的 QML 估计结果的受影响程度，并探究模型的有限样本性质。

QML 估计在 SDPD 模型的估计中应用较多，其并不要求模型中的误差项一定要服从正态分布，并且在估计过程中，能够充分利用模型的信息，使得估计结果较为准确。本章探究了 QML 估计法下含空间自回归误差项的 SDPD 模型的有限样本性质，通过在 SDPD 模型的干扰项中加入随机效应的形式，刻画模型中存在的空间异质性。首先，基于 QML 估计下 SDPD 误差模型有限样本性质的假设，从 Y_{n0} 的外生性和内生性角度进行 QML 估计的统计推断，得出对应情形下的 QML

估计函数；然后，通过蒙特卡罗模拟分析验证模型的有限样本性质，得出模型具有较好的大样本性质，而小样本条件下模型包含的信息量少等原因使得小样本性质不佳；再者，将含空间自回归误差项的 SDPD 模型估计结果与不含空间自回归误差项的模型估计结果进行比较，得出考虑空间自回归误差项的 SDPD 模型的大部分估计结果更佳，验证模型的可行性；最后，通过对扰动项分布的变动，论证得出模型扰动项偏离正态性与否会影响模型的估计精确度，但模型总体估计的稳健性良好。总体蒙特卡罗结果与本章的理论分析一致。

此外，由于 QML 在估计过程中，使用的模型信息较多，将提升模型估计的算法复杂度，而通过优化算法以降低计算复杂度是今后应继续深入的研究。此外，可以进一步复杂化解释变量和误差项新息变量的分布形式，解释变量可选择更加复杂的分布（Hsiao et al.，2012），误差项的新息变量则可以通过考虑误差项的异方差性等问题（Kelejian et al.，2010；Dogan，2015；陶长琪和杨海文，2014），分析误差项的空间自回归效应对 SDPD 模型估计结果的影响程度。

参 考 文 献

陶长琪，杨海文. 2014. 带未知异方差广义空间模型的有效估计[J]. 数量经济技术经济研究，(9)：107-123.

张征宇，朱平芳. 2009. 空间动态面板模型拟极大似然估计的渐近效率改进[J]. 数量经济技术经济研究，(5)：145-157.

Anselin L. 1988. Spatial Econometrics：Methods and Models[M]. The Netherlands：Kluwer Academic Press.

Anselin L. 2003. Spatial Econometrics// Baltagi B H. A Companion to Theoretical Econometrics[M]. Oxford：Black Well Publishing Ltd.

Anselin L，Le Gallo J，Jayet H. 2008. Spatial Panel Econometrics[M]//The Econometrics of Panel Data. Berlin：Springer Heidelberg.

Baltagi B H，Egger P，Pfaffermayr M. 2013. A Generalized spatial panel model with random effects[J]. Econometric Reviews，32（5-6）：650-685.

Baltagi B H，Fingleton B，Pirotte A. 2014. Estimating and forecasting with a dynamic spatial panel data model[J]. Oxford Bulletin of Economics and Statistics，76（1）：112-138.

Baltagi B H，Li D. 2004. Prediction in the Panel Data Models with Spatial Correlation[M]. Advances in Spatial Econometrics. Berlin：Springer-Verlag.

Bhargava A，Sargan J D. 1983. Estimating dynamic random effects models from panel data covering short time periods[J]. Econometrica，51（6）：1635-1659.

Blanchard P，Matyas L. 1996. Robustness of tests for error components models to non-normality[J]. Economics Letters，Elsevier，51（2）：161-167.

Blundell R，Bond S. 1998. Initial conditions and moment restrictions in dynamic panel data models[J]. Journal of Econometrics，87（1）：115-143.

Cliff A D，Ord J K. 1973. Spatial Autocorrelation[M]. London：Pion.

Das D，Kelejian H H，Prucha I R. 2003. Finite sample properties of estimators of spatial autoregressive models with autoregressive disturbances[J]. Papers in Regional Science，82（1）：1-26.

Dogan O. 2015. Heteroskedasticity of unknown form in spatial autoregressive models with a moving average disturbance term[J]. Econometrics, 3 (1): 101-127.

Elhorst J P. 2001. Dynamic models in space and time[J]. Geographical Analysis, 33 (2): 119-140.

Elhorst J P. 2003. Specification and estimation of spatial panel data models[J]. International Regional Science Review, 26(3): 244-268.

Elhorst J P. 2010. Dynamic panels with endogenous interaction effects when t is small [J]. Regional Science and Urban Economics, 40 (5): 272-282.

Hsiao C, Pesaran M H, Tahmiscioglu A K. 2012. Maximum likelihood estimation of fixed effects dynamic panel data models covering short time periods [J]. Journal of Econometrics, 109 (1): 107-150.

Kapoor M, Kelejian H H, Prucha I R. 2007. Panel data models with spatially correlated error components [J]. Journal of Econometrics, 140 (1): 97-130.

Kelejian H H, Prucha I R. 1998. A generalized spatial two-stage least squares procedure for estimating a spatial autoregressive model with autoregressive disturbance[J]. Journal of Real Estate Finance and Economics, 17 (1): 99-121.

Kelejian H H, Prucha I R. 1999. A generalized moments estimator for the autoregressive parameter in a spatial model[J]. International Economic Review, 40 (2): 509-533.

Kelejian H H, Prucha I R. 2010. Specification and estimation of spatial autoregressive models with autoregressive and heteroskedastic disturbances[J]. Journal of Econometrics, 157 (1): 53-67.

Korniotis G M. 2010. Estimating panel models with internal and external habit formation[J]. Journal of Business & Economic Statistics, 28 (1): 145-158.

Lee L. 2004. Asymptotic distributions of quasi-maximum likelihood estimators for spatial econometric models[J]. Econometrica, 72 (6): 1899-1925.

Lee L, Yu J. 2010a. A spatial dynamic panel data model with both time and individual fixed effects[J]. Econometric Theory, 26 (2): 564-597.

Lee L, Yu J. 2010b. Estimation of spatial autoregressive panel data models with fixed effects [J]. Journal of Econometrics, 154 (2): 165-185.

Lesage J, Pace R K. 2009. An Introduction to Spatial Econometrics[M]. London: CRC.

Parent O, Lesage J P. 2010. A spatial dynamic panel model with random effects applied to commuting times[J]. Transportation Research Part B: Methodological, 44 (5): 633-645.

Parent O, Lesage J P. 2012. Spatial dynamic panel data models with random effects[J]. Regional Science and Urban Economics, 42 (4): 727-738.

Su L, Yang Z. 2015. QML estimation of dynamic panel data models with spatial errors[J]. Journal of Econometrics, 185: 230-258.

Yu J, de Jong R, Lee L. 2008. Quasi-maximum likelihood estimators for spatial dynamic panel data with fixed effects when both n and T are large[J]. Journal of Econometrics, 146 (1): 118-134.

Yu J, de Jong R, Lee L. 2012. Estimation for spatial dynamic panel data with fixed effects: The case of spatial cointegration[J]. Journal of Econometrics, 167 (1): 16-37.

第 5 章 含自回归误差项的空间动态面板模型的检验与模拟*

5.1 研究背景

现今,空间面板和动态面板模型方面的研究较多。但经济贸易、技术引进、生产消费等问题越来越体现出区域竞合效应的重要性,省域乃至国际化关系日益凸显,并且不同时期、不同地点的资源禀赋也存在复杂的交互影响关系,于是原有的经济计量模型将不能适用于分析具有类似上述复杂空间特征的经济现象。部分学者逐渐在静态或动态面板模型中加入同期或滞后期的截面交互项,相当于在原始模型中加入空间效应,即演变为更加复杂的 SDPD 模型。但在经济分析中,模型的选择往往能够直接影响估计结果,那么数据生成过程(data generating process,DGP)与真实模型的吻合度也将成为实证分析的关键。SDPD 模型变量间的交互关系比较复杂,基于回归模型设定的有效性问题,从面板模型的性质差异角度又可分为固定效应、随机效应和混合效应模型,并且模型分析过程中变量间的交互效应差异性也将进一步影响实验结果,而在实际运用中,固定效应和随机效应模型的应用最为广泛。于是,本章选择通过 SDPD 模型的空间 Hausman 检验来识别固定和随机效应模型,并且运用 LM 和 LR 检验分析模型变量间的关联关系,以选择最优的 SDPD 模型进行实证分析。

Hausman 检验是面板数据模型实证分析中不可或缺的检验工具,其能够对固定效应或随机效应模型作出区分。Hausman 检验于 1978 年提出,至今其理论和应用已发展得较为成熟,很多学者还从不同角度对其进行了优化和深入研究(Hausman et al., 1981; Schreiber, 2008; Bole et al., 2013; Nawata et al., 2014),并有学者分析比较了 Hausman 检验的结果(Ahn et al., 2014; Kaiser, 2014)。上述方法均适用于面板数据模型的分析,而随着空间效应的引入,Hausman 检验的经典假定将不再成立,那么其检验结果也将有偏甚至失效。于是,产生了对空间计量经济模型的研究,并且模型设定的差异性会使得空间面板随机效应和固定效应估计量也各不相同,需要构建不同的空间 Hausman 检验判定不同类型的空间计

---

* 本章部分成果选自陶长琪、周璇撰写的投稿《数量经济技术经济研究》的工作论文,该文已被《数量经济技术经济研究》录用

量模型。已有研究选择进行空间 Hausman 检验的模型主要有空间误差自相关模型（Pace et al., 2008）、空间误差移动平均模型（Baltagi et al., 2010）、空间滞后和空间误差模型（Mutl et al., 2011）、空间误差分量模型（Kelejian et al., 1995）。上述空间 Hausman 检验的假设主要用于区分模型的固定效应和随机效应性质，而对模型中的时空滞后项、空间误差项的存在性讨论还尚欠缺。于是，本章进一步使用 LM 和 LR 检验选择正确的模型。

LM 和 LR 检验主要用于分析模型中是否存在时空滞后效应和误差项自相关效应。Burridge（1980）指出 LM 检验可用于区别模型中空间效应或误差项空间效应的存在性。Anselin 等（1996）和 Anselin（2001）详细说明了 LM 检验的判别原理。Baltagi 等（2003）第一次对空间误差分量模型进行联合检验、LM 和 LR 检验。后来，Debarsy 和 Ertur（2010）将其应用于带空间自回归误差项的面板数据固定效应模型的分析。Andrews 和 Guggenberger（2014）在 Kleibergen（2005）的关于 LM 和 LR 检验测试的影响下考察了不同参数空间下的 LM 和 LR 检验的渐近性质。陶长琪和杨海文（2014）分析了 LM 和 LR 检验的适用模型，探讨了如何进行空间计量模型的正确选择问题。上述 LM 和 LR 检验最初均用于截面的相关性存在分析，并且大多只选择一类面板模型进行分析，忽略了模型中的固定效应和随机效应等影响因素，将进一步影响模型的最终选择结果。随着理论和应用的发展，LM、LR 等检验方式逐渐用于面板数据的分析、空间面板数据模型的研究，本章基于上述研成果，探究其在 SDPD 模型中的选择问题。

5.2 空间动态面板模型选择的检验方法

空间 Hausman 检验、LM 检验和 LR 检验都是面板模型的检验方法。已有文献大多研究面板数据模型、固定效应空间静态面板数据模型下的上述检验，基于上述检验原理，选择空间自回归误差项存在下的 SDPD 模型进行空间 Hausman 检验、LM 检验和 LR 检验。一般的模型确定分成两个阶段，第一阶段应用空间 Hausman 检验进行模型固定效应和随机效应的判定，第二阶段分别推导固定效应和随机效应模型的 LM、LR 检验统计量。本章选择将两类检验方式相结合以检验时空 SDPD 模型。

5.2.1 空间 Hausman 检验

1. 空间 Hausman 检验的 SDPD 模型设定和假设

能区别检验模型的固定效应和随机效应的 Hausman 检验是面板数据模型分析中的关键，近年来学者通过对 Hausman 检验的改进，将其拓展为空间形式（空间

Hausman 检验）并应用于分析空间计量经济模型。基于此，在空间 Hausman 检验成立的假设条件下，首次用其带空间自回归误差项的 SDPD 模型，以明晰模型固定效应或随机效应的存在性。

设定的时空动态 SDPD 模型如下：

$$Y_{nt} = \lambda_0 W_n Y_{nt} + \gamma_0 Y_{n,t-1} + \rho_0 W_n Y_{n,t-1} + \beta_0 X_{nt} + c_0 + U_{nt}, t = 1, 2, \cdots, T \quad (5\text{-}1)$$

其中，$Y_{nt} = (y_{1t}, y_{2t}, \cdots, y_{nt})'$ 是 $n \times 1$ 维的列向量；$(\lambda, \gamma, \rho, \beta')$ 是模型的所有参数，γ_0 代表纯动态效应，ρ_0 捕获时空效应；W_n 是一个已知的 $n \times n$ 对称行标准化空间权重矩阵；X_{nt} 是一个非随机回归的 $n \times k_x$ 维矩阵；c_n 代表常数项。此外，误差项 $U_{nt} = (u_{1t}, u_{2t}, \cdots, u_{nt})'$ 由两部分组成，分别是代表随机效应（代表不可观测的空间特殊效应）的 $\mu_n = (\mu_1, \cdots, \mu_n)'$ 和误差项的空间自回归结构 ε_{nt}，如下：

$$U_{nt} = \mu_n + \varepsilon_{nt} \quad (5\text{-}2)$$

$$\varepsilon_{nt} = \alpha_0 M_n \varepsilon_{nt} + V_{nt} \quad (5\text{-}3)$$

其中，ε_{nt} 是空间关联误差 $\varepsilon_{nt} = (\varepsilon_{1t}, \cdots, \varepsilon_{nt})'$；$V_{nt}$ 是服从均值为 0，方差为 $\sigma_v^2 I_N$ 的独立同分布（i.i.d.）的新息向量，$V_{nt} = (v_{1t}, \cdots, v_{nt})'$，以防止模型的误差项存在未知异方差或自相关时，使得空间 Hausman 检验无效；α_0 为空间自回归系数；M_n 是一个对角线元素为零的 $n \times n$ 已知矩阵。

于是，令 $C_n(\lambda) = I_n - \lambda W_n$，$C_n \equiv C_n(\lambda_0) = I_n - \lambda_0 W_n$，$A_n = C_n^{-1}(\gamma_0 I_n + \rho_0 W_n)$，$B_n = B_n(\alpha_0) = I_n - \alpha_0 M_n$，并假设 C_n 可逆，将式（5-1）~式（5-3）写成紧凑格式得

$$Y_{nt} = A_n Y_{n,t-1} + \beta_0 C_n^{-1} X_{nt} + C_n^{-1} c_0 + C_n^{-1} U_{nt}, U_{nt} = \mu_n + B_n^{-1} V_{nt}, t = 1, \cdots, T \quad (5\text{-}4)$$

上述模型能够进行空间 Hausman 检验的假设条件如下。

【假设 1】 相互独立的随机新息变量 $\{v_{nt}\}$ 和随机效应 $\{\mu_n\}$ 服从 0 均值、方差为 σ_v^2 的独立同分布，其中 $0 < \sigma_v^2 < q$，$q < \infty$。此外，其被假定为存在有限四阶矩，即 $E|v_{nt}|^\eta < \infty$ 对任意 $\eta > 4$ 均成立。

【假设 2】 对于对称的行标准化矩阵 $C_n(\lambda)$ 和 B_n，在 $\lambda \in (1/\omega_{\min 1}, 1)$ 和 $\alpha_0 \in (1/\omega_{\min 2}, 1)$ 时均非奇异，其中，$\omega_{\min 1}$ 和 $\omega_{\min 2}$ 分别是矩阵 $C_n(\lambda)$ 和 B_n 的最小特征值。

【假设 3】 W_n、M_n、$C_n(\lambda)$ 和 B_n 行列加总的绝对值均一致有界（UB）。

【假设 4】 W_n 和 M_n 均为行标准化的空间权重矩阵，并且 $w_{ii,N} = m_{jj,N} = 0$。

2. 空间 Hausman 检验的步骤

为了避免上述 SDPD 随机效应模型的偶发参数问题，将进一步消除模型的随机效应。式（5-4）可写成

$$Y_{nt} = A_n Y_{n,t-1} + \beta_0 C_n^{-1} X_{nt} + C_n^{-1} c_0 + C_n^{-1} U_{nt}, U_{nt} = (\iota_T \otimes I_n)\mu_n + (I_T \otimes B_n^{-1}) V_{nt} \quad (5\text{-}5)$$

若 μ_n 和 V_{nt} 服从正态分布，则 $U_{nt} \sim N(0, \sigma_v^2 \Omega)$，那么 $\Omega = \phi_\mu (J_T \otimes I_n) + I_T \otimes (B_n' B_n)^{-1}$。

其中，$\phi_\mu = \sigma_\mu^2 / \sigma_v^2$，$J_T = \iota_T \iota_T'$，$B_n = I_n - \alpha_0 M_n$，则 B_n 相关于 α_0 和 n 的取值。

又假设 $\theta = (\gamma, \rho, \beta')'$，$\varphi = (\theta', c_0', \lambda)$，$Z_{nt} = (Y_{n,t-1}, W_n Y_{n,t-1}, X_{nt})$，于是式（5-1）可化简为

$$U_{nt}(\varphi) = C_n(\lambda) Y_{nt} - Z_{nt}\theta - c_0 \tag{5-6}$$

通过组内变换消除随机效应，令 $Q_{0,N} = I_T - 1/T \cdot J_T = E_T \otimes I_N$，则有

$$\begin{aligned}
Q_{0,N} U_{nt} &= (E_T \otimes I_N)[(\iota_T \otimes I_n)\mu_n + \alpha_0(I_T \otimes M_n)\varepsilon_{nt} + V_{nt}] \\
&= \alpha_0(I_T \otimes M_n)(E_T \otimes I_N)\varepsilon_{nt} + (E_T \otimes I_N)V_{nt} \\
&= \alpha_0(I_T \otimes M_n) Q_{0,N}\varepsilon_{nt} + Q_{0,N} V_{nt}
\end{aligned} \tag{5-7}$$

同样对式（5-1）进行组内变换，得如下转换后的随机效应 SDPD 模型：

$$\begin{aligned}
Q_{0,N} Y_{nt} &= \lambda_0 W_n Q_{0,N} Y_{nt} + \gamma_0 Q_{0,N} Y_{n,t-1} + \rho_0 W_n Q_{0,N} Y_{n,t-1} + \beta_0 Q_{0,N} X_{nt} + Q_{0,N} c_0 + Q_{0,N} U_{nt} \\
Q_{0,N} U_{nt} &= \alpha_0 M_n Q_{0,N} \varepsilon_{nt} + Q_{0,N} V_{nt}
\end{aligned} \tag{5-8}$$

令 $Y_{nt}^* = Q_{0,N} Y_{nt}$，依次类推，最终得组内转换后的模型：

$$\begin{aligned}
Y_{nt}^* &= \lambda_0 W_n Y_{nt}^* + \gamma_0 Y_{nt-1}^* + \rho_0 W_n Y_{nt-1}^* + \beta_0 X_{nt}^* + c_0^* + U_{nt}^* \\
U_{nt}^* &= \alpha_0 M_n \varepsilon_{nt}^* + V_{nt}^*
\end{aligned} \tag{5-9}$$

于是，对式（5-9）进行 Cochrane-Orcutt 转换，得

$$U_{nt}^*(\varphi) = C_n(\lambda) Y_{nt}^* - Z_{nt}^* \theta - c_0^*, U_{nt}^* = \alpha_0 M_n \varepsilon_{nt}^* + V_{nt}^* \tag{5-10}$$

其中，$Z_{nt}^* = (Y_{nt-1}^*, W_n Y_{nt-1}^*, X_{nt}^*)$，那么，选择式（5-9）进行空间 Hausman 检验。空间 Hausman 检验的研究理论的关键在于自变量与随机效应间的相关关系。因此，原始模型的原假设 $H_0: E(u_i | X_{it}) = 0$，于是模型采用随机效应 SDPD 模型；备择假设 $H_1: E(u_i | X_{it}) \neq 0$，那么模型采用固定效应 SDPD 模型。

于是，构造空间 Hausman 检验统计量 H_N，分析 SDPD 模型的特性，即

$$H_N = NT(\theta_{\text{FGLS},N} - \theta_{\text{FW},N})' \left(\sum_{W,N} - \sum_{\text{GLS},N}\right)^{-1} (\theta_{\text{FGLS},N} - \theta_{\text{FW},N}) \tag{5-11}$$

测算上述空间 Hausman 检验统计量 H_N 数值的步骤如下。

（1）测算得出可行广义最小二乘法（feasible generalized least squares，FGLS）的初始值。由于在原始模型中，有

$$\begin{aligned}
E[(W_n Y_{nt}) U_{nt}'] &= E\{W_n(A_n Y_{n,t-1} + \beta_0 C_n^{-1} X_{nt} + C_n^{-1} c_0 + C_n^{-1} U_{nt}) U_{nt}'\} \\
&= W_n C_n^{-1} E(U_{nt} U_{nt}') \\
&= W_n C_n^{-1} \{\sigma_\mu^2 (J_T \otimes I_n) + \sigma_v^2 [I_T \otimes (B_n' B_n)^{-1}]\} \neq 0
\end{aligned} \tag{5-12}$$

那么，滞后变量 $W_n Y_{nt}$ 与误差项相关，即滞后项的内生性使得其普通 OLS 估计量不一致，于是本章使用 IV 估计模型。选择的工具变量为 $Q_{0,N}[W_n Y_{nt}^*, Y_{nt-1}^*, W_n Y_{nt-1}^*]$，于是其工具变量矩阵为 $[Y_{nt-1}^*, W_n Y_{nt-1}^*, W_n^2 Y_{nt-1}^*, X_{nt}^*, W_n X_{nt}^*, W_n^2 X_{nt}^*]$，即设为 $G_{0,N} = [Y_{nt-1}^*, W_n Y_{nt-1}^*, W_n^2 Y_{nt-1}^*]$，$H_{R,N} = [H_{1,N}, H_{2,N}] = [G_{0,N}, Q_{0,N} G_{1,N}]$，

$G_{1,N}=[X_{nt}, W_n X_{nt}, W_n^2 X_{nt}]$,则得到 FGLS 的初始值为 $\theta_{I,N}=[\hat{Z}'_{nt}Z^*_{nt}]^{-1}\hat{Z}'_{nt}Y^*_{nt}$。其中,$\hat{Z}_{nt}=P_{H_{1,N}}Q_{0,N}Z_{nt}$,$P_{H_{1,N}}=H_{1,N}(H'_{1,N}H_{1,N})^{-1}H'_{1,N}$ 为工具变量 $H_{1,N}$ 的投影矩阵。

(2)基于步骤(1)的初始值 $\theta_{I,N}$,参照 Kapoor 等(2007)的空间 GM 过程,测算一致估计量 $\hat{x}=(\alpha_0,\sigma_v^2)$。通过对原模型进行空间 Cochrane-Orcutt 转换,使用可行 GLS 算法迭代估计出 $\theta_{\text{FGLS},N}$,选择组内转换估计 $\theta_{\text{FW},N}=[\tilde{Z}'_{nt}\tilde{Z}_{nt}]^{-1}\tilde{Z}'_{nt}Y_{nt}$,其中,$\tilde{Z}_{nt}=P_{H_{1,N}}Z_{nt}$。

(3)基于上述假设,有 $\sum_{W,N}=\sigma_v^2 NT[\hat{Z}'_{nt}P_{H_{1,N}}\hat{Z}_{nt}]^{-1}$,$\sum_{\text{GLS},N}=\sigma_v^2 NT[Z'_{nt}\Omega^{-1/2}P_{H_{1,N}}\Omega^{-1/2}Z_{nt}]^{-1}$。

最终通过测算空间 Hausman 检验统计量数值 H_N 判定使用固定效应模型还是随机效应模型。但是,SDPD 模型中存在复杂的空间效应问题,如时空滞后项和误差项的空间效应是否适合所要估计的经济现象等,进一步探究滞后项或误差项的空间关联性有助于精确设定模型。

5.2.2 LM 和 LR 检验

LM 检验的原理与空间 Hausman 检验较为相似,假设 S_θ 为模型的得分向量矩阵,X_θ 为模型的信息矩阵,那么 LM 检验的表达式为 $\text{LM}=S'_\theta X_\theta^{-1} S_\theta$;LR 检验可表达为 $\text{LR}=2(L_u-L_r)$,而 L_r、L_u 分别是原假设和备择假设下的对数似然函数。本章将分别分析随机效应模型和固定效应 SDPD 模型下的 LM 检验和 LR 检验,通过分析各类模型下空间滞后效应和误差项滞后效应的影响效果,最终选择模型。

1. 随机效应模型

选择式(5-1)~式(5-3)构成的随机效应模型,并假定 μ_n 和 V_{nt} 服从正态分布,则 $U_{nt}\sim N(0,\sigma_v^2\Omega)$,$\sigma_v^2\Omega=\sigma_\mu^2(J_T\otimes I_n)+\sigma_v^2[I_T\otimes(B'_n B_n)^{-1}]$,于是 $\Omega=\phi_\mu(J_T\otimes I_n)+I_T\otimes(B'_n B_n)^{-1}$,那么有 $\Omega^{-1}=\phi_\mu^{-1}(J_T\otimes I_n)+I_T\otimes(B'_n B_n)$。令 $\theta=(\gamma_0,\rho_0,\beta'_0)'$,$\delta=(\alpha_0,\phi_\mu,\lambda_0)$,$Z_{nt}=(Y_{n,t-1},W_n Y_{n,t-1},X_{nt})$,$\varsigma=(\theta',\sigma_v^2,\delta')'$,则模型的对数似然函数为

$$\ln L_{n,T}(\varsigma,c_0)=-\frac{nT}{2}\ln 2\pi-\frac{nT}{2}\ln\sigma_v^2-\frac{1}{2}\ln|\Omega|+T\ln|C_n(\lambda_0)|-\frac{1}{2\sigma_v^2}\sum_{t=1}^n U'_{nt}(\varphi)\Omega^{-1}U_{nt}(\varphi)$$

(5-13)

其中,$U_{nt}(\varphi)=C_n(\lambda_0)Y_{nt}-Z_{nt}\theta-c_0$,$\varphi=(\theta',c'_0,\lambda_0)$。那么,当 $\{u_{nt}\}$、$\{v_{nt}\}$ 存在有限四阶矩时,存在使式(5-12)最大化的拟极大似然估计量,即

$$\hat{\theta}(\delta) = \left[\frac{1}{nT}\sum_{t=1}^{T}\tilde{Z}'_{nt}\Omega^{-1}\tilde{Z}_{nt}\right]^{-1}\left[\frac{1}{nT}\sum_{t=1}^{T}\tilde{Z}'_{nt}\Omega^{-1}C_n(\lambda)Y_{nt}\right] \quad (5\text{-}14)$$

$$\hat{\sigma}_v^2(\delta) = \frac{1}{nT}\sum_{t=1}^{T}[C_n(\lambda)Y_{nt} - \tilde{Z}_{nt}\hat{\theta}(\delta)]'\Omega^{-1}[C_n(\lambda)Y_{nt} - \tilde{Z}_{nt}\hat{\theta}(\delta)] \quad (5\text{-}15)$$

其中，$\tilde{Z}_{nt} = (Y_{n,t-1}, W_n Y_{n,t-1}, \tilde{X}_{nt})$。最终，得到 δ 的集中对数似然函数：

$$\ln L_{n,T}^c(\delta) = -\frac{nT}{2}[\ln(2\pi)+1] - \frac{nT}{2}\ln[\hat{\sigma}_v^2(\delta)] + T\ln|C_n(\lambda_0)| - \frac{1}{2}\ln|\Omega| \quad (5\text{-}16)$$

本章主要探究模型的空间滞后效应和误差项滞后效应变动时，估计结果的受影响情况。于是，提出如下 5 个随机效应 SDPD 模型的假设。

H_0^a: $\lambda_0 = \alpha_0 = 0$；H_1^a: $\lambda_0 \neq 0$ 或 $\alpha_0 \neq 0$，备择假设为至少存在一个参数值不为零。

H_0^b: $\lambda_0 = 0(\alpha_0 = 0)$；$H_1^b$: $\lambda_0 \neq 0(\alpha_0 = 0)$，此假设下模型为不包含随机误差项空间效应的广义 SDPD 模型。

H_0^c: $\alpha_0 = 0(\lambda_0 = 0)$；$H_1^c$: $\alpha_0 \neq 0(\lambda_0 = 0)$，此假设下模型为不包含空间滞后项但包含空间自回归随机误差项的 SDPD 模型。

H_0^d: $\alpha_0 = 0$且$\lambda_0 \neq 0$；H_1^d: $\alpha_0 \neq 0$且$\lambda_0 \neq 0$。

H_0^e: $\lambda_0 = 0$且$\alpha_0 \neq 0$；H_1^e: $\lambda_0 \neq 0$且$\alpha_0 \neq 0$。

在原假设 H_0^a 下，式（5-16）对应的 δ 的集中对数似然函数为

$$\ln L_{n,T}^r(\delta) = -\frac{nT}{2}[\ln(2\pi)+1] - \frac{nT}{2}\ln[\tilde{\sigma}_v^2(\delta)] - \frac{1}{2}\ln|\tilde{\Omega}| \quad (5\text{-}17)$$

其中，$\tilde{\sigma}_v^2(\delta)$ 和 $\tilde{\Omega}$ 为原假设 H_0^a 下的表达式。此时，式（5-17）关于 β_0, ρ_0 和 γ_0 的一阶导数值均为零，那么在进行得分向量矩阵和信息矩阵的求解过程中将忽略其作用，于是在进行随机效应 SDPD 模型 LM 和 LR 检验时，设定 $\theta_1 = (\lambda_0, \alpha_0, \sigma_v^2, \sigma_\mu^2)$。

1）模型的联合检验 H_0^a: $\lambda_0 = \alpha_0 = 0$

联合检验下的 LM 检验统计量为

$$\text{LM}_J = \left(\frac{1}{\sigma_v^2}\sum_{t=1}^{T}MNW_nY_{nt}\right)^2\bigg/ e + \left(T\sum_{t=1}^{T}I_T \otimes M_n\right)^2\bigg/ f + \frac{c^2(i-h)+d^2(g-h)}{ig-h^2} \quad (5\text{-}18)$$

其中，$c = \frac{nT\sigma_\mu^2}{2\sigma_v^4}\text{tr}(N) - \frac{nT}{2\sigma_v^2} + \frac{T}{2\sigma_v^2}\sum_{t=1}^{T}N - \frac{nT^2}{2\sigma_\mu^2}$；$d = \frac{nT^2\sigma_v^2}{2\sigma_\mu^4} - \frac{nT}{2\sigma_\mu^2}\text{tr}(N)$；$h = -\frac{n^2T^2}{2\sigma_\mu^2\sigma_v^2}\text{tr}(N^2) - \frac{nT}{2\sigma_v^4}\text{tr}(N)$；$g = \frac{T}{\sigma_v^2}\left[\frac{\sigma_\mu^2}{\sigma_v^2}\cdot n\text{tr}(N) - \frac{n}{2} + \sum_{t=1}^{T}N - \frac{\sigma_v^2}{\sigma_\mu^2}nT\right]$；$f = 0.5\cdot\text{tr}[N\cdot(M_n' + M_n)^2 - I_T\otimes(M_n'+M_n)^2 - 2N\cdot M_n'M_n] + T\sum_{t=1}^{T}I_T\otimes(M_n'M_n)$；$M = U_{nt}' = Y_{nt} - \gamma_0'Y_{n,t-1} -$

$\rho_0'W_nY_{n,t-1} - \beta_0'X_{nt} - c_0$; $i = \dfrac{n^2T^2}{2\sigma_\mu^4}\mathrm{tr}(N^2) + \dfrac{nT^2\sigma_v^2}{\sigma_\mu^6}$; $e = T\mathrm{tr}[(W_n + W_n')W_n] + \dfrac{1}{\sigma_v^2}\sum\limits_{t=1}^{T}$

$(XW_n)'N(W_nX)$，而 γ_0'、ρ_0' 和 β_0' 为极大似然估计下的回归结果，$N = \Omega'^{-1} = \sigma_v^2/\sigma_\mu^2 \cdot (J_T \otimes I_n) + I_T \otimes I_n$。

联合检验下的 LR 检验统计量为

$$\mathrm{LR}_J = 2(L_u - L_r) = nT(\ln\tilde\sigma_v^2 - \ln\hat\sigma_v^2) + 2T\ln\left|C_n(\hat\lambda_0)\right| + \ln\left|\tilde\Omega\right| - \ln\left|\hat\Omega\right| \quad (5\text{-}19)$$

其中，$\tilde\sigma_v^2$ 和 $\tilde\Omega$ 为原假设下的参数变量，$\hat\sigma_v^2$、$\hat\lambda_0$ 和 $\hat\Omega$ 为备择假设下的参数变量。

2）模型的边际检验 H_0^b：$\lambda_0 = 0(\alpha_0 = 0)$

$$\mathrm{LM}_\lambda = \left(\dfrac{1}{\sigma_v^2}\sum\limits_{t=1}^{T}MNW_nY_{nt}\right)\Big/\sqrt{e} \quad (5\text{-}20)$$

$$\mathrm{LR}_\lambda = nT(\ln\tilde\sigma_v^2 - \ln\hat\sigma_v^2) + 2T\ln\left|C_n(\hat\lambda_0)\right| \quad (5\text{-}21)$$

3）模型的边际检验 H_0^c：$\alpha_0 = 0(\lambda_0 = 0)$

$$\mathrm{LM}_\alpha = \left(T\sum\limits_{t=1}^{T}I_T \otimes M_n\right)\Big/\sqrt{f} \quad (5\text{-}22)$$

$$\mathrm{LR}_\alpha = nT(\ln\tilde\sigma_v^2 - \ln\hat\sigma_v^2) + \ln\left|\tilde\Omega\right| - \ln\left|\hat\Omega\right| \quad (5\text{-}23)$$

4）模型的条件检验 H_0^d：$\alpha_0 = 0$ 且 $\lambda_0 \neq 0$

$$\mathrm{LM}_{\alpha|\lambda} = \left(\dfrac{1}{\sigma_v^2}\sum\limits_{t=1}^{T}M'NW_nY_{nt}\right)^2\Big/e + \left(\dfrac{1}{\sigma_v^2}\sum\limits_{t=1}^{T}M'^2I_T \otimes M_n\right)^2\Big/f + \dfrac{c^2(i-h) + d^2(g-h)}{ig - h^2}$$

$$(5\text{-}24)$$

$$\mathrm{LR}_{\alpha|\lambda} = nT(\ln\tilde\sigma_v^2 - \ln\hat\sigma_v^2) + \ln\left|\tilde\Omega\right| - \ln\left|\hat\Omega\right| + 2T\left[\ln\left|C_n(\hat\lambda_0)\right| - \ln\left|C_n(\tilde\lambda_0)\right|\right] \quad (5\text{-}25)$$

其中，$M' = U_{nt}'' = C_n(\lambda_0)Y_{nt} - \gamma_0''Y_{n,t-1} - \rho_0''W_nY_{n,t-1} - \beta_0''X_{nt} - c_0$，而 γ_0''、ρ_0'' 和 β_0'' 为极大似然估计下的回归结果。

5）模型的条件检验 H_0^e：$\lambda_0 = 0$ 且 $\alpha_0 \neq 0$

$$\mathrm{LM}_{\lambda|\alpha} = \left(T\sum\limits_{t=1}^{T}I_T \otimes M_n\right)^2\Big/f' + \dfrac{c'^2(i'-h') + d'^2(g'-h')}{i'g' - h'^2} \quad (5\text{-}26)$$

$$\mathrm{LR}_{\lambda|\alpha} = nT(\ln\tilde\sigma_v^2 - \ln\hat\sigma_v^2) + \ln\left|\tilde\Omega\right| - \ln\left|\hat\Omega\right| + 2T\ln\left|C_n(\hat\lambda_0)\right| \quad (5\text{-}27)$$

其中，$c' = -\dfrac{nT}{2\sigma_v^2} + \dfrac{nT\sigma_\mu^2}{2\sigma_v^4}\mathrm{tr}(N') + \dfrac{T}{2\sigma_v^2}\sum\limits_{t=1}^{T}N' - \dfrac{nT^2}{2\sigma_\mu^2}$；$d' = \dfrac{nT^2\sigma_v^2}{2\sigma_\mu^4}\mathrm{tr}(N') - \dfrac{nT}{2\sigma_v^2}$；$h' = -\dfrac{n^2T^2}{2\sigma_\mu^2\sigma_v^2}\mathrm{tr}(N'^2) - \dfrac{nT}{2\sigma_v^4}\mathrm{tr}(N')$；$N' = \Omega''^{-1} = \sigma_v^2/\sigma_\mu^2 \cdot (J_T \otimes I_n) + I_T \otimes [B_n'(\alpha_0)B_n(\alpha_0)]$；

$$g' = \frac{T}{\sigma_v^4}\left[\frac{\sigma_\mu^2}{\sigma_v^2}\cdot n\mathrm{tr}(N') - \frac{n}{2} + \sum_{t=1}^{T}N' - \frac{\sigma_v^2}{\sigma_\mu^2}nT\right]; \ i' = \frac{n^2T^2}{2\sigma_\mu^4}\mathrm{tr}(N'^2) + \frac{nT^2\sigma_v^2}{\sigma_\mu^6}; \ f' = 0.5\cdot\mathrm{tr}[N'\cdot$$

$$(M_n' + M_n)^2 - I_T \otimes (M_n' + M_n)^2 - 2N'\cdot M_n'M_n] + T\sum_{t=1}^{T}I_T \otimes (M_n'M_n)_\circ$$

2. 固定效应模型

固定效应模型分为个体固定效应、时点固定效应和个体时点固定效应模型，选择如下的个体固定效应模型为代表进行分析。

$$\begin{aligned}Y_{nt} &= \lambda_0 W_n Y_{nt} + \gamma_0 Y_{n,t-1} + \rho_0 W_n Y_{n,t-1} + \beta_0 X_{nt} + c_{n0} + U_{nt} \\ U_{nt} &= \alpha_0 M_n U_{nt} + V_{nt}\end{aligned} \quad (5\text{-}28)$$

其中，c_{n0} 为个体固定效应。那么，式（5-28）估计的极大似然函数为

$$\ln L_{n,T}(\varsigma, c_{n0}) = -\frac{nT}{2}\ln 2\pi - \frac{nT}{2}\ln \sigma_v^2 + T\left[\ln|C_n(\lambda_0)| + \ln|B_n(\alpha_0)|\right] - \frac{1}{2\sigma_v^2}\sum_{t=1}^{n}V_{nt}'(\eta)V_{nt}(\eta) \quad (5\text{-}29)$$

其中，$V_{nt}(\eta) = B_n(\alpha_0)[C_n(\lambda_0)Y_{nt} - (\gamma_0 I_n + \rho_0 W_n)Y_{n,t-1} - \beta_0 X_{nt} - c_{n0}]$；$\eta = (\lambda_0, \gamma_0, \rho_0, \beta_0, \alpha_0)$。同样，与随机效应模型相同，进行上面 5 种不同的假设，即原假设 H_0^a、H_0^b、H_0^c、H_0^d 和 H_0^e。于是，在上述假设条件下，统计推导 LM 和 LR 检验统计量的表达式，$\theta_2 = (\lambda_0, \sigma_v^2, \alpha_0)$。

1）模型的联合检验 H_0^a：$\lambda_0 = \alpha_0 = 0$

联合检验下的 LM 检验统计量为

$$\mathrm{LM}_J' = \frac{be\sum_{t=1}^{T}V_{nt}'Y_{nt}/\sigma_v^2}{be - c^2} - \frac{ac\sum_{t=1}^{T}V_{nt}'Y_{nt}/\sigma_v^2}{b} + \frac{abc\sum_{t=1}^{T}V_{nt}'Y_{nt}/\sigma_v^2}{be - c^2} + a^2 \quad (5\text{-}30)$$

其中，$b = T\mathrm{tr}[(W_n' + W_n)W_n] - \frac{1}{\sigma_v^2}\sum_{t=1}^{T}[(A_nY_{n,t-1})'(A_nY_{n,t-1}) + (\beta X_{nt})'(\beta X_{nt}) + \sigma_v^2]$；$X_1 = M_nV_{nt}$；$V_{nt}' = [Y_{nt} - (\gamma_0 I_n + \rho_0 W_n)Y_{n,t-1} - \beta_0 X_{nt} - c_{n0}]'$；$a = \frac{1}{\sigma_v^2}\sum_{t=1}^{T}V_{nt}'X_1$；$e = -T\mathrm{tr}[(M_n' + M_n)M_n] + \frac{1}{\sigma_v^2}\sum_{t=1}^{T}(M_nV_{nt})'M_nV_{nt}$；$c = \frac{2}{\sigma_v^2}\sum_{t=1}^{T}M_nV_{nt}Y_{nt}$。

联合检验下的 LR 检验统计量为

$$\mathrm{LR}_J' = nT(\ln \tilde{\sigma}_v'^2 - \ln \hat{\sigma}_v'^2) \quad (5\text{-}31)$$

其中，$\tilde{\sigma}_v'^2$ 为原假设下的参数变量；$\hat{\sigma}_v'^2$ 为备择假设下的参数变量。

2）模型的边际检验 H_0^b：$\lambda_0 = 0(\alpha_0 = 0)$

$$\mathrm{LM}'_\lambda = \sqrt{\frac{be}{be-c^2}} \frac{\sum_{t=1}^{T} V'_{nt} Y_{nt}}{\sigma_v^2} \tag{5-32}$$

$$\mathrm{LR}'_\lambda = nT(\ln \tilde{\sigma}_v'^2 - \ln \hat{\sigma}_v'^2) + 2T\ln\left|C_n(\hat{\lambda}_0')\right| \tag{5-33}$$

3）模型的边际检验 H_0^c：$\alpha_0 = 0(\lambda_0 = 0)$

$$\mathrm{LM}'_\alpha = a \tag{5-34}$$

$$\mathrm{LR}'_\alpha = nT(\ln \tilde{\sigma}_v'^2 - \ln \hat{\sigma}_v'^2) + 2T\ln\left|B_n(\hat{\alpha}_0')\right| \tag{5-35}$$

4）模型的条件检验 H_0^d：$\alpha_0 = 0$ 且 $\lambda_0 \neq 0$

$$\mathrm{LM}'_{\alpha|\lambda} = \left\{ -T\mathrm{tr}[C_n(\lambda_0)^{-1}W_n] + \sigma_v^{-2}\sum_{t=1}^{T} \tilde{V}'_{nt} C_n(\lambda_0) Y_{nt} \right\}^2 \bigg/ T\mathrm{tr}[(C_n(\lambda_0)^{-1}W_n)^2] \tag{5-36}$$

其中，$\tilde{V}'_{nt} = [C_n(\lambda_0)Y_{nt} - (\gamma_0 I_n + \rho_0 W_n)Y_{n,t-1} - \beta_0 X_{nt} - c_{n0}]'$。

$$\mathrm{LR}'_{\alpha|\lambda} = nT(\ln \tilde{\sigma}_v'^2 - \ln \hat{\sigma}_v'^2) + 2T\left[\ln\left|C_n(\hat{\lambda}_0')\right| + \ln\left|B_n(\hat{\alpha}_0')\right| - \ln\left|C_n(\tilde{\lambda}_0')\right|\right] \tag{5-37}$$

5）模型的条件检验 H_0^e：$\lambda_0 = 0$ 且 $\alpha_0 \neq 0$

$$\mathrm{LM}'_{\lambda|\alpha} = \frac{-T\mathrm{tr}[(B_n(\alpha_0)^{-1}M_n)] + \sigma_v^{-2}\sum_{t=1}^{T} B_n(\alpha_0) V'_{nt} M_n V_{nt}}{-T\mathrm{tr}[(B_n(\alpha_0)^{-1}M_n)^2] - \sigma_v^{-2}\sum_{t=1}^{T} (M_n V_{nt}) M_n V_{nt}} \tag{5-38}$$

$$\mathrm{LR}'_{\lambda|\alpha} = nT(\ln \tilde{\sigma}_v'^2 - \ln \hat{\sigma}_v'^2) + 2T\left[\ln\left|C_n(\hat{\lambda}_0')\right| + \ln\left|B_n(\hat{\alpha}_0')\right| - \ln\left|B_n(\tilde{\alpha}_0')\right|\right] \tag{5-39}$$

5.3 空间动态面板模型选择的模拟分析

为了验证空间 Hausman 检验和 LM、LR 检验在模型估计方面的有效性和可行性，选择蒙特卡罗模拟法进行模拟分析，进而选择水平扭曲（size tortuosity）来评估检验结果。水平扭曲，即犯第一类错误的概率。例如，在个体效应检验中，设定原假设为随机效应模型，若数据生成过程为随机效应模型，但判断为固定效应模型，则认为犯了第一类错误，即原假设为真，应该拒绝原假设。那么检验水平为

$$S = n^{-1}\sum_{j=1}^{r} I[P(J_j) < \alpha] - \alpha$$

其中，置信水平 $\alpha = 0.05$；J_j 为模拟得到的检验统计量；$I(\cdot)$ 为示性函数，当 $P(J_j) > \alpha$ 时，I 取值为 0，否则为 1；r 代表数值模拟次数。

5.3.1 数据生成过程

选择含空间自回归误差项的 SDPD 模型进行上述检验,于是其数据生成过程如下:

$$Y_{nt} = \lambda_0 W_n Y_{nt} + \gamma_0 Y_{n,t-1} + \rho_0 W_n Y_{n,t-1} + X_{nt}\beta_0 + c_0 + U_{nt}$$

$$U_{nt} = \mu_n + \varepsilon_{nt}$$

$$\varepsilon_{nt} = \alpha_0 M_n \varepsilon_{nt} + V_{nt}$$

将随机数点与 Delaunay 三角剖分算法相结合以构造空间加权矩阵,使用稀疏矩阵存储行标准化后的邻接矩阵,假设选取相同的邻接矩阵 W_n 和 M_n,并产生 $20+T$ 期服从标准正态分布 $N(0, I_N)$ 的 X_{nt}、c_0、μ_n 和 V_{nt},选取最后 T 期数据作为样本数据。蒙特卡罗模拟次数均为 500 次,并选择辅助回归 $\mu = \bar{X}_i f + l$ 进行模型的模拟,当 $f=0$ 时,表示模型采用随机效应模型比较合适,当 $f \neq 0$ 时,表示模型采用固定效应模型比较合适。

5.3.2 数值模拟结果

基于上述的统计推导结论,分别测算空间 Hausman 检验和 LM、LR 检验的估计值。n 和 T 分别代表样本数和观测期,为了便于比较 SDPD 模型检验结果的有效性,本章选取 $n=30$,100 与 $T=5$,10 的部分组合,探究 λ_0 和 α_0 在 -1、-0.5、0、0.5 和 1 这 5 个值中变化、辅助回归中的 f 在 -0.45、-0.3、0、0.3 和 0.45 中变化下,带空间自回归项的 SDPD 模型的空间 Hausman 检验和 LM、LR 检验的水平扭曲。

1. 空间 Hausman 检验的数值模拟结果

数值模拟结果如表 5-1～表 5-3 所示。

表 5-1 空间 Hausman 检验的水平扭曲($n=30$,$T=5$)

α_0	f	λ_0				
		-1	-0.5	0	0.5	1
-1	-0.45	0.9999	1	1	1	1
	-0.3	0.4997	0.4995	0.4928	0.6671	0.5798
	0.0	0.0412	0.0391	0.0552	0.0501	0.0469
	0.3	0.9552	0.9572	0.9872	0.9783	0.9951
	0.45	1	1	1	1	1

续表

α_0	f	λ_0				
		−1	−0.5	0	0.5	1
−0.5	−0.45	1	1	1	1	1
	−0.3	0.5097	0.4887	0.4801	0.6757	0.5779
	0.0	0.0463	0.0489	0.0557	0.0511	0.0509
	0.3	0.9771	0.9774	0.9925	0.9944	0.9982
	0.45	1	1	1	1	1
0	−0.45	0.9998	1	1	1	1
	−0.3	0.5014	0.4917	0.4976	0.5769	0.5912
	0.0	0.0469	0.0499	0.0478	0.0589	0.0503
	0.3	0.9958	0.9964	0.9889	0.9951	0.9985
	0.45	1	1	1	1	1
0.5	−0.45	1	1	1	1	1
	−0.3	0.4731	0.4802	0.4387	0.5366	0.5733
	0.0	0.0532	0.0507	0.0541	0.0456	0.0509
	0.3	0.9971	0.9734	0.9657	0.9844	0.9742
	0.45	1	1	1	1	1
1	−0.45	1	1	1	1	1
	−0.3	0.4576	0.4752	0.4126	0.5123	0.5555
	0.0	0.0483	0.0498	0.0527	0.0478	0.0487
	0.3	0.9825	0.9715	0.9624	0.9761	0.9544
	0.45	1	1	1	1	1

表 5-2　空间 Hausman 检验的水平扭曲（n=30，T=10）

α_0	f	λ_0				
		−1	−0.5	0	0.5	1
−1	−0.45	0.9998	1	1	1	1
	−0.3	0.4943	0.4778	0.4697	0.5911	0.5643
	0.0	0.0459	0.0427	0.0486	0.0500	0.0421
	0.3	0.9494	0.9414	0.9833	0.9652	0.9893
	0.45	1	1	1	1	1
−0.5	−0.45	1	1	1	1	1
	−0.3	0.4935	0.4837	0.4743	0.5922	0.5679
	0.0	0.0421	0.0437	0.0513	0.0486	0.0506

续表

α_0	f	λ_0				
		−1	−0.5	0	0.5	1
−0.5	0.3	0.9712	0.9719	0.9867	0.9886	0.9884
	0.45	1	1	1	1	1
0	−0.45	1	1	1	0.9996	1
	−0.3	0.4950	0.4865	0.4693	0.5760	0.5859
	0.0	0.0419	0.0512	0.0448	0.0443	0.0446
	0.3	0.98	0.9906	0.9831	0.9693	0.9877
	0.45	1	1	1	1	1
0.5	−0.45	1	1	1	1	1
	−0.3	0.4723	0.4761	0.4329	0.5348	0.5855
	0.0	0.0437	0.0499	0.0446	0.0403	0.0452
	0.3	0.9912	0.9702	0.9595	0.9693	0.9677
	0.45	1	1	1	1	1
1	−0.45	1	1	1	1	1
	−0.3	0.4377	0.4566	0.4015	0.5075	0.5267
	0.0	0.0465	0.0451	0.0506	0.0499	0.0477
	0.3	0.9782	0.9657	0.9594	0.9703	0.9427
	0.45	1	1	1	1	1

表 5-3　空间 Hausman 检验的水平扭曲（n=100，T=5）

α_0	f	λ_0				
		−1	−0.5	0	0.5	1
−1	−0.45	0.9995	1	1	1	1
	−0.3	0.4904	0.4697	0.4682	0.5368	0.5416
	0.0	0.0504	0.0409	0.0484	0.0464	0.0411
	0.3	0.8990	0.9362	0.9728	0.9645	0.9187
	0.45	1	1	1	1	1
−0.5	−0.45	1	1	1	0.9965	1
	−0.3	0.4912	0.4777	0.4629	0.5673	0.5562
	0.0	0.0465	0.0423	0.0493	0.0482	0.0496
	0.3	0.9477	0.9635	0.9732	0.9796	0.9819
	0.45	1	1	1	1	1

续表

α_0	f	λ_0				
		−1	−0.5	0	0.5	1
0	−0.45	0.9985	1	1	1	1
	−0.3	0.4919	0.4819	0.4592	0.5729	0.5742
	0.0	0.0434	0.0499	0.0437	0.0429	0.0437
	0.3	0.9643	0.9765	0.9815	0.9793	0.9738
	0.45	1	1	1	1	1
0.5	−0.45	1	1	1	1	1
	−0.3	0.4721	0.4761	0.4329	0.5348	0.5855
	0.0	0.0436	0.0496	0.0437	0.0401	0.0450
	0.3	0.9913	0.9569	0.9699	0.9645	0.9467
	0.45	1	1	1	1	1
1	−0.45	1	1	0.9987	1	1
	−0.3	0.4717	0.4360	0.4001	0.4987	0.5037
	0.0	0.0415	0.0451	0.0436	0.0408	0.0472
	0.3	0.9654	0.9588	0.9268	0.9475	0.9266
	0.45	1	1	1	1	1

通过单独分析表 5-1～表 5-3，可见，α_0 既定时，随着 λ_0 的增加，空间 Hausman 检验的水平扭曲存在较大波动；当 λ_0 不变时，α_0 的递增将引起空间 Hausman 检验水平扭曲呈现先递增后递减的变动趋势。此外，$f=0$ 条件下，模型为随机效应模型，与 DGP 中的随机效应模型相吻合，此时估计的水平扭曲最小，即模型的检验结果比较精确；当 $f \neq 0$ 时，模型为随机效应模型，有悖于 DGP 中的模型为随机效应模型，于是最终水平扭曲的偏离程度较大。随着 f 的绝对值的逐渐递增，在不同的 α_0 和 λ_0 水平下，空间 Hausman 检验的水平扭曲均趋于递增，但最终都等于 1。

此外，通过对比分析表 5-1～表 5-3，可见，随着 n 和 T 的增大，水平扭曲的数值普遍减小，说明随着样本数量的递增，空间 Hausman 检验的检验结果更加精确，即说明带空间自回归误差项的 SDPD 模型在样本量较大条件下的检验结果更加准确。那么，在今后的实证分析中，应注重选择分析样本量较大的面板数据，使得模型的判断过程更加合理，构建的模型与所要分析解释的经济现象更加契合。

综上，空间 Hausman 检验结果显示，选择随机效应模型进行下一步分析。

2. LM 检验、LR 检验的数值模拟结果

面板数据模型的构成较复杂，于是在构建 SDPD 模型时，仅判断出模型的固定效应和随机效应特征已然远远不够，需通过其他检验（如 LM、LR 检验）来进一步推断模型中空间滞后效应或者误差项自回归效应的存在性，以选择合适的模型。由于本章的 DGP 为含空间自回归误差项的 SDPD 模型，在进行 LM、LR 检验时，应当选择随机效应下的 LM、LR 检验统计量估计结果。同样选择不同的样本进行模拟分析，得出的结果如表 5-4～表 5-8 所示。

表 5-4 LM、LR 检验的水平扭曲（联合检验）

n, T	α_0	$\lambda_0=0$		$\lambda_0=0.1$		$\lambda_0=0.2$		$\lambda_0=0.3$	
		LM_J	LR_J	LM_J	LR_J	LM_J	LR_J	LM_J	LR_J
$n=30, T=5$	0	0.0352	0.0388	0.2999	0.2979	0.8847	0.8479	1	1
	0.1	0.6882	0.6678	0.8943	0.8798	0.9899	0.9949	1	1
	0.2	0.9256	0.9111	0.9971	0.9945	1	1	1	1
	0.3	1	1	1	1	1	1	1	1
$n=30, T=10$	0	0.0335	0.0317	0.2877	0.2842	0.8676	0.8542	1	0.9985
	0.1	0.6795	0.6613	0.8902	0.8342	0.9525	0.9398	1	1
	0.2	0.9118	0.8845	0.9821	0.9784	1	1	1	1
	0.3	1	1	1	1	1	1	1	1
$n=100, T=5$	0	0.0323	0.0305	0.2771	0.2602	0.7189	0.7112	1	0.9972
	0.1	0.3785	0.3327	0.6647	0.6291	0.9988	0.9973	1	1
	0.2	0.5795	0.5662	0.7497	0.7336	0.9788	0.9542	1	1
	0.3	0.7985	0.7768	0.8412	0.8397	0.9779	0.9621	1	1
	0.4	0.9788	0.9628	0.9489	0.9341	1	0.9998	1	1
	0.5	1	1	1	1	1	1	1	1

从表 5-4 可见，不同的 n 和 T 的组合下 $\alpha_0=\lambda_0=0$ 时的水平扭曲值最小，即该条件下，对应参数的数值与模型的原假设相同，于是水平扭曲较好，那么该条件下 LM、LR 检验统计量的检验功效较好。此外，随着 n 和 T 的逐渐增大，$\alpha_0=\lambda_0=0$ 下的水平扭曲呈递减趋势，说明大样本下的模型拥有更加优越的检验统计量。当 λ_0 不变而 α_0 上升时，水平扭曲迅速上升，说明 α_0 的变动将对统计量的估计效果产生较大影响，即如表 5-4 所示，其水平扭曲的数值能够迅速趋近于 1，那么最终的检验结果将逐渐偏离正确值。

表 5-5　LM、LR 检验的水平扭曲（边际检验）

n, T	α_0	$\lambda_0=0$		$\lambda_0=0.1$		$\lambda_0=0.2$		$\lambda_0=0.3$	
		LM_λ	LR_λ	LM_λ	LR_λ	LM_λ	LR_λ	LM_λ	LR_λ
$n=30, T=5$	0	0.0392	0.0148	0.4987	0.4852	0.9598	0.9547	1	1
	0.1	0.2199	0.0788	0.9553	0.9356	0.9932	0.9986	1	1
	0.2	0.6934	0.6067	0.9794	0.9672	0.9927	0.9987	1	1
	0.3	0.9651	0.9378	1	0.9953	1	1	1	1
	0.4	1	1	1	1	1	1	1	1
$n=30, T=10$	0	0.0391	0.0172	0.4583	0.4476	0.8984	0.8864	1	1
	0.1	0.3598	0.3419	0.8832	0.8456	1	1	1	1
	0.2	0.8922	0.8739	0.8963	0.9005	0.9987	0.9952	1	0.9989
	0.3	1	1	1	1	1	1	1	1
$n=100, T=5$	0	0.0387	0.0263	0.4585	0.4652	0.877	0.8814	1	1
	0.1	0.2093	0.1835	0.8175	0.7975	0.9668	0.9561	1	1
	0.2	0.6701	0.5528	0.9133	0.9046	0.9884	0.9647	1	1
	0.3	0.9575	0.9342	0.9981	0.9606	1	1	1	1
	0.4	1	1	1	1	1	1	1	1

表 5-6　LM、LR 检验的水平扭曲（边际检验）（续）

n, T	λ_0	$\alpha_0=0$		$\alpha_0=0.1$		$\alpha_0=0.2$		$\alpha_0=0.3$	
		LM_α	LR_α	LM_α	LR_α	LM_α	LR_α	LM_α	LR_α
$n=30, T=5$	0	0.0509	0.0069	0.3687	0.1149	0.7329	0.7246	1	1
	0.1	0.3954	0.3684	0.8244	0.7472	0.9863	0.8941	1	1
	0.2	0.9004	0.8945	0.9933	0.9834	0.9995	0.9942	1	1
	0.3	1	1	1	1	1	1	1	1
$n=30, T=10$	0	0.0456	0.0154	0.3613	0.3529	0.7134	0.7052	1	1
	0.1	0.3866	0.3862	0.8018	0.7758	0.9851	0.9808	1	0.9991
	0.2	0.8974	0.9816	0.9854	0.9832	0.9931	0.9923	1	1
	0.3	1	1	1	1	1	1	1	1
$n=100, T=5$	0	0.0448	0.0142	0.3438	0.3023	0.6955	0.7051	1	1
	0.1	0.3414	0.2875	0.7622	0.7228	0.9463	0.9372	1	1
	0.2	0.7769	0.7543	0.9049	0.8941	0.9984	0.8943	1	0.9979
	0.3	0.9986	0.9736	0.9911	0.9897	1	1	1	1
	0.4	1	1	1	1	1	1	1	1

表 5-5 和表 5-6 表明，$\alpha_0 = \lambda_0 = 0$ 时，水平扭曲值较同类水平下的联合检验，数值更小，说明上述边际检验统计量的检验功效优于联合检验下的检验统计量。此外，当 n 和 T 递增时，数值也较相同条件下的较小，同样得出结论，样本数的递增有利于优化检验统计量的检验功效。

表 5-7 LM、LR 检验的水平扭曲（条件检验）

n, T	λ_0	$\alpha_0=0$		$\alpha_0=0.1$		$\alpha_0=0.2$		$\alpha_0=0.3$	
		$LM_{\alpha|\lambda}$	$LR_{\alpha|\lambda}$	$LM_{\alpha|\lambda}$	$LR_{\alpha|\lambda}$	$LM_{\alpha|\lambda}$	$LR_{\alpha|\lambda}$	$LM_{\alpha|\lambda}$	$LR_{\alpha|\lambda}$
$n=30$, $T=5$	0	0.0515	0.0497	0.3599	0.3578	0.9478	0.9323	1	1
	0.1	0.0587	0.0499	0.3464	0.3527	0.9893	0.9779	1	1
	0.2	0.0498	0.0443	0.3593	0.3577	0.9922	0.9826	1	1
	0.3	0.0528	0.0518	0.3997	0.4279	0.9783	0.9563	0.9998	0.9995
	0.4	0.0462	0.0478	0.3366	0.3312	0.8942	0.8853	1	1
	0.5	0.0573	0.0545	0.3967	0.3866	0.9931	0.9887	1	1
	0.6	0.0515	0.0458	0.4069	0.3998	0.9848	0.9713	0.9999	0.9899
	0.7	0.0571	0.0537	0.3518	0.3243	0.8742	0.8625	1	1
$n=30$, $T=10$	0	0.0488	0.0465	0.3666	0.3551	0.9451	0.9294	1	1
	0.1	0.056	0.0472	0.3437	0.3535	0.9865	0.976	1	1
	0.2	0.0435	0.0416	0.3566	0.3557	0.9902	0.9802		
	0.3	0.0501	0.0486	0.4127	0.3752	0.9716	0.9533	1	1
	0.4	0.0448	0.0406	0.3339	0.3285	0.8915	0.8826	1	1
	0.5	0.0546	0.0518	0.394	0.3839	0.9921	0.9868	0.9985	0.9979
	0.6	0.0488	0.0457	0.4042	0.3971	0.9821	0.9676	1	1
	0.7	0.0541	0.0513	0.3371	0.3216	0.8715	0.8598	1	1
$n=100$, $T=5$	0	0.0469	0.046	0.3479	0.3369	0.9271	0.9255	1	1
	0.1	0.0521	0.0516	0.3237	0.3219	0.9645	0.961	1	1
	0.2	0.0492	0.0402	0.3123	0.3035	0.877	0.8639	0.9997	0.9996
	0.3	0.0512	0.0507	0.3633	0.3575	0.877	0.8639	1	1
	0.4	0.0413	0.0433	0.3665	0.3465	0.8771	0.8555	1	1
	0.5	0.051	0.0494	0.4004	0.3999	0.9885	0.9772	1	1
	0.6	0.0485	0.0445	0.387	0.3774	0.984	0.9763	1	1
	0.7	0.0533	0.0498	0.3334	0.3024	0.8873	0.8729	1	1

表 5-8　LM、LR 检验的水平扭曲（条件检验）（续）

n, T	α_0	$\lambda_0=0$		$\lambda_0=0.1$		$\lambda_0=0.2$		$\lambda_0=0.3$	
		$LM_{\lambda|\alpha}$	$LR_{\lambda|\alpha}$	$LM_{\lambda|\alpha}$	$LR_{\lambda|\alpha}$	$LM_{\lambda|\alpha}$	$LR_{\lambda|\alpha}$	$LM_{\lambda|\alpha}$	$LR_{\lambda|\alpha}$
$n=30, T=5$	0	0.0472	0.0483	0.3589	0.3509	0.9378	0.9179	1	1
	0.1	0.0582	0.0495	0.3369	0.3253	0.9795	0.9626	0.9988	0.9979
	0.2	0.0494	0.0452	0.3459	0.3312	0.9882	0.9623	1	1
	0.3	0.0527	0.0508	0.4209	0.4132	0.9698	0.9554	1	1
	0.4	0.0468	0.0425	0.3266	0.3019	0.8878	0.8704	1	1
	0.5	0.0543	0.0521	0.3874	0.3763	0.9668	0.9853	1	1
	0.6	0.0502	0.0411	0.3973	0.3957	0.9773	0.9505	0.9987	0.9878
	0.7	0.0545	0.0519	0.3026	0.3107	0.8668	0.8523	1	1
$n=30, T=10$	0	0.0473	0.0458	0.3548	0.3451	0.9436	0.9288	1	1
	0.1	0.0557	0.0471	0.3354	0.3208	1	0.9819	1	1
	0.2	0.0434	0.0396	0.3485	0.3464	1	0.989	1	1
	0.3	0.0482	0.047	0.4104	0.3834	0.962	0.9444	1	1
	0.4	0.0478	0.046	0.3335	0.3287	0.8767	0.9316	1	1
	0.5	0.0544	0.0512	0.4046	0.3966	0.9801	0.9886	0.9989	0.9986
	0.6	0.047	0.0422	0.9931	0.3958	0.9883	0.9639	1	1
$n=100, T=5$	0	0.046	0.0457	0.3375	0.3225	0.9175	0.904	1	1
	0.1	0.0519	0.0514	0.3155	0.303	0.9586	0.9439	1	1
	0.2	0.0486	0.046	0.3023	0.3024	0.8643	0.852	0.9994	0.9991
	0.3	0.0504	0.0497	0.3525	0.35	0.892	0.8773	0.9995	0.9988
	0.4	0.0443	0.0429	0.3806	0.336	0.8661	0.8565	1	1
	0.5	0.0501	0.0484	0.399	0.3897	0.9845	0.9749	1	1
	0.6	0.0475	0.0435	0.3723	0.3637	0.9784	0.9639	1	1
	0.7	0.0528	0.0487	0.3222	0.2942	0.867	0.8545	1	1

由表 5-7 可见，当 $\alpha_0=0$ 时，随着 λ_0 数值的递增，统计量的水平扭曲一直保持在较低的水平，说明统计量的影响力不受 λ_0 的影响。但当 α_0 数值变大时，统计量的水平扭曲不断上升，当 $\alpha_0=0.3$ 时，水平扭曲达到 1，说明 α_0 的变动将对模型的选择结果产生影响。同理可分析表 5-8 的情形。通过对比分析表 5-7 和表 5-8 可见，相同条件下，$LM_{\lambda|\alpha}$、$LR_{\lambda|\alpha}$ 统计量的水平扭曲小于 $LM_{\alpha|\lambda}$、$LR_{\alpha|\lambda}$ 的水平扭曲，说明 $LM_{\lambda|\alpha}$、$LR_{\lambda|\alpha}$ 是最适合本章的 DGP 的检验统计量，即此时 α_0 的存在对模型检验统计量的检验功效影响更大，即说明当 SDPD 模型存在误差项的空间效应时，模型的 LM 和 LR 水平扭曲比空间滞后效应存在条件下普遍更小，其检验效果更好。进一步说明误差项空间回归效应对统计检验结果存在较大影响，

符合本章的 DGP 普遍存在的经济规律，说明选择带空间自回归误差项的 SDPD 模型进行分析能够使得模型的选择结果更加精确，有利于得到准确的实证分析结果。

3. LM、LR 检验结果的对比分析

为了进一步分析论证随机效应模型下的 $LM_{\lambda|\alpha}$、$LR_{\lambda|\alpha}$ 对本章的 DGP 的检验统计量的适用性，选择固定效应模型下的 $LM'_{\lambda|\alpha}$、$LR'_{\lambda|\alpha}$ 检验统计量进行对比，如表 5-9 所示。

表 5-9　固定效应模型 LM、LR 检验的水平扭曲（条件检验）

$n,\ T$	α_0	$\lambda_0=0$		$\lambda_0=0.1$		$\lambda_0=0.2$		$\lambda_0=0.3$	
		$LM'_{\lambda|\alpha}$	$LR'_{\lambda|\alpha}$	$LM'_{\lambda|\alpha}$	$LR'_{\lambda|\alpha}$	$LM'_{\lambda|\alpha}$	$LR'_{\lambda|\alpha}$	$LM'_{\lambda|\alpha}$	$LR'_{\lambda|\alpha}$
$n=30,\ T=5$	0	0.0562	0.0559	0.4987	0.4998	1	1	1	1
	0.1	0.0630	0.0594	0.4658	0.4544	1	1	1	1
	0.2	0.1082	0.1069	0.4748	0.4603	1	0.9935	1	1
	0.3	0.2638	0.3597	0.5598	0.5423	1	1	1	1
	0.4	0.2600	0.1778	0.4555	0.4310	1	1	1	1
	0.5	0.3621	0.1910	0.5163	0.5154	1	1	1	1
	0.6	0.6590	0.6573	0.8262	0.8248	1	0.9995	0.9995	0.9972
	0.7	0.9633	0.9808	0.9315	0.9398	1	1	1	1
$n=30,\ T=10$	0	0.0565	0.0541	0.4962	0.4441	1	1	1	1
	0.1	0.0710	0.0688	0.4337	0.4491	1	1	1	1
	0.2	0.2544	0.1950	0.5379	0.5333	1	1	1	1
	0.3	0.3610	0.3593	0.5279	0.5150	1	1	1	1
	0.4	0.4608	0.3942	0.4595	0.4498	1	1	1	1
	0.5	0.4870	0.4682	0.5275	0.5131	0.9989	0.9977	0.9995	0.9982
	0.6	0.6540	0.5524	0.9988	0.9261	1	1	1	1
	0.7	0.9683	0.9643	0.9829	0.9637	1	1	1	1
$n=100,\ T=5$	0	0.0537	0.0529	0.4643	0.4491	1	1	1	1
	0.1	0.0608	0.0576	0.4353	0.5196	0.9878	0.9795	0.9972	0.9961
	0.2	0.3563	0.2532	0.4299	0.4290	1	1	1	1
	0.3	0.3609	0.3629	0.4713	0.4766	1	1	1	1
	0.4	0.3961	0.3001	0.5074	0.4926	1	1	1	1
	0.5	0.4578	0.4556	0.5258	0.5163	1	1	0.9995	0.9978
	0.6	0.7552	0.6507	0.9992	0.8903	1	1	1	1
	0.7	0.9622	0.9908	0.9890	0.9208	1	1	1	1

表5-9显示$\lambda_0=0$时，随着α_0的递增，统计量的水平扭曲逐渐递增，最终逼近1，即α_0的增大使得检验统计量精确度不断下降，并且α_0既定条件下，λ_0递增过程中的水平扭曲也逐渐增大，大部分水平扭曲数值在$\lambda_0=0.2$时就达到1。此外，随着样本数的递增，各个对应的λ_0和α_0水平下的数值波动较大，不存在表5-8的递减规律。说明固定效应模型下的LM、LR检验不适用于随机效应SDPD模型的分析。

综上，当DGP为含空间自回归误差项的随机效应SDPD模型时，最合适的检验统计量为随机效应模型条件检验下的$LM_{\lambda|\alpha}$、$LR_{\lambda|\alpha}$。

5.4 结论与进一步研究

空间计量经济模型在区域经济学、环境科学、城市就业、农业科学等方面的应用越来越广泛，现今空间滞后模型、空间误差模型的应用水平已趋于成熟。SDPD模型的应用还处于萌芽状态，但空间变量间的复杂关系使得SDPD模型的种类较多，于是，在进行模型应用前，必须选择合理的SDPD模型进行实证分析，以精确化所分析的问题。本章通过统计推导空间Hausman检验、LM和LR检验，进而选择含误差项空间自回归项的SDPD模型进行模拟分析，探究各类检验的适用性和空间滞后效应、空间自回归误差效应对模型检验统计量的影响程度。

在如今关于SDPD模型的应用研究中，大多数学者主要通过主观选择一个SDPD模型，忽略了类似面板模型的Hausman检验、LM和LR检验等。本章则探究SDPD模型的空间Hausman检验、LM和LR检验，比较分析各类模型选择方式下的统计结果，以便正确选择模型进行实证分析。首先，基于SDPD误差模型的假设，选择空间误差自回归SDPD模型、固定效应和随机效应模型统计推导空间Hausman检验、LM和LR检验的统计量；然后，选择含空间自回归误差项的SDPD模型进行蒙特卡罗模拟，验证分析各类统计量的检验有效性和适用性，探究空间滞后效应、空间自回归误差效应的影响力度；最后，对比各类检验的检验功效，分析得出随机效应模型条件检验下的$LM_{\lambda|\alpha}$、$LR_{\lambda|\alpha}$是最适合的DGP的检验统计量。

通过空间Hausman检验、选择最优的LM、LR检验统计量进行模型选择，能够精准建模过程，并且SDPD模型对具有联动效应的经济现象，如产业结构变迁、环境污染、区域发展、贸易投资等具有更好的解释能力，通过分析其误差项的空间误差关联作用也将进一步明晰各个因素的交互影响关系，今后对关于SDPD模型的应用可进行深入分析，以使得模型的估计结果更精确。此外，SDPD模型的复杂性使得对应模型的估计算法复杂度也较高，而空间计量领域新兴的贝叶斯估计、MCMC 方法在提升算法效率方面有较显著的功效，上述方法将是后续优化理论研究的发展方向。

参 考 文 献

陈青青，龙志和，林光平. 2013. 基于辅助回归模型的空间 Hausman 检验[J]. 统计研究，30（5）：90-97.

陶长琪，杨海文. 2014. 空间计量模型选择及其模拟分析[J]. 统计研究，31（8）：88-96.

陶长琪，周璇. 2016. 含空间自回归误差项的空间动态面板模型的有效估计[J]. 数量经济技术经济研究，（4）：126-144.

Ahn S C, Moon H R. 2014. Large-N and large-T Properties of Panel Data Estimators and the Hausman Test[M]// Festschrift in Honor of Peter Schmidt. New York: Springer.

Andrews D W K, Guggenberger P. 2014. Asymptotic size of kleibergen's LM and conditional LR tests for moment condition models[R]. Cowles Foundation Discussion Paper, 1-120.

Anselin L. 2011. Rao's score test in spatial econometrics[J]. Journal of Statistical Planning and Inference, 97(1): 113-139.

Anselin L, Bera A K, Florax R, et al. 1996. Simple diagnostic tests for spatial dependence[J]. Regional Science and Urban Economics, 26（1）: 77-104.

Arellano M. 1993. On the testing of correlated effects with panel data[J]. Journal of Econometrics, 59（1-2）: 87-97.

Baltagi B. 2008. Econometric Analysis of Panel Data[M]. New York: John Wiley & Sons.

Baltagi B H, Pirotte A. 2010. Panel data inference under spatial dependence[J]. Economic Modeling, 27（6）: 1368-1381.

Baltagi B H, Song S H, Koh W. 2003. Testing panel data regression models with spatial error correlation[J]. Journal of Econometrics, 117（1）: 123-150.

Bole V, Rebec P. 2013. Bootstrapping the Hausman test in panel data models[J]. Communications in Statistics-Simulation and Computation, 42（3）: 650-670.

Burridge P. 1980. On the Cliff-Ord test for spatial autocorrelation[J]. Journal of the Royal Statistical Society B, （42）: 107-108.

Debarsy N, Ertur C. 2010. Testing for spatial autocorrelation in a fixed effects panel data model[J]. Regional Science and Urban Economics, 40（6）: 453-470.

Hausman J A. 1978. Specification tests in econometrics[J]. Econometrica, 46（6）: 1251-1271.

Hausman J A, Taylor W E. 1981. A generalized specification test[J]. Economics Letters, （8）: 239-245.

Kaiser B. 2014. Stata module to perform Robust Hausman specification test[J]. Statistical Software Components, 24: 1-25.

Kapoor M, Kelejian H H, Prucha I R. 2007. Panel data models with spatially correlated error components[J]. Journal of Econometrics, 140（1）: 97-130.

Kelejian H H, Prucha I R. 1998. A generalized spatial two-stage least squares procedure for estimating a spatial autoregressive model with autoregressive disturbance [J]. Journal of Real Estate Finance and Economics, 17: 99-121.

Kelejian H H, Robinson D P. 1995. Spatial Correlation: A Suggested Alternative to the Autoregressive Mode[M]. Beilin: Springer-Verlag.

Kleibergen F. 2005. Testing parameters in GMM without assuming that they are identified[J]. Econometrica, 73（4）: 1103-1123.

Lee L, Yu J. 2014. Efficient GMM estimation of spatial dynamic panel data models with fixed effects[J]. Journal of Econometrics, 180（2）: 174-197.

Lesage J, Pace R K. 2009. An Introduction to Spatial Econometrics[M]. London: CRC.

Mutl J, Pfaffermayr M. 2011. The Hausman test in a Cliff and Ord panel model[J]. The Econometrics Journal, 14 (1): 48-76.

Nawata K, McAleer M. 2014. The maximum number of parameters for the Hausman test when the estimators are from different sets of equations[J]. Economics Letters, 123 (3): 291-294.

Pace R K, Lesage J P. 2008. A spatial hausman test[J]. Economics Letters, 101 (3): 282-284.

Quiroz M, Villani M, Kohn R. 2015. Fast and efficient MCMC for large data problems using data subsampling and the difference estimator[J]. Digitala Vetenskapliga Arkivet, (6): 118-137.

Schreiber S. 2008. The Hausman test statistic can be negative even asymptotically[J]. Journal of Economics and Statistics, 228 (4): 394-405.

第6章　固定效应模型空间相关性的 Bootstrap LM-Error 检验[*]

6.1 研究背景

空间计量经济学是计量经济学的一个分支，侧重研究在横截面数据和面板数据模型中处理空间相互作用和空间结构等问题。近30年来，随着计算机技术和空间统计学不断发展，以及人们对空间相互作用认识的加深，空间计量经济学得到快速发展，并且在实际经济管理工作中得到广泛的应用。

设立空间计量经济模型，首先需要对研究数据进行空间相关性检验。最常用的空间相关性检验方法包括 Moran's I 检验、LM-Error 检验和 LM-Lag 检验。其中 Moran's I 检验是空间相关性检验的经典方法，但无法识别空间相关性的类型。LM-Error 检验是由 Burridge（1980）最早提出的用于检验截面数据空间误差模型的空间相关性的检验。Anselin 等（2008）将其扩展到空间混合模型的误差空间相关性检验。对于固定效应计量模型的空间相关性检验，难点在于去除固定效应，以及如何解决误差项不满足经典正态假设可能存在水平扭曲和功效降低的问题。Debarsy 和 Ertur（2010）基于 Lee 和 Yu（2010）正交变换去除固定效应构建了固定效应空间相关性检验，但其 LM-Error 检验是建立在误差项服从经典正态分布基本假设上的。然而，实际经济研究中数据误差项可能存在异方差、时间序列相关等情况。Anselin 等（1996）、Kelejian 和 Bobinson（1998）、Montes-Rojas（2010）通过蒙特卡罗模拟实验证明，当误差项服从经典正态分布时，LM 检验具有良好的有限样本性质，但当误差项为异方差或者时间序列相关时，LM 检验失效。

从文献上看，Bootstrap 抽样方法是解决上述难题的途径之一。在应用方面，林光平等（2007）、林怡坚等（2011）、欧变玲等（2013）采用各种 Bootstrap 方法，研究截面数据空间相关性的 LM 检验的有限样本性质。他们的研究结论表明，当误差项服从非经典正态假设时，渐近 LM 检验存在严重的水平扭曲，而 Bootstrap LM 检验在不损失渐近 LM 检验的功效前提下能够有效地校正水平扭曲。在理论上，Yang（2011）从数理和模拟两个角度证明截面数据空间相关性的 Bootstrap LM 检验在误差项为非经典正态分布下的有效性。不过，已有文献中采用的 Bootstrap

---

[*] 本章部分成果摘选自龙志和等的 2015 年第 8 期的《数量经济技术经济研究》的论文

方法无法兼顾面板数据时间和截面两个维度信息，可能导致统计量有效性不足。本章在已有研究的基础上，通过构造 FDB（fast double bootstrap）的 LM-Error 检验，并采用蒙特卡罗模拟实验，从 Bootstrap 仿真视角研究面板数据误差项存在异方差、时间序列相关时，固定效应空间误差模型的空间相关性 LM-Error 检验及 LM-Error 有限样本性质。

6.2 面板数据固定效应空间误差模型

SEM 是指对模型中的误差项设置空间自相关的回归模型，适用于研究机构或者地区之间的相互作用因所处的相对位置不同而存在差异的情况。根据 Debarsy 和 Ertur（2010），本章的面板数据固定效应空间误差自相关模型为

$$y_t = X_t\beta + \alpha + u_t$$
$$u_t = \rho W u_t + \varepsilon_t \tag{6-1}$$

其中，$t=1,2,\cdots,T$，T 指观测点的时间维度；N 为观测点的数目；X_t 为 $N \times K$ 阶的外生变量矩阵；β 是自变量参数；y_t 是 $N \times 1$ 因变量向量；$\varepsilon_t \sim iidN(0,\delta^2 I_N)$；$\alpha$ 为固定效应；W 是 $N \times N$ 空间权重矩阵，一般对其进行行标准化，即对任意一个 i，行和均为 1，W 满足对任意的 $|\rho|<1$，矩阵 $|I_N - \rho W|$ 为非奇异矩阵；ρ 是空间误差自相关系数。

对面板数据空间固定效应模型估计的关键是去除固定效应。Lee 和 Yu（2010）的研究表明，若采用普通面板数据模型的 LSDV 估计去均值的转换方法，将会导致误差项方差为奇异矩阵以及方差估计的不一致（T 有限），从而影响模型参数估计的有效性；为此，Lee 和 Yu（2010）提出了采用正交转换的方法处理固定效应。本章采用 Lee 和 Yu（2010）正交转换消除固定效应，将 $N \times T$ 维的空间固定效应模型转化为 $N \times (T-1)$ 维的空间混合模型。

令 $F_T = [F_{T,T-1}, \tau_T/\sqrt{T}]$ 是 E_T 的正交特征向量，其中，$E_T = I_T - \bar{J}_T$，I_T 为 T 阶单位矩阵，$\bar{J}_T = J_T/T$，J_T 为 $T \times T$ 的全 1 矩阵，$\tau\tau$ 为 $T \times 1$ 的全 1 向量，是对应于特征值 1 的特征向量，$\tau\tau/\sqrt{T}$ 是对应特征值为 0 的特征向量，根据 Lee 和 Yu（2010），以下等式成立：

$F'_{T,T-1}F_{T,T-1} = I_{T-1}$，$F'_{T,T-1}\tau_T = 0$，$E_T\tau_T = 0$，$E_T F_{T,T-1} = F_{T,T-1}$，$F_{T,T-1}F'_{T,T-1} = E_T$

基于上述等式，采用 $Q = F'_{T,T-1} \otimes I_N$ 进行正交转换，记：

$$y^* = Qy, \quad X^* = QX, \quad u^* = Qu$$

因此，式（6-1）转换为

$$y_t^* = X_t^* \beta + u_t^*$$
$$u_t^* = \lambda W u_t^* + \varepsilon_t^* \quad (6-2)$$

其中，$t=1,2,\cdots,T-1$；$\otimes$ 表示克罗内克积。转换后式（6-2）为 $N\times(T-1)$ 的空间混合模型，可以直接采用 OLS 估计模型系数，则固定效应误差自相关性的 LM-Error 检验为

$$\mathrm{LM}_{\mathrm{Error}} = \frac{\{e'[(W'+W)/2]e/[e'e/N(T-1)]\}^2}{(T-1)(W^2+W'W)} \quad (6-3)$$

其中，e 为式（6-2）对应的普通面板模型（不考虑空间相关性）的 OLS 估计的残差；$\hat{\beta}^*$ 为式（6-2）的 OLS 估计量；$e = y^* - X^*\hat{\beta}^*$。

6.3 Bootstrap LM-Error 检验

Bootstrap 方法由 Efron（1979）最早提出，是仅需要根据原始样本进行重复随机抽样来产生随机数对总体的分布特征进行统计推断的一种非参数推理方法。Davidson 和 MacKinnon（1999，2006）的研究表明，在对有限样本进行分析时，Bootstrap 方法通常优于基于大样本的渐近理论。Chang 和 Park（2003）从数理推导和模拟实验证明了 Bootstrap 方法在计量经济中检验的有效性。Bootstrap 方法的运用在一定程度上解决了在有限样本下，检验统计量可能导致推导失误的问题。计算机技术的发展，使得重复抽样的大规模计算可以通过简单编程实现，因此 Bootstrap 方法在计量经济学和统计上得到了广泛的应用。

面板数据同时融合时间序列和截面两个维度的数据，为分析提供了更丰富的信息量、更多的变化性、更多的自由度，同时减弱变量之间共线性，提高了经济计量模型估计的效率。不过，面板数据的 Bootstrap 方法仍是有待解决的课题。Kapetanios（2008）等研究表明，普通的 Bootstrap 抽样方法无法兼顾时间和截面两个维度的信息，将它应用于面板数据，会导致相对应的统计量有效性不足，而 double bootstrap（DB）抽样在时间维度和截面维度存在各种形式的异方差、时间序列相关以及空间相关性时仍然有效。DB 抽样方法是由 Beran（1988）最早提出的，即在普通一重 Bootstrap 的基础上，再加一重 Bootstrap 得到样本来推断总体分布特征的抽样方法。Letson 和 McCullough（1998）从数理和实验模拟两个角度证明，DB 比普通一重 Bootstrap 具有更快的收敛速度和更可靠的置信区间。

虽然 DB 抽样方法很大程度上提高了 Bootstrap 抽样方法在空间面板抽样的精确度，但 DB 抽样方法运算非常耗时。如果第一重 Bootstrap 抽样需运行 M_1 次，第二重 Bootstrap 需运行 M_2 次，即用 DB 抽样来估计统计量 Q 则需要运行 $M_1 \times M_2$ 次。当 M_1 和 M_2 均较大的时候，采用 DB 抽样极为耗时。为此，Davidson 和 MacKinnon

(2002)基于DB提出FDB,对DB方法进行优化。研究表明,FDB比普通Bootstrap方法抽样得到的P值更准确,且得到P值与DB近似相等,虽然前者需要对统计量进行排序,但计算量只需M_1+M_2,缩短了抽样的时间,降低了Bootstrap抽样的误差和计算的成本,使得Bootstrap在面板数据抽样中更有实用价值。在统计检验上,Ahlgen和Antell(2008)利用普通Bootstrap和FDB对Johansen进行协整检验,研究结果表明,在小样本下,普通Bootstrap出现严重的水平扭曲,而FDB在不损失其检验功效下,能够有效地校正其水平扭曲。Richard(2009)采用Sieve Bootstrap和FDB抽样方法对扩展的迪克-富勒(augment Dickey-Fuller,ADF)单位根检验,蒙特卡罗模拟结果表明,在有限样本下,Sieve Bootstrap方法的检验出现较大的水平扭曲,而FDB检验方法检验水平趋于理论水平,是更为有效的检验方法。

鉴于龙志和和李伟杰(2014)Bootstrap Moran's I的检验思想,本章空间固定效应模型的Bootstrap LM-Error检验的基本思想和步骤如下。

(1)基于第i次蒙特卡罗实验样本$\mu_i(i=1,2,\cdots,K)$或者样本量为N的观测数据集(y,X)和Lee和Yu(2010)正交变换除去固定效应,不考虑空间相关性,采取OLS估计式(6-2)可以得到估计量$\hat{\beta}^*$和残差向量$\hat{\varepsilon}^*=y^*-X^*\hat{\beta}^*$。同时,根据式(6-3)计算渐近LM-Error、统计量LM,鉴于LM服从卡方分布,进而可求出相应的P值。

(2)对向量$\hat{\varepsilon}^*$进行Bootstrap抽样。对向量$\hat{\varepsilon}^*$进行N次有放回的随机抽样,得到一个Bootstrap样本记为e。

(3)由上述Bootstrap抽样得到的残差e,及X^*、$\hat{\beta}^*$,可以得到新的数据集(y_1,X^*),其中$y_1=X^*\hat{\beta}^*+e$,再采用OLS估计,得到新的参数估计量$\hat{\beta}_1$和残差向量$\hat{e}_1=y_1-X^*\hat{\beta}_1$。由式(6-3)得到第一重Bootstrap的LM-Error的统计量LM*。

(4)对误差$\hat{e}_1$进行N次有放回随机抽样,得到Bootstrap样本e_2。

(5)由e_2、X^*、$\hat{\beta}_1$,可得$y_2=X^*\hat{\beta}_1+e_2$,再用OLS估计得到新的参数$\hat{\beta}_2$和残差向量$\hat{e}_2=y_2-X^*\hat{\beta}_2$。根据式(6-3)计算第二重Bootstrap抽样的LM-Error统计量LM**。

(6)重复步骤(2)~(5)共B次,可以得到B个第一重Bootstrap的LM-Error统计量LM_j^*和B个第二重Bootstrap的LM-Error统计量LM_j^{**},$j=1,2,\cdots,B$。

(7)由LM*求第一重Bootstrap抽样的P值:

$$P^*=\frac{1}{B}\sum_{j=1}^{B}I(\text{LM}_j^*>\text{LM}) \qquad (6-4)$$

令$\hat{Q}^*(1-P^*)$为LM**的$(1-P^*)$分位数,即$\frac{1}{B}\sum_{j=1}^{B}I[\text{LM}_j^*>\hat{Q}^*(1-P^*)]=P^*$,因

此 FDB 抽样得到的 P 值为

$$P^{**} = \frac{1}{B}\sum_{j=1}^{B} I[\text{LM}_j^* > \hat{Q}^*(1-P^*)] \quad (6\text{-}5)$$

其中，$I(\cdot)$ 为指示函数，当 $\text{LM}_j^* > \text{LM}$ 时，$I(\text{LM}_j^* > \text{LM}) = 1$，否则等于 0。

6.4 蒙特卡罗模拟实验

本章采取 FDB 抽样方法，研究固定效应空间误差自相关模型的 LM-Error 检验的有限样本性质。鉴于 Baltagi 等（2003，2007，2009）、Debarsy 和 Ertur（2010）、Lee 和 Yu（2010）的研究，本章蒙特卡罗模拟实验设定如下。

数据生成过程为

$$y_{it} = x_{it}\beta + \varepsilon_{it} + c\mu_i, \; \varepsilon_{it} = \rho W_i \varepsilon_t + e_{it}, \; i=1,2,\cdots,N, \; t=1,2,\cdots,T$$

其中，$x_{it} = 0.1t + 0.5x_{i,(t-1)} + z_{it}$；$z_{it}$ 服从 $[0.5, 0.5]$ 的均匀分布；$x_{i0} = 5 + 10z_{it}$；$c\mu_i$ 为固定效应项；c 为常数，表示固定效应的大小；$\mu_i \sim N(0,1)$；$\beta = 0.5$；ρ 为误差模型空间相关系数，设定 $\rho = 0$，考察 LM-Error 检验的水平扭曲，设 $\rho \neq 0$，考察 LM-Error 检验的功效，此时 ρ 的取值为 $-0.9 \sim 0.9$，步长为 0.1；W_i 为空间权重矩阵 W 的第 i 行，W 为行标准化矩阵。

对于误差项 e 设定包括服从标准正态误差 e_1、异方差误差 e_2、时间序列相关误差 e_3 3 种情况。其中 e_1 为标准正态分布，即 $e_1 \sim N(0,1)$；异方差误差 e_2 为随机生成的标准正态变量与自变量的乘积，即 $e_{2it} = \xi_{it} \times x_{it}$，$\xi_{it} \sim N(0,1)$；$e_3$ 为序列相关误差，由 $e_{3it} = \theta e_{3i(t-1)} + v_{it}$ 生成，$v_{it} \sim N(0,1)$，$e_{3i0} \sim N[0, 1/(1-\theta)^2]$，$\theta$ 为序列自相关系数。

本章蒙特卡罗模拟的理论水平为 5%，所有检验均经过 $M=5000$ 次蒙特卡罗模拟，样本量设为 $\{N,T\} = \{(49,10),(49,20),(49,30),(81,10),(81,20),(81,30)\}$，空间权重矩阵 W 设为行标准化的 Rook 矩阵或者 Queen 矩阵，Bootstrap 的次数 B 为 99，199，…，999。本章将通过蒙特卡罗模拟实验考察 3 种不同误差下空间相关性检验的有限样本性质和样本量、空间权重矩阵、序列相关系数、固定效应大小对模拟结果的影响。

本章的蒙特卡罗模拟实验步骤如下。

（1）基于第 i 次蒙特卡罗模拟实验，由计算机生成 X 和 e，根据 DGP，得到因变量 $y = X\beta + c\mu + (I_N - \rho W)^{-1}e$，因此得到样本 (y, X)。

（2）根据 Bootstrap LM-Error 检验的步骤，求得渐近 LM-Error 检验和 FDB 抽样 LM-Error 检验的 P 值，分别记为 P^1 和 P^{**}。

（3）重复步骤（1）～（2）M 次，得 M 个渐近 LM-Error 检验和 FDB 抽样的

LM-Error 检验的 P 值，分别为 P_i^1，P_i^{**}，$i=1,2,\cdots,M$。

（4）计算渐近 LM-Error 检验和 Bootstrap LM-Error 检验的水平扭曲和功效。渐近 LM-Error 检验的水平扭曲为 $\left[\dfrac{1}{M}\sum_{i=1}^{M}I(P_i^1<0.05)-0.05\right]$，检验的功效为 $\dfrac{1}{M}\sum_{i=1}^{M}I(P_i^1<0.05)$。

（5）Bootstrap LM-Error 检验的水平扭曲和功效计算类同。本章中按照上述步骤在 Gauss10.0 软件编程进行蒙特卡罗模拟实验。从水平扭曲和功效两个角度比较渐近 LM-Error 检验和 Bootstrap LM-Error 检验的有限样本性质，证明 Bootstrap LM-Error 有限样本性质的有效性。

6.4.1 Bootstrap LM-Error 检验的水平扭曲

首先，研究误差项为经典标准正态分布、异方差、时间序列相关时，空间权重矩阵和 Bootstrap 模拟的次数对 Bootstrap LM-Error 检验和渐近 LM-Error 检验水平扭曲的影响。一般来说，水平扭曲越接近 0，表明假设检验结果越可信，统计检验越有效。以样本量 $\{N,T\}=(49,10)$，序列相关系数 $\theta=0.5$，固定效应大小 $c=0.2$ 和空间权重矩阵为 Rook 矩阵、Queen 矩阵为例，通过蒙特卡罗模拟实验在 5%的理论显著水平下得到 Bootstrap LM-Error 和渐近 LM-Error 检验的水平扭曲关系如图 6-1 所示。其中，Bp 从左到右分别是误差项为标准正态分布、异方差、时间序列相关的 Bootstrap LM-Error 检验的水平扭曲随着 Bootstrap 模拟次数的变化情况；Asy 表示渐近 LM-Error 检验的水平扭曲随着 Bootstrap 模拟次数的变化情况，Theory 表示理论的水平扭曲，即水平扭曲为 0。

当模型误差项满足 LM-Error 统计量渐近分布的经典正态假设时，无论采取 Rook 矩阵还是 Queen 矩阵，渐近 LM-Error 检验的水平扭曲非常接近理论水平扭曲。采取 FDB 抽样方法的 Bootstrap LM-Error 检验的水平扭曲略微偏离理论水平扭曲。空间权重矩阵对 Bootstrap LM-Error 检验有着显著的影响，相对于 Queen 矩阵，采取 Rook 矩阵 Bootstrap LM-Error 检验的水平扭曲略小。Bootstrap 模拟次数大于 399 时，Bootstrap LM-Error 检验水平扭曲趋于稳定状态。

当模型误差项不满足 LM-Error 统计量渐近分布的经典假设，而存在异方差或者时间序列相关时，无论采取 Rook 矩阵还是 Queen 矩阵，渐近 LM-Error 检验均存在较大的水平扭曲，尤其是存在异方差。采取 FDB 抽样方法得到的 Bootstrap LM-Error 检验能对渐近 LM-Error 检验的水平扭曲进行有效的校正。同时相对于 Queen 矩阵，采用 Rook 矩阵的 Bootstrap 检验具有更优有限样本性质。此外，当 Bootstrap 模拟次数大于 399 时，采取 FDB 方法得到的 Bootstrap LM-Error 检验的水平扭曲趋于稳定,与理想水平扭曲较小。

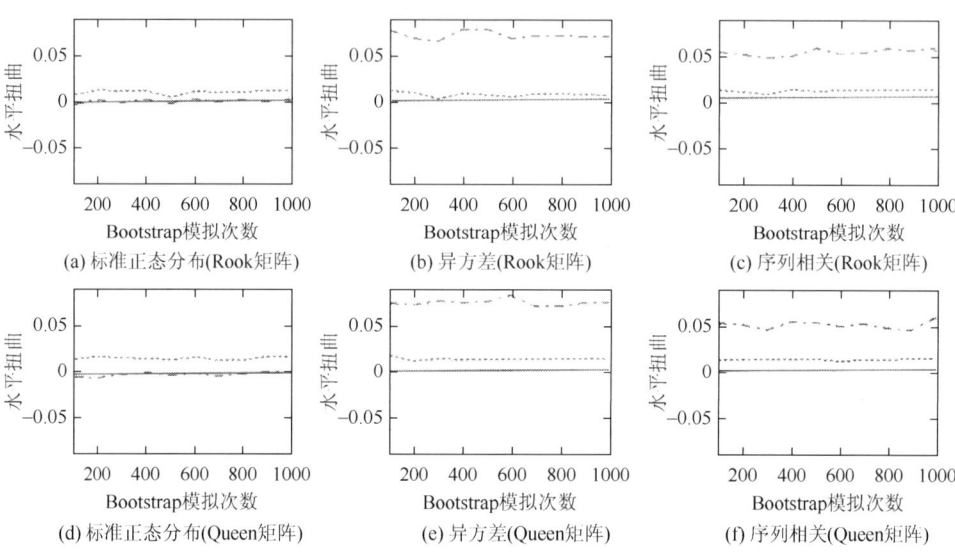

图 6-1　误差在 3 种情况下 Bootstrap LM-Error 检验和渐近 LM-Error 检验的水平扭曲

其次,研究误差项存在序列相关时,相关系数 θ 大小对 Bootstrap LM-Error 检验和渐近 LM-Error 检验的水平扭曲的影响(表 6-1)。基于上述分析,Bootstrap 次数达到 399 时,Bootstrap 检验的水平扭曲趋于稳定。因此,取 Bootstrap 次数为 399,以样本 $(N, T) = (49, 10)$,固定效应大小 $c=0.2$ 为例进行分析。

表 6-1　时间序列系数对 LM-Error 和 Bootstrap LM-Error 检验水平扭曲的影响

θ	Rook 矩阵		Queen 矩阵	
	渐近检验	Bootstrap 检验	渐近检验	Bootstrap 检验
0.1	−0.0012	0.0080	0.0072	0.0101
0.2	0.0060	0.0096	0.0012	0.0115
0.3	0.0134	0.0100	0.0106	0.0121
0.4	0.0334	0.0092	0.0326	0.0122
0.5	0.0562	0.0088	0.0516	0.0118
0.6	0.0724	0.0092	0.0758	0.0107
0.7	0.1086	0.0094	0.1052	0.0110
0.8	0.1420	0.0081	0.1478	0.0112
0.9	0.1936	0.0038	0.1966	0.0046

注:在 Guass10.0 软件下进行 LM 检验编程模拟的结果

从表 6-1 可知，当误差项存在序列相关时，序列相关性较弱（$\theta<0.3$）的渐近 LM-Error 检验的水平扭曲很小；但当序列相关性较强（$\theta>0.3$）时，随着序列相关性增强，渐近 LM-Error 检验的水平扭曲不断增大，明显偏离了理论水平扭曲。而 Bootstrap LM-Error 检验能够对其进行有效校正，Bootstrap LM-Error 检验水平扭曲比较接近理论水平扭曲，且 Bootstrap LM-Error 检验的水平扭曲基本不随相关性增强而变化，呈现稳定的趋势。

进一步，研究不同样本量情况下，Bootstrap LM-Error 检验和渐近 LM-Error 检验的水平扭曲关系（表 6-2）。以样本量 $\{N, T\}=\{(49, 10), (49, 20), (49, 30), (81, 10), (81, 20), (81, 30)\}$，权重矩阵 Rook，$\theta=0.5$ 和 $c=0.2$ 为例进行分析。

表 6-2　样本量大小对渐近 LM-Error 和 Bootstrap LM-Error 检验水平扭曲的影响

样本量	正态分布		异方差		序列相关	
	渐近检验	Bootstrap 检验	渐近检验	Bootstrap 检验	渐近检验	Bootstrap 检验
(49, 10)	−0.0034	0.0054	0.0766	0.0072	0.0541	0.0088
(49, 20)	0.0010	0.0076	0.0540	0.0070	0.0546	0.0116
(49, 30)	−0.0004	−0.0030	0.0838	0.0081	0.0628	0.0054
(81, 10)	0.0048	0.0072	0.0782	0.0084	0.0482	0.0092
(81, 20)	0.0018	0.0096	0.0708	0.0080	0.0646	0.0110
(81, 30)	0.0056	0.0078	0.0782	0.0082	0.0696	0.0105

注：在 Guass10.0 软件下进行 LM 检验编程模拟的结果

由表 6-2 可知，当误差项为正态分布时，渐近 LM-Error 检验的水平扭曲很小，接近理论水平扭曲 0，且样本量大小对渐近 LM-Error 检验无显著的影响。但当误差项存在异方差或者序列相关时，渐近 LM-Error 检验存在严重的水平扭曲，并且水平扭曲随着 N 或者 T 的增大而增大，使得检验统计量失效。虽然 Bootstrap LM-Error 检验在误差项为正态分布的情况下，扭曲水平比渐近 LM-Error 检验扭曲水平稍大，但在误差项存在异方差或者序列相关时，Bootstrap LM-Error 检验能够有效校正渐近 LM-Error 检验的水平扭曲，且 Bootstrap LM-Error 检验的水平扭曲基本上不随样本量的变化而变化，表明了 Bootstrap LM-Error 检验的稳定性。

更进一步，分析固定效应大小对渐近 LM-Error 和 Bootstrap LM-Error 检验水平扭曲的影响（表 6-3）。以样本量 $(N, T)=(49, 10)$，空间权重矩阵 Rook，序列相关系数 $\theta=0.5$ 以及 Bootstrap 模拟次数为 399 为例进行分析。

表 6-3　固定效应大小对渐近 LM-Error 和 Bootstrap LM-Error 检验水平扭曲的影响

c	正态分布		异方差		序列相关	
	渐近检验	Bootstrap 检验	渐近检验	Bootstrap 检验	渐近检验	Bootstrap 检验
0	0.0022	0.0083	0.0766	0.0082	0.0440	0.0098
0.2	0.0016	0.0088	0.0804	0.0088	0.0476	0.0088
0.4	−0.0008	0.0078	0.0532	0.0062	0.0550	0.0091
0.6	−0.0006	0.0080	0.0514	0.0084	0.0506	0.0086
0.8	−0.0004	0.0079	0.0732	0.0072	0.0562	0.0082
1.0	0.0018	0.0068	0.0700	0.0090	0.0572	0.0082
1.2	−0.0014	0.0072	0.0756	0.0086	0.0544	0.0092
1.4	−0.0002	0.0082	0.0682	0.0088	0.0446	0.0094
1.6	−0.0044	0.0074	0.0710	0.0082	0.0478	0.0096
1.8	−0.0014	0.0062	0.0692	0.0078	0.0512	0.0092
2.0	−0.0034	0.0092	0.0644	0.0082	0.0520	0.0078

注：在 Guass10.0 软件下进行 LM 检验编程模拟的结果

由表 6-3 可知，无论误差项是何种结构，除了个别值，固定效应的大小对渐近 LM-Error 检验和 Bootstrap LM-Error 检验的水平扭曲均没有明显的影响。这是由于采取正交转换方法去除固定效应，固定效应大小对水平扭曲没有影响。模拟实验结果表明，在各种固定效应的设定下，Bootstrap 检验均要优于渐近检验。

6.4.2　Bootstrap LM-Error 检验的功效

本章进一步研究 Bootstrap LM-Error 检验在误差项为标准正态分布、异方差、时间序列相关情况下的功效（power）表现和序列相关系数、固定效应大小对模拟结果的影响。以样本量$\{N, T\}=\{$（49, 10），（49, 30），（81, 30）$\}$，权重矩阵 Rook 和 Queen，固定效应大小 $c=0.2$，序列相关系数 $\theta=0.5$ 为例，根据上述的分析，当 Bootstrap 模拟次数大于 399 时，模拟结果趋于稳定，因此取 Bootstrap 模拟次数为 399。

首先，研究空间权重矩阵和空间相关程度对渐近 LM-Error 检验和 Bootstrap LM-Error 检验功效的影响，图 6-2 中 Bp 表示 Bootstrap LM-Error 检验的功效，Asy 表示渐近 LM-Error 检验的功效。

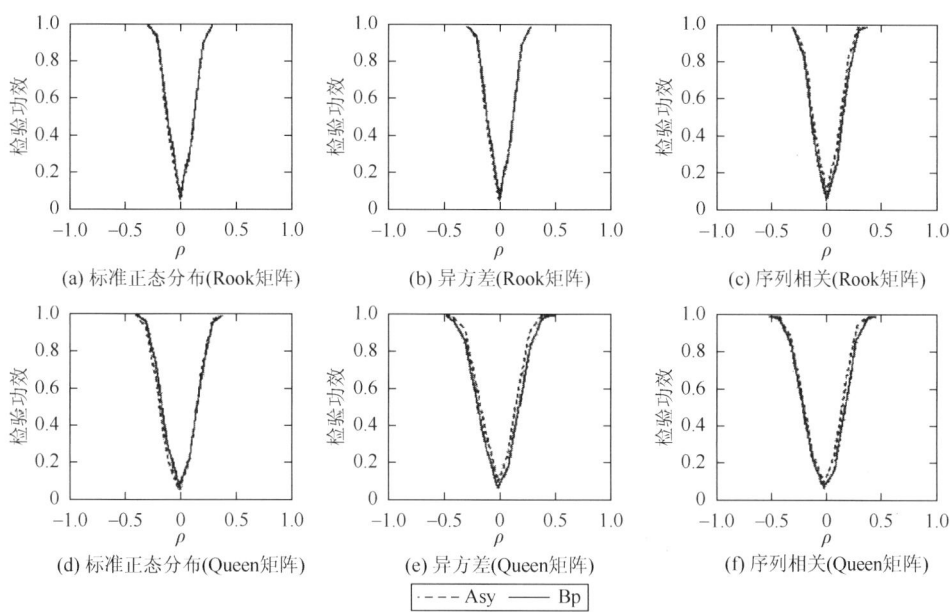

图6-2 在3种误差和不同矩阵下 Bootstrap LM-Error 检验和渐近 LM-Error 检验的功效

由图 6-2 可以看到，无论误差项是否满足经典正态分布假设，空间权重矩阵对 Bootstrap LM-Error 检验和渐近 LM-Error 检验的功效有着较小的影响，权重矩阵 Rook 较 Queen 矩阵具有略大的检验功效，尤其当空间相关性较小时（$|\rho|<0.2$）比较明显。当误差项满足经典正态假设时，Bootstrap LM-Error 检验的功效大于渐近 LM-Error 检验，且当空间相关系数较大时（$|\rho|>0.3$），两者的检验功效均接近理想值 1；当误差项存在异方差和时间序列相关时，Bootstrap LM-Error 检验的功效与渐近 LM-Error 检验的功效近似相等，且当空间相关性较强时（$|\rho|>0.4$），两者检验功效均接近理论值 1。此外，渐近 LM-Error 检验和 Bootstrap LM-Error 检验的功效均随着空间相关程度的增强而明显增大。

其次，设定空间相关系数 $\rho=(-0.1, 0.1, 0.2)$ 和权重矩阵 Rook，考察样本量大小对渐近 LM-Error 检验和 Bootstrap LM-Error 检验功效的影响（表 6-4）。

表 6-4 样本量大小对渐近 LM-Error 和 Bootstrap LM-Error 检验功效的影响

样本量	ρ	正态分布		异方差		序列相关	
		渐近检验	Bootstrap 检验	渐近检验	Bootstrap 检验	渐近检验	Bootstrap 检验
(49, 10)	-0.1	0.4096	0.4644	0.4412	0.3416	0.4156	0.3420
(49, 30)	-0.1	0.8436	0.8506	0.7972	0.7906	0.7966	0.7114
(81, 10)	-0.1	0.5432	0.5906	0.5572	0.4358	0.5548	0.4646

续表

样本量	ρ	正态分布		异方差		序列相关	
		渐近检验	Bootstrap 检验	渐近检验	Bootstrap 检验	渐近检验	Bootstrap 检验
(49, 10)	0.1	0.3344	0.3466	0.3080	0.2010	0.3548	0.2604
(49, 30)	0.1	0.8128	0.7488	0.7516	0.6786	0.7298	0.5774
(81, 10)	0.1	0.5114	0.5358	0.4902	0.3544	0.4946	0.3992
(49, 10)	0.2	0.6970	0.6654	0.6368	0.5218	0.6600	0.5302
(49, 30)	0.2	0.9998	0.9994	0.9988	0.9906	0.9986	0.9908
(81, 10)	0.2	0.9820	0.9810	0.9422	0.8892	0.9628	0.9234

注：在 Guass10.0 软件下进行 LM 检验编程模拟的结果

由表 6-4 可知，当空间相关性较弱时，样本量的大小对渐近 LM-Error 检验和 Bootstrap LM-Error 检验的功效均有着明显的影响，即当 N 或者 T 增大时，两者检验的功效均显著地增大。

进一步，研究序列相关系数 θ 大小对渐近 LM-Error 检验和 Bootstrap LM-Error 检验功效的影响（表 6-5）。以样本量 $(N, T) = (49, 10)$，空间权重矩阵 Rook 和 Queen，空间相关系数 $\rho = 0.2$ 为例，研究序列相关系数 θ 对两者检验功效的影响。

表 6-5 序列相关系数对渐近 LM-Error 和 Bootstrap LM-Error 检验功效的影响

θ	Rook 矩阵		Queen 矩阵	
	渐近检验	Bootstrap 检验	渐近检验	Bootstrap 检验
0.1	0.8692	0.8622	0.6976	0.6632
0.2	0.8740	0.8592	0.6780	0.6594
0.3	0.8688	0.8578	0.6904	0.6508
0.4	0.8588	0.8518	0.6664	0.6492
0.5	0.8364	0.8486	0.6628	0.6476
0.6	0.8260	0.8180	0.6470	0.6780
0.7	0.8044	0.8042	0.6384	0.6294
0.8	0.7826	0.7756	0.6234	0.6212
0.9	0.7478	0.7458	0.6172	0.6179

注：在 Guass10.0 软件下进行 LM 检验编程模拟的结果

由表 6-5 可知，渐近 LM-Error 检验和 Bootstrap LM-Error 检验功效均随着序列相关系数的增大而明显减小。不过两者检验的功效较为接近，且在空间相关不显著（$\rho = 0.2$）和存在较大的误差干扰（序列相关系数 $\theta = 0.9$）的情况下，仍然表现为较优的检验功效，表明两者的检验功效同样有效。

更进一步，研究固定效应 c 大小对 Bootstrap LM-Error 检验和渐近 LM-Error 检验功效的影响（表6-6）。以样本 $(N, T)=(49, 10)$、Rook 矩阵、$\theta=0.5$ 以及 $\rho=0.2$ 为例进行分析。

表 6-6　固定效应大小对渐近 LM-Error 和 Bootstrap LM-Error 检验功效的影响

c	正态分布		异方差		序列相关	
	渐近检验	Bootstrap 检验	渐近检验	Bootstrap 检验	渐近检验	Bootstrap 检验
0.0	0.8856	0.8832	0.8058	0.7178	0.8300	0.7394
0.2	0.8914	0.0038	0.7970	0.7134	0.8340	0.7424
0.4	0.8766	0.0766	0.8160	0.7096	0.8492	0.7578
0.6	0.8754	0.8742	0.7994	0.7252	0.8416	0.7600
0.8	0.8772	0.8746	0.8174	0.7100	0.8356	0.7528
1.0	0.8828	0.8824	0.8264	0.7268	0.8466	0.750
1.2	0.8868	0.8820	0.7970	0.7168	0.8462	0.7588
1.4	0.8812	0.8772	0.8286	0.7412	0.8428	0.7536
1.6	0.8864	0.8844	0.8064	0.7278	0.8492	0.7622
1.8	0.8852	0.8832	0.7928	0.7282	0.8430	0.7558
2.0	0.8860	0.8818	0.7912	0.7128	0.8408	0.7478

注：在 Guass10.0 软件下进行 LM 检验编程模拟的结果

由表 6-6 知，固定效应大小对 3 种误差结构的渐近 LM-Error 和 Bootstrap LM-Error 检验的功效均没有明显的影响。

6.5　研　究　结　论

本章采用截面残差 FBD 代替普通 Bootstrap 方法用于固定效应空间模型的 LM-Error 检验，通过蒙特卡罗模拟实验研究 Bootstrap LM-Error 检验的有限样本性质。蒙特卡罗模拟结果表明：当误差项为标准正态分布时，渐近 LM-Error 检验水平扭曲趋于理论值水平 0，而 Bootstrap LM-Error 检验略微偏离理论值 0，Bootstrap LM-Error 检验功效略大于渐近 LM-Error 检验功效，两者均为有效的检验统计量。当误差项存在异方差或者序列相关时，渐近 LM-Error 检验存在严重的水平扭曲，而 Bootstrap LM-Error 在不损失其功效下，能够有效地校正水平扭曲，是更为理想的检验方法。此外，空间权重矩阵对模拟结果有较小的影响，较于 Queen 矩阵，采取 Rook 矩阵检验的水平扭曲和功效略优。随着样本量的增大，渐近 LM-Error 检验的功效略有增大，但其扭曲水平明显增大，而 Bootstrap LM-Error

检验的功效增大,但其水平扭曲变化不大。Bootstrap LM-Error 检验和渐近 LM-Error 检验的功效均随着空间相关性增强而增大。随着序列相关系数增大,渐近 LM-Error 检验的水平扭曲变大,而 Bootstrap LM-Error 检验的水平扭曲不变,两者检验的功效均减小。固定效应的大小对两者检验的水平扭曲和功效均没有显著的影响。

简单来说,当误差项存在异方差或者序列相关时,Bootstrap LM-Error 检验在不损失检验功效的前提下能够有效地校正渐近 LM-Error 检验的水平扭曲,是更为理想的检验方法。

参 考 文 献

林光平,龙志和,吴梅. 2007. Bootstrap 方法在空间计量经济模型检验中的应用[J]. 经济科学,(4): 84-93.

林怡坚,欧变玲,龙志和. 2011. 线性回归模型 Bootstrap LM-Lag 检验有效性研究[J]. 统计与信息论坛,26(4): 14-20.

龙志和,李伟杰. 2014. 空间面板数据模型 Bootstrap Moran's I 检验[J]. 统计研究,31(9): 97-101.

龙志和,李文丽,陈青青. 2015. 固定效应模型空间相关性的 Bootstrap LM-Error 检验[J]. 数量经济技术经济研究,(8): 149-160.

欧变玲,龙志和,林怡坚. 2013. 线性回归模型 Bootstrap LM-Error 检验的水平扭曲[J]. 数理统计与管理,32(1): 35-41.

Ahlgren N, Antell J. 2008. Bootstrap and fast double bootstrap tests of cointegration rank with financial time series[J]. Computational Statistics & Data Analysis,52(10): 4754-4767.

Anselin L, Bera A K, Florax R, et al. 1996. Simple diagnostic tests for spatial dependence[J]. Regional Science and Urban Economics,26(1): 77-104.

Anselin L, Le Gallo J, Jayet H. 2008. Spatial Panel Econometrics[M]//The Econometrics of Panel Data. Berlin: Springer Heidelberg.

Baltagi B H, Song S H, Jung B C, et al. 2007. Testing for serial correlation, spatial autocorrelation and random effects using panel data[J]. Journal of Econometrics,140(1): 5-51.

Baltagi B H, Song S H, Koh W. 2003. Testing panel data regression models with spatial error correlation[J]. Journal of Econometrics,117(1): 123-150.

Baltagi B H, Song S H, Kwon J H. 2009. Testing for heteroskedasticity and spatial correlation in a random effects panel data model[J]. Computational Statistics & Data Analysis,53(8): 2897-2922.

Beran R. 1988. Prepivoting test statistics: A bootstrap view of asymptotic refinements[J]. Journal of the American Statistical Association,83(403): 687-697.

Burridge P. 1980. On the Cliff-Ord test for spatial correlation[J]. Journal of the Royal Statistical Society,42(1): 107-108.

Chang Y, Park J Y. 2003. A sieve bootstrap for the test of a unit root[J]. Journal of Time Series Analysis,24(4): 379-400.

Davidson R, MacKinnon J G. 1999. The size distortion of bootstrap tests[J]. Econometric Theory,15(3): 361-376.

Davidson R, MacKinnon J G. 2002. Fast double bootstrap tests of nonnested linear regression models[J]. Econometric Reviews,21(4): 419-429.

Davidson R, MacKinnon J G. 2006. The power of bootstrap and asymptotic tests[J]. Journal of Econometrics,133(2): 421-441.

Debarsy N, Ertur C. 2010. Testing for spatial autocorrelation in a fixed effects panel data model[J]. Regional Science and Urban Economics, 40 (6): 453-470.

Efron B. 1979. Bootstrap methods: Another look at the Jackknife[J]. The Annals of Statistics, 7: 1-26.

Efron B. 1992. Bootstrap Methods: Another Look at the Jackknife[M]//Breakthroughs in Statistics. New York: Springer.

Kapetanios G. 2008. A bootstrap procedure for panel data sets with many cross-sectional units[J]. The Econometrics Journal, 11 (2): 377-395.

Kelejian H H, Robinson D P. 1998. A suggested test for spatial autocorrelation and/or heteroskedasticity and corresponding Monte Carlo results[J]. Regional Science and Urban Economics, 28 (4): 389-417.

Lee L, Yu J. 2010. Estimation of spatial autoregressive panel data models with fixed effects[J]. Journal of Econometrics, 154 (2): 165-185.

Letson D, McCullough B D. 1998. Better confidence intervals: The double bootstrap with no pivot[J]. American Journal of Agricultural Economics, 80 (3): 552-559.

Montes-Rojas G V. 2010. Testing for random effects and serial correlation in spatial autoregressive models[J]. Journal of Statistical Planning and Inference, 140 (4): 1013-1020.

Richard P. 2009. Modified fast double sieve bootstraps for ADF tests[J]. Computational Statistics & Data Analysis, 53 (12): 4490-4499.

Yang Z. 2011. LM tests of spatial dependence based on bootstrap critical values[J]. Journal of Econometrics, 185 (1): 33-59.

第二篇　空间计量经济前沿应用篇

  第 2~6 章分别阐释了空间计量模型和含空间自回归误差项的空间动态面板模型的选择方法、估计及模拟分析,给出了详细的估计选择过程,为空间计量模型簇的实际应用提供理论依据。在实际的计量经济模型分析中,空间计量模型能更好地将地理因素、环境因素和经济因素等包含在模型的分析过程中,其得出的结果也将更为精确地表达变量间的交互影响关系,空间计量经济模型在实际的经济计量分析中的应用也较为广泛。以下章节即空间计量经济模型簇中各空间计量模型的实证分析过程。

第 7 章 产业融合下的产业结构优化升级效应分析
——基于信息产业与制造业耦联的实证研究*

7.1 研究背景

"两化融合"新命题下的产业间呈交融性发展，作为"两化融合"的关键驱动力，信息产业与制造业的耦联也在不断推进。投入高、消耗大始终制约着劳动密集型制造业的发展，而制造业与技术密集型信息产业的融合，有利于信息产业先进的技术、生产方式综合运用于制造业的生产管理进程，赋予传统制造业新的成长驱动力，推进我国工业化进程，实现产业长足发展。近年来，信息产业与制造业相互促进、相互协调、相互依赖，在关联作用中互利共生，从图 7-1 可见，2010年以来，两产业的增速持续高于 10%，并保持波动的一致性，是信息产业与制造业高效融合的可靠保障。2009~2012 年信息产业在工业增加值中占比持续上升，2013 年略有下降，可见信息技术在我国日常生产中的地位日趋上升，这也预示着信息产业将逐步与各产业交互融合，实现产业高效发展，推进产业结构优化升级。本章通过分析信息产业与传统制造业的耦联关系，探究其推动产业结构优化升级的作用机理，意图考虑产业融合促成产业结构优化升级空间集聚的真实性，为优化产业结构寻找突破口。

国内外大多从产业融合、产业结构优化升级角度进行产业间关系的探究。美国学者维克早在 1976 年就运用耦合理论进行社会经济问题的研究，之后 Legewie（2000）提出了产业融合的概念。继而涌现出较多学者从微观理论和建模角度进行产业融合、产业间关系的探究（乌家培，1993；原毅军等，2007；张轶龙和崔强，2013；Ficker et al.，2013；张亚斌等，2014）。进一步发展到从不同角度进行产业耦联、产业结构问题的实证。有从技术角度分析产业融合的质量（谢康等，2012）；有从产业融合角度探究产业的结构演进（陶长琪和齐亚伟，2009；支燕等，2012）；还有从产业影响因素角度论证产业结构的优化升级（Harris et al.，2004；Almeida，2009；干春晖等，2011；肖兴志等，2012）。从产业融合角度分析产业结构优化升级的文献较少（单元媛和罗威，2013）。

---

* 本章部分成果发表在陶长琪、周璇撰写的 2015 年第 3 期的《产业经济研究》上

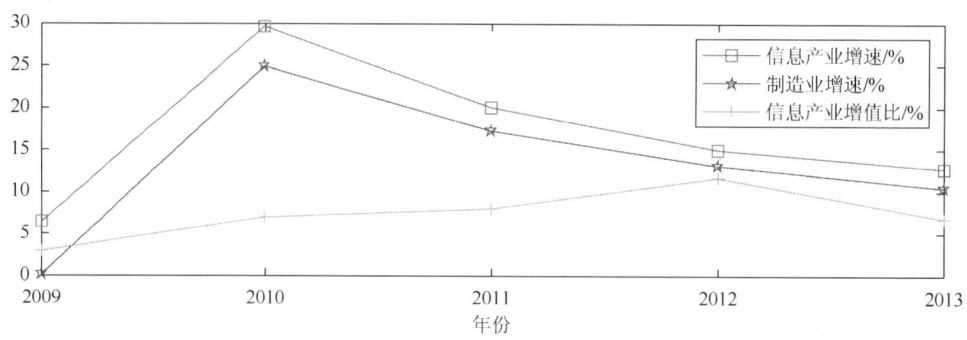

图 7-1　信息产业与制造业的发展关系图

数据来源：2009~2013 年中华人民共和国工业和信息化部《电子信息产业统计公报》

综上，已有文献大多立足于信息、经济或技术领域分析产业融合效应，对产业间相互融合内在作用机理的理论研究尚少。本章主要探究产业耦联对产业结构优化升级的空间效应，并细化产业耦联作用的差异性。意义在于：较多学者均认为两化融合或产业融合间存在彼此影响的联动性，主要侧重于分析两者的关联路径和意义，本章则基于前人研究，考虑信息产业与制造业在要素、组织结构和制度方面的耦联细节、耦联协调性，既明晰了上述三个角度下产业间的内在耦联机理，又体现了区域耦联协调、产业结构优化升级与区域经济发展间的协同性，为区域产业经济的发展提供理论指导和政策依据。

7.2　产业融合理论分析与实证研究

7.2.1　信息产业与制造业融合的理论分析

在产业结构演进过程中，产业融合不断发生，而与放松的管制和技术进步关联的产业交叉或边界处发生的技术融合现象有利于改变原有市场需求和产品特征，变动相关产业企业间的竞合关系，最终模糊甚至重划产业界限。产业融合存在渗透、交叉和重组三种表现形式，顺应产业融合的三层递进关系，本章进而探究信息产业与制造业系统在对应层级的要素、组织结构和制度耦联的作用机制，分析信息产业和制造业子系统的耦联表现，探究产业耦联效应与产业结构优化升级的相互作用关系，如图 7-2 所示。

图 7-2 表现了信息产业与制造业系统间要素、组织结构和制度耦联逐步上升的互相作用、共生演化过程。体现在以下三方面：第一，信息产业子系统和制造业子系统关于资本、劳动、技术等创新和传统要素的耦联。资本耦联为资源稀缺性背景下，用于传统产业改造和新兴产业创新的资本要素合理配置；劳动耦联涉

第 7 章 产业融合下的产业结构优化升级效应分析
——基于信息产业与制造业耦联的实证研究

及劳动生产力的分配,便于探究产业结构优化升级过程中的知识关联;技术耦联则呈现产业子系统的技术融合扩散过程。第二,信息产业子系统和制造业子系统在组织结构方面的耦联。市场或业务的耦联将减弱甚至消散产业边界,以致在传统产业链末端发生产业组织结构转变,这也取决于对外贸易、产业效益、产业集聚度和产业结构水平。第三,信息产业子系统和制造业子系统在制度方面的耦联。制度因素包括文化要素、产权比例和教育水平,信息产业制度因素的集聚扩散重整产业链,以致传统产业的发展高科技含量化。耦联机理如图 7-2 所示。

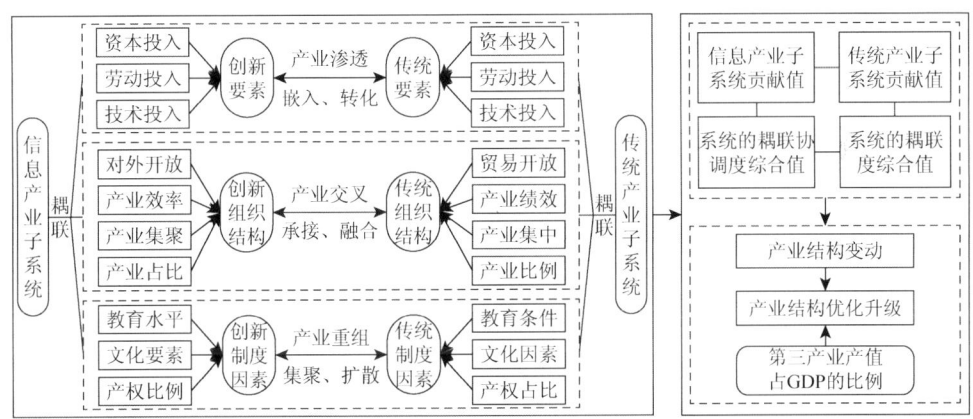

图 7-2 产业耦联与产业结构优化升级关系

1. 产业要素构成产业耦联的基础

基本特定的技术要素是构成产业的基础要素,而产业间的细微差异依据产业特征划分,产业耦联效应依赖于子产业系统的发展进度,产业子系统间要素的相互作用最终促成产业的高效耦联。科学技术飞速发展,信息产业的资本、劳动和技术等创新要素不断引进,使传统产业具有高技术趋向性特征,传统产业链顺利嵌入和转化,新兴要素就能自然地渗透到传统制造业中,提升制造业效率,最终实现信息产业创新要素对传统制造业渗透的目标。因此,整个耦联路径为"产业要素引进—产业链渗透转变—信息产业与制造业耦联"。

其一,资本要素投入促进产业链的渗透。在产业耦联系统升级过程中,充足的资本投入保障产业顺利耦联。传统制造业的累积资本为信息产业提供原始资本,这也是技术创新必备的初始资本,有益于提升产业竞争力,孵化产业耦联系统,增加产业技术创新含金量,最终促成产业链渗透。其二,劳动要素投入推进产业链的拼接。劳动力的密集性程度与产业耦联系统的知识溢出关联,劳动者素质越高,知识溢出效应在产业系统中发挥的作用越大,劳动密集型的传统制造业通过知识汲取获得新的发展动力,使产业耦联发展达成少污染、高效率和低成本的目标,进而通过产业链的拼接实现产业结构优化升级。其三,技术要素投入引致产业链的转变。技术集聚始终是促成产业技术创新的主要支柱,主要通过对技术欠缺的传统制造业进行技术改造升级,实现传统产业逐渐转变为技术密集型新兴产业,联合企业研发机构、高校科研院所和相关研发机构进行技术整合,以在传统产业间实现技术溢出,通过技术转变驱动产业链的转变,发挥产学研等技术主体的技术溢出效应,促进产业结构优化升级。

2. 产业组织结构驱动产业耦联

基于产业技术、知识和资本的有效耦联,产业组织结构继续耦联,传统产业与信息产业间产业链的自然承接将进一步实现产业结构新形式,促成产业组织结构转变。产业链的渗透转变使子产业系统内部各企业的信息资讯传导方式发生变化,增强产业间组织结构的自适应性和变动性,这也部分归因于企业技术、知识的经济外部性,有利于耦联系统内部机制的运作。因此,整个耦联路径为"产业组织结构转变—产业链交融—信息产业与制造业耦联"。

其一,对外贸易度加强有利于产业交叉。在产业渗透顺利实现的基础上,产业组织层级更分明,于是技术知识高度集聚,形成新的知识探索模式,提高产业耦联系统运营效率,实现产业间各种形式的交流;产业效率的提升便于实现产业交互。市场越高效,产业链的变更就越迅速,继而产业间传导新的技术并吸收学习化为己用的进度就越快,那么产业间的资源配置、产品生产过程就能精确表达,企业能更加顺利地运用高新技术、高新管理手段实现产业链的融合,为高技术产业集聚创造条件。其二,产业集中度的提升有助于产业高技术产业集群迅速形成,实现高新技术成果转向技术密集型的传统制造业,推动产业结构的优化升级。这主要体现在科技、知识、高素质人才的集聚,也相关于省域经济竞争实力。其三,产业比例变更加速产业交融。产业间比例的变化重新配置产业资源,高新技术、高素质人才等纷纷向高技术产业聚拢,传统制造业等也不断向高技术产业过渡,产业技术、原材料的升级使得产业间的关联度不断提升,最终通过产业链交融实现产业结构优化升级。

3. 产业创新制度是产业耦联的核心因素

产业创新制度涵盖技术创新嘉奖制度、政府政策支持制度等,这些制度直接影响产业制度的有效实施,产业制度因素是创新活动顺利开展的灵魂。通过教育制度、文化积淀和产业集聚度在区域间的吸收转变,提升产业改造集聚区的技术创新能力,而传统产业的集聚效应使得产业效率进一步提升,通过产业重组逐渐改善产业形态,从产业重组角度实现信息产业与传统产业的耦联。因此,整个耦联路径为"产业创新制度制定—产业链重组—信息产业与制造业耦联"。

其一,教育条件的改善带动产业重组。教育水平直接决定劳动者素质,继而影响知识集聚和溢出效应,决定省域或区域的行业竞争力。教育的改善直接影响劳动者素质,使得传统制造业逐渐趋近高技术水平,实现高技术产业集聚,促使技术正向溢出于传统产业,引致产业重组。其二,文化要素推进产业链重新排序。产业文化是省域企业得以继续发展壮大的源泉,是产业立于不败之地的主心骨,文化背景时刻影响市场上的产品需求,而科技文化的融入潜移默化地改变着人们的消费习惯,技术革新文化引领人们铸就现代的消费观,使得科技创新逐步取代传统制度成为省域市场的竞争优势。其三,国有及国有控股企业的比例直接关系国家或政府的意志,以致直接影响产业发展以及技术、知识等要素在产业耦联过程中的溢出行为,推及信息产业和传统制造业的自我完善和各产业的边界模糊或消失过程,刺激产业链的重组,进而影响产业结构优化升级。

综上,产业的要素、组织结构和制度通过产业的渗透、交义和重组实现相互依赖、相互协调和相互促进的耦联,依据耦联的定义和内涵分析步骤,可得两产业耦联后信息产业子系统贡献值、传统产业子系统贡献值、系统的耦联度综合值和系统的耦联协调度综合值四个指标。继而选择第三产业产值占国内生产总值(gross domestic product,GDP)的比例表示产业结构优化升级,反映产业结构的变动趋势,进一步研究产业融合与产业结构优化升级间的关系。省域产业耦联系统只有实现技术、制度、知识和管理等要素的创新,才能让传统产业逐步成长,而这种耦联关系成为产业结构优化升级过程中的驱动力,促使传统制造业向高新技术集聚的信息产业转变。

7.2.2 信息产业与传统制造业耦联评价模型的构建

两个系统之间的耦联即两者之间存在良性互动而彼此影响的机制,表现为系统间的动态关联,经常用于诠释系统间的共生演化特征。本章的信息制造耦联系统由信息产业子系统和传统制造业子系统构成,各子系统又细分为相关指标(图 7-2)。假设子系统 i 中包含 n 个指标,为 $m_1, m_2, \cdots, m_n$,在此对指标的正负性进行区分,引入功效函数,即

$$a_{ij} = \begin{cases} (m_{ij} - m_{ij\min})/(m_{ij\max} - m_{ij\min}) & \text{正指标} \\ (m_{ij\max} - m_{ij})/(m_{ij\max} - m_{ij\min}) & \text{负指标} \end{cases} \tag{7-1}$$

其中,m_{ij}、$m_{ij\max}$、$m_{ij\min}$ 分别表示系统 i 指标 j 的数值以及上、下限;a_{ij} 为系统 i 指标 j 的功效系数,即达成目标的满意度(随数值的增大而递增,$m_{ij} \in [0,1]$)。本章使用系统的演化理论分析信息产业与制造业间的动态耦联过程,将信息产业和传统制造业的耦联系统看作复合系统,并赋予其动态的时变演化特性。于是可得

如下演化方程：

$$d(a)/dt = g(a_1, a_2, \cdots, a_n) \tag{7-2}$$

其中，g 代表 a_j 的非线性函数（$j=1, 2, \cdots, n$），而一次性近似系统的特征根特性源于非线性系统的稳定性[①]，那么简化系统的演化方程得

$$da(t)/dt = \sum_{j=1}^{n} K_j a_j \tag{7-3}$$

于是，某一时刻信息产业子系统与传统制造业子系统的发展水平为

$$\mathrm{TE}(t) = \sum_{x1=1}^{x} K_{x1}(t) a_{x1}(t), \ \mathrm{ME}(t) = \sum_{y1=1}^{y} L_{y1}(t) b_{y1}(t) \tag{7-4}$$

其中，$\mathrm{TE}(t)$、$\mathrm{ME}(t)$ 分别为信息产业、传统制造业子系统的贡献值，代表信息产业、制造业的发展水平；K_{x1}、L_{y1} 为各子系统的权重系数；a_{x1}、b_{y1} 为各系统的指标，则复合系统的演化方程为

$$X = d\mathrm{TE}(t)/dt = g_1(\mathrm{TE}, \mathrm{ME}), \ Y = d\mathrm{ME}(t)/dt = g_2(\mathrm{TE}, \mathrm{ME}) \tag{7-5}$$

在自身因素和外部环境变动的影响下，信息产业和制造业表现出各自的演化状态，分别用 X、Y 表示。随着系统的不断演化，信息产业和制造业的系统也处于不断的波动中，那么，当信息产业和制造业子系统处于稳态中时，可得系统的耦联度 CP，即

$$\mathrm{CP} = 2\sqrt{\frac{\mathrm{TE}(t) \cdot \mathrm{ME}(t)}{[\mathrm{TE}(t) + \mathrm{ME}(t)]^2}} \tag{7-6}$$

其中，系统的协调程度随着 CP 的增大而递增（$\mathrm{CP} \in [0, 1]$）。借鉴目前学术界流行的中值分段法对产业系统的耦合水平进行划分，划分标准如表7-1所示。

表7-1　信息产业和制造业子系统耦联度、耦联协调度阶段划分

耦联度 CP	耦联等级	耦联协调度 CR	耦联等级	耦联协调度 CR	耦联等级
(0, 0.3]	低水平耦联	(0, 0.1]	极度失调	(0.5, 0.6]	勉强协调
(0.3, 0.7]	拮抗阶段	(0.1, 0.2]	严重失调	(0.6, 0.7]	初级协调
(0.7, 0.9]	磨合阶段	(0.2, 0.3]	中度失调	(0.7, 0.8]	中级协调
(0.9, 1]	高水平耦联	(0.3, 0.4]	轻度失调	(0.8, 0.9]	良好协调
		(0.4, 0.5]	濒临失调	(0.9, 1]	优质协调

[①] 廖晓昕. 1999. 稳定性的理论、方法和应用[M]. 武汉：华中理工大学出版社：229-238.

为更清晰地评判信息产业与传统制造业交互耦联的协调程度，引入耦联协调度：

$$TC = \sqrt{\alpha \cdot TE(t) \times \beta \cdot ME(t)}, \quad CR = \sqrt{CP \times TC} \quad (7-7)$$

其中，TC 为反映信息产业与制造业协同效应的综合协调系数；α、β 分别为待定权数，其数值视信息产业和制造业重要程度而定；CR 为系统的耦联协调度，见表 7-1 的划分。

上述耦联过程细分了信息产业与传统制造业的动态耦联演化过程，于是得四个耦联指标，分别是 TE(t)、ME(t)、CP 和 CR。那么，引入产业结构优化升级的相关指标构建产业融合模型，量化信息产业与制造业耦联。

7.2.3 信息产业与制造业耦联的实证研究

1. 指标的选取和处理

基于信息产业与制造业融合的理论分析，选取产业融合下的分级指标测算产业耦联度和耦联协调度。选择我国 2003～2012 年 30 个省份（港澳台除外，西藏数据缺失严重，含去）的指标，数据来源于《中国工业经济统计年鉴》、《中国第三产业统计年鉴》、《中国统计年鉴》、中经专网、中国科技数据库和中华人民共和国工业和信息化部专业数据库，缺失数据据前后年份进行插值补足。相关变量如表 7-2 所示。

信息产业指计算机、通信设备及其他电子设备制造业和计算机服务、信息传输与软件业的总和。于是使用计算机、通信设备及其他电子设备制造业平均从业人员和计算机服务、信息传输与软件业年平均就业人数之和表示信息产业的人力资本投入，同理得信息产业主营业务收入。计算机、通信设备及其他电子设备制造业固定资本存量用固定资产净值替换，计算机服务、信息传输与软件业固定资本存量用单豪杰提出的永续盘存法进行测算，因此折旧率选与其一致的 10.96%，以 1952 年为基期，即

$$K_{st} = K_{st-1}(1-\delta_{st}) + I_{st} \quad (7-8)$$

其中，K_{st}、I_{st} 分别是固定资本存量、固定资产投资；δ_{st} 是折旧率。

表 7-2　信息产业与制造业耦联变量[①]

项目	信息产业		传统制造业	
	一级指标	二级指标	一级指标	二级指标
要素	资本投入	物质资本投入	资本投入	物质资本投入
	劳动投入	人力资本投入	劳动投入	人力资本投入
	技术投入	专业技术人员	技术投入	科技活动人员数
	对外开放	外商直接投资	贸易开放	进出口贸易总额
组织结构	产业效率	信息产业增加值	产业绩效	制造业增加值
	产业集聚	信息产业企业单位占比	产业集中	制造业企业单位占比
	产业占比	信息产业产值比	产业比例	第二产业产值比
制度要素	教育水平	本科及以上学历人口占比	教育条件	平均受教育年限
	文化要素	地区科技经费筹集额中政府资金	文化因素	R&D 经费支出
	产权比例	国有及国有控股工业增加值占信息产业增加值比例	产权占比	国有及国有控股工业增加值占制造业增加值比例

使用居民人均受教育年限表示教育条件，计算方法如下：

$$E = 16e_1 + 12e_2 + 9e_3 + 6e_4 + 2e_5 \qquad (7-9)$$

其中，大专以上、高中、初中、小学、文盲半文盲人口占总人口的比例分别是 e_1、e_2、e_3、e_4、e_5，相应的受教育年数分别为 16、12、9、6、2。

制造业选取新、旧国民经济分类体系(GB/T 4754—2011 和 GB/T 4754—1994)中保持不变的 20 个制造业行业进行分析，其中剔除用于信息产业分析的 C40 计算机、通信设备及其他电子设备制造业(该行业用于信息产业的指标分析)[②]。于是，使用上述信息产业与制造业的相应指标进行产业耦联分析。

2. 产业耦联实证结果

基于上述构建的产业耦联评价模型，使用因子分析法计算耦联子系统的权重，并选择最大方差法进行因子旋转，即

---

① 为消除汇率的影响，运用人民币对美元汇率(美元=100)进行调整；信息产业产值比=信息产业总产值/GDP，其中 GDP 为省域 GDP，以历年国内生产总值指数为折算系数，折算成以 2002 年为基期的不变价格；信息产业企业单位占比=信息产业全部企业数/大中型工业企业单位数；制造业企业单位占比=制造业全部企业数/规模以上工业企业单位数

② 19 个制造业分别是 C13—农副产品加工业，C14—食品制造业，C15—饮料制造业，C16—烟草制造业，C17—纺织业，C22—造纸及纸制品业，C25—石油加工、炼焦及核燃料加工业，C26—化学原料及化学制品制造业，C27—医药制造业，C28—化学纤维制造业，C31—非金属矿物制品业，C32—黑色金属冶炼及压延加工业，C33—有色金属冶炼及压延加工业，C34—金属制品业，C35—通用设备制造业，C36—专用设备制造业，C37—交通运输设备制造业，C39—电气机械及器材制造业，C41—仪器仪表及文化、办公用机械制造业

第7章 产业融合下的产业结构优化升级效应分析
——基于信息产业与制造业耦联的实证研究

$$K_{x1}(t) = c_{x1}(t)y_{x1}(t), L_{y1}(t) = d_{y1}(t)z_{y1}(t)$$

其中，$c_{x1}(t)$ 和 $d_{y1}(t)$ 为旋转后主因子的方差贡献率；$y_{x1}(t)$ 和 $z_{y1}(t)$ 是产业子系统旋转后的主因子得分。如表 7-3 和表 7-4 所示，分别得 2003～2012 年两产业的指标权重。

表 7-3　2003～2012 年信息产业各指标权重

年份 指标	2003	2004	2005	2006	2007	2008	2009	2010	2011	2012
1	0.083	0.088	0.073	0.089	0.089	0.105	0.089	0.083	0.088	0.088
2	0.081	0.085	0.048	0.082	0.085	0.089	0.084	0.080	0.083	0.083
3	0.021	0.034	0.106	0.024	0.035	0.087	0.039	0.016	0.046	0.049
4	0.089	0.090	0.103	0.090	0.088	0.075	0.086	0.095	0.085	0.085
5	0.089	0.092	0.088	0.091	0.091	0.092	0.092	0.091	0.086	0.086
6	0.094	0.079	0.231	0.088	0.076	0.061	0.077	0.102	0.075	0.073
7	0.095	0.082	0.199	0.094	0.086	0.065	0.088	0.103	0.085	0.084
8	0.054	0.033	0.241	0.048	0.034	0.053	0.034	0.069	0.023	0.025
9	0.026	0.041	0.041	0.046	0.039	0.144	0.063	0.069	0.055	0.059
10	0.054	0.050	0.113	0.052	0.047	0.083	0.038	0.032	0.033	0.031

注：指标列中 1～10 分别对应表 7-2 中信息产业的二级指标

表 7-4　2003～2012 年制造业各指标权重

年份 指标	2003	2004	2005	2006	2007	2008	2009	2010	2011	2012
1	0.084	0.072	0.085	0.089	0.099	0.087	0.085	0.092	0.089	0.091
2	0.085	0.054	0.079	0.083	0.102	0.078	0.075	0.085	0.081	0.082
3	0.113	0.115	0.099	0.096	0.085	0.090	0.091	0.090	0.093	0.088
4	0.073	0.111	0.093	0.094	0.071	0.102	0.109	0.098	0.103	0.098
5	0.085	0.060	0.079	0.083	0.101	0.078	0.075	0.084	0.078	0.083
6	0.088	0.076	0.076	0.074	0.070	0.115	0.115	0.120	0.137	0.152
7	0.058	0.010	0.067	0.067	0.102	0.049	0.021	0.045	0.033	0.038
8	0.028	0.131	0.095	0.088	0.004	0.117	0.128	0.102	0.112	0.115
9	0.079	0.145	0.108	0.107	0.070	0.115	0.128	0.114	0.118	0.125
10	0.052	0.047	0.042	0.023	0.048	0.043	0.037	0.002	0.019	0.009

注：指标列中 1～10 分别对应表 7-2 中制造业的二级指标

于是，根据上面模型的计算过程，可得 2003～2012 年信息产业与制造业耦联四个省域指标构成的面板数据，分别是信息产业子系统贡献值 TE(t)、传统产业子系统贡献值 ME(t)、耦联度综合值 CP 和耦联协调度综合值 CR，如表 7-5 所示，由于篇幅限制，只给出 2003 年、2007 年和 2012 年我国省域的耦联指标结果值。

表 7-5 产业耦联指标结果

省份	TE(t)			ME(t)			CP			CR		
	2003年	2007年	2012年	2003年	2007年	2012年	2003年	2007年	2012年	2003年	2007年	2012年
京	0.276	0.244	0.237	0.216	0.140	0.312	0.993	0.963	0.991	0.348	0.298	0.367
津	0.242	0.212	0.197	0.148	0.153	0.205	0.970	0.987	1.000	0.303	0.298	0.317
冀	0.037	0.043	0.062	0.198	0.193	0.159	0.731	0.775	0.897	0.177	0.188	0.211
晋	0.011	0.023	0.046	0.123	0.141	0.115	0.557	0.689	0.904	0.102	0.139	0.201
蒙	0.023	0.020	0.029	0.076	0.137	0.119	0.842	0.665	0.791	0.132	0.132	0.152
辽	0.128	0.133	0.160	0.237	0.214	0.216	0.954	0.972	0.989	0.288	0.286	0.303
吉	0.035	0.042	0.044	0.116	0.102	0.126	0.842	0.910	0.875	0.163	0.173	0.181
黑	0.044	0.022	0.059	0.124	0.080	0.105	0.881	0.824	0.960	0.180	0.132	0.205
沪	0.273	0.276	0.296	0.325	0.263	0.292	0.996	1.000	0.995	0.385	0.367	0.383
苏	0.308	0.397	0.477	0.473	0.502	0.508	0.977	0.993	0.994	0.432	0.471	0.525
浙	0.138	0.157	0.173	0.317	0.347	0.320	0.920	0.926	0.955	0.310	0.329	0.335
皖	0.043	0.044	0.093	0.115	0.100	0.125	0.888	0.920	0.989	0.176	0.174	0.231
闽	0.166	0.130	0.140	0.156	0.146	0.145	0.995	0.998	0.984	0.283	0.262	0.267
赣	0.043	0.067	0.081	0.097	0.121	0.085	0.924	0.959	0.967	0.173	0.208	0.204
鲁	0.126	0.151	0.178	0.391	0.439	0.415	0.858	0.873	0.896	0.308	0.335	0.353
豫	0.038	0.057	0.096	0.192	0.218	0.167	0.746	0.812	0.963	0.179	0.213	0.247
鄂	0.079	0.078	0.111	0.173	0.141	0.176	0.927	0.957	0.974	0.233	0.224	0.261
湘	0.057	0.050	0.103	0.123	0.114	0.119	0.930	0.919	0.998	0.197	0.186	0.235
粤	0.539	0.536	0.551	0.510	0.544	0.573	0.997	0.975	1.000	0.512	0.520	0.530
桂	0.030	0.042	0.063	0.071	0.078	0.063	0.912	0.955	0.997	0.145	0.166	0.178
琼	0.024	0.027	0.017	0.022	0.007	0.030	0.999	0.790	0.960	0.107	0.073	0.104
渝	0.032	0.030	0.093	0.100	0.087	0.095	0.859	0.872	0.979	0.156	0.149	0.217
川	0.101	0.103	0.156	0.185	0.158	0.154	0.955	0.978	0.950	0.255	0.250	0.278
贵	0.028	0.016	0.031	0.074	0.054	0.037	0.893	0.840	0.995	0.142	0.111	0.130
云	0.020	0.010	0.030	0.082	0.070	0.061	0.792	0.672	0.940	0.126	0.095	0.142
陕	0.095	0.092	0.114	0.262	0.210	0.291	0.884	0.920	0.899	0.264	0.253	0.286
甘	0.010	0.004	0.008	0.080	0.067	0.072	0.636	0.476	0.786	0.096	0.064	0.100
青	0.048	0.022	0.001	0.009	0.065	0.031	0.718	0.870	0.286	0.085	0.128	0.026
宁	0.001	0.009	0.004	0.037	0.069	0.057	0.247	0.626	0.511	0.024	0.087	0.064
新	0.015	0.025	0.016	0.077	0.017	0.038	0.739	0.982	0.912	0.112	0.101	0.106

注：省份用各省的简称代替

由表 7-5 可见，大多数省份信息产业与制造业的耦联度均在 0.7 以上，说明两产业间存在密切的耦联关系，那么信息产业子系统和传统产业子系统间存在很强的联动效应。产业子系统的耦联协调度大多集中在严重、轻度、中度失调的区间，只有广东省、江苏省等的产业耦联度由濒临协调向勉强协调趋同，说明我国大部分省份的产业耦联关系亟待加强。

3. 产业耦联实证结果分析

为更清晰地阐释信息产业与制造业耦联的差异性，从区域角度分析产业结构耦联，我国东、中部地区大部分省份的耦联度都处于高水平耦联和磨合阶段，只有少数省份（宁夏、青海）处于低水平耦联或拮抗阶段，说明随着我国经济的稳步发展，知识、技术或人才等要素的集聚逐渐促进省域技术进步，主要体现是技术在区域内的产业间不断渗透，信息产业等类型的新兴产业不断涌现，使得我国的信息产业和传统制造业在很大程度上具有联动性。我国的产业耦联协调度呈现出明显的区域集聚现象，但除了广东省和江苏省的耦联趋于协调，其余省份均处于不协调状态。这说明，随着我国对外开放程度的加大，新技术、新知识虽不断引进，但我国省域合理利用知识、对技术吸收再创新的能力还较欠缺，耦联协调度的区域阶梯分布说明其演化发展进度仍部分取决于我国的省域经济基础，而着力创新型人才培育、加大产学研联盟力度、注重省域个性化发展、协调国有产权配比，始终是实现省域技术集聚、两化融合，最终推进产业结构优化升级的必由路径。此外，信息产业与制造业的耦联协调度普遍不高，这主要归因于现有知识、技术等要素的短缺或错配行为造成的有限技术知识匹配条件下的产业耦联低效率。我国的信息产业应尽量依靠政府扶持和企业自身实力，发挥国内生产商的技术、资金等竞合优势，打破垄断局面，使得企业顺利走上自主创新的正轨，实现高技术集聚，最终促成产业高效耦联。

为了明晰产业耦联是否引致产业结构优化升级的空间集聚性，本章继而进行省域耦联与产业结构优化升级的空间相关性分析，探究产业耦联下产业结构优化升级的力度。

7.3 产业融合下产业结构优化升级的实证分析

7.3.1 产业融合下的产业结构优化升级模型分析

我国电子信息产业的发展呈逐步上升趋势，已成为我国经济增长的主要驱动力，信息产业与制造业的技术融合也是影响产业结构优化升级的关键。基于此，在构建新增长理论下的产业结构优化升级模型前，先提出以下理论假设。

【假设 1】 对传统制造业的根本改变是产业融合的主要作用,这也是经济增长和产业优化的关键驱动力。那么,信息产业与传统产业的融合将加速产业结构优化升级。

【假设 2】 产业结构优化升级对经济增长起显著的促进作用,产业结构不断向协调化、高度化和高效化进程转化时,经济也将获得相应发展。

在一个总体规模报酬不变的生产函数中,经济产出的决定性因素是劳动力资本 L、物质资本 K、人力资本 H_t 和技术水平 A_t,那么可假定:

$$Y(t) = A(t)K(t)^{\alpha}[L(t)H(t)]^{1-\alpha}H(t)^{\eta} \tag{7-10}$$

借鉴式(7-10)构建如下产业融合下的产业结构优化升级模型:

$$D(t) = A(t)\text{CP}(t)^{\alpha}[\text{TE}(t)\text{ME}(t)]^{1-\alpha}\text{CR}(t)^{\beta} \tag{7-11}$$

其中,技术水平用 $A(t)$ 表示;α、β 分别表示系统的耦合度、耦合协调度对产业结构优化升级的弹性 $[\alpha \in (0,1)]$;技术和经济对产业发展起显著的促进作用,引起产业进步,那么假设其增长率分别为 l、g,于是有 $\text{TE}(t) = \text{TE}_0 e^{lt}$;$\text{CR}(t)^{\beta}$ 表示信息产业和制造业子系统耦合协调度的溢出效应。

定义产业有效耦合贡献度为 $m = \text{CP}/(\text{TE} \cdot \text{ME}) = 2/[(\text{TE}+\text{ME})\sqrt{\text{TE} \times \text{ME}}]$,继而得有效的产业增值 $d = D/(\text{ME} \cdot \text{TE}) = A(t) \cdot m^{\alpha} \cdot \text{CR}(t)^{\beta}$,借鉴新古典经济增长理论,将外生经济增长模型应用于信息产业子系统和制造业子系统,即

$$\hat{m}' = sm^{\alpha} - (l+g+\delta)m \tag{7-12}$$

其中,s 为各产业物质资本储蓄率;l 表示产业增长率;g 为技术进步率;δ 表示各产业物质资本的折旧率。那么,当稳态条件 $\hat{m}' = 0$ 满足时,就有均衡的有效耦联贡献度:

$$m^* = [s/(l+g+\delta)]^{\frac{1}{1-\alpha}} \tag{7-13}$$

于是,稳态下均衡有效产业增值为

$$d^* = A(t) \cdot m^{\alpha} \cdot \text{CR}(t)^{\beta} = A(t) \cdot [s/(l+g+\delta)]^{\frac{\alpha}{1-\alpha}} \cdot \text{CR}(t)^{\beta} \tag{7-14}$$

其中,有效产业增值与技术水平、耦合协调度成正比,而与技术进步率、产业物质资本储蓄率和产业贡献率负相关。在产业波动系统中,有效产业增值和产业有效耦合贡献度收敛于如下稳态过程:

$$\mathrm{d}\ln d(t)/\mathrm{d}t = \xi[\ln d^* - \ln d(t_0)] \tag{7-15}$$

其中,$\xi = (1-\alpha)(l+g+\delta)$ 为产业结构优化升级与经济发展的一致性系数,其数值正相关于未来时期内产业结构升级的程度与稳态的距离,那么求解上述微分方程,有

$$\frac{1}{\lambda}[\ln d(t) - \ln d(t_0)] = \frac{1-e^{-\xi\lambda}}{\lambda}\ln d^* + \frac{e^{-\xi\lambda}}{\lambda}\ln d(t_0) \tag{7-16}$$

将式（7-14）和式（7-15）代入式（7-16）中，整理后得

$$\frac{1}{\lambda}\ln d(t) = \frac{1-e^{-\xi\lambda}}{\lambda}\left[-\ln d(t_0) + \ln A(0) + \frac{\alpha}{1-\alpha}\ln\frac{s}{l+g+\delta}\right.$$
$$\left. + \beta\ln CR(t) - gt - \ln A(t)\right] + \frac{1}{\lambda}\ln d(t_0) \qquad (7\text{-}17)$$

于是，将式（7-17）转换成对数回归模型，有

$$\ln d(t) = \mu_q + \varepsilon_q + x_1\ln d_{q,t_0} + x_2\ln CR(t) + x_3\ln\left(\frac{s}{l+g+\delta}\right)_{qt} + x_4\ln A(t)_{qt} \qquad (7\text{-}18)$$

基于上述模型，进行产业融合下产业结构优化升级的模型建立与实证分析，具体实证步骤如下。

7.3.2 空间计量经济模型的选择

以往文献大多从理论模型、线性或单一产业的角度对产业结构优化升级进行分析，缺乏对产业耦联下产业结构优化升级的定量论证。本节从产业耦联角度进行产业结构优化升级的空间相关性分析，既明晰产业结构优化升级的时空波动特性，又揭示产业耦联下产业结构优化升级的空间集聚性，对深入分析省域、区域产业结构协调化、高度化和高效化的驱动力提供实证依据。首先，选择 Global Moran's I 统计量检验产业结构优化升级效应的空间相关性，检验结果如表 7-6 所示。

表 7-6 我国省域产业集聚 Moran's I 指数全局自相关性检验

年份	Moran's I	临界值 $Z(I)$	年份	Moran's I	临界值 $Z(I)$
2003	0.159	1.584	2008	0.115	2.175
2004	0.135	1.341	2009	0.248	2.220
2005	0.164	1.812	2010	0.236	2.125
2006	0.238	2.135	2011	0.231	2.244
2007	0.213	1.962	2012	0.249	2.314

注：正态统计量 $Z(I)$ 的 5%显著性水平对应的值为 1.96

表 7-6 中显示，在 5%的置信水平下，大多数年份的 Moran's I 值对应的 $Z(I)$ 都显著，说明我国产业结构优化升级存在较显著的空间正自相关性，即产业结构相近层级具有地理临近性。我国的产业结构优化升级也并未完全表现出随机性特征，即依旧存在明显的空间集聚性。那么选择空间计量模型进行产业耦联下的产业结构优化升级探究。

鉴于经典线性回归模型的有偏性结果，构建区域产业结构优化升级的空间误

差模型（$y_{qt} = a_1 + a_2 x_{qt} + \varepsilon_{qt}$, $\varepsilon_{qt} = \varphi W \varepsilon_{qt} + \mu_{qt}$）和空间自回归模型（$y_{qt} = a_1 + a_2 x_{qt} + \rho W y + \varepsilon_{qt}$）进行空间效应检验。其中，$y$ 表示可能存在空间相关性的被解释变量，x 为解释变量，φ 是空间误差系数，度量省域受影响程度，W 为空间权重矩阵，鉴于产业结构的地理临近性，本章选择的 W 是 0-1 矩阵（空间邻接权值矩阵，区域相邻时记 1，不相邻时记 0，对角所有元素记 0），ε_{qt} 与 μ_{qt} 为随机误差项，ρ 亦是度量省域受影响程度的空间回归系数。

为进一步明晰所选模型的类型，使用 LM 统计量（拉格朗日统计量）进行残差序列的空间相关性分析，可见拉格朗日乘数空间自回归（Lagrange multiplier spatial autoregressive，LMSAR）结果比拉格朗日乘数空间误差（Lagrange multiplier spatial error，LMERR）更显著，因此构建空间自回归模型进行下一步分析。结果如表 7-7 所示。

表 7-7 LM 空间相关性检验

变量	检验值	样本值	临界值	P 值
LMERR	51.380	300	25.981	0.028
LMSAR	45.425	300	20.026	0.000

7.3.3 空间面板模型的构建

对面板数据进行 Hausman 检验，可得 $\chi^2(5) = 14.998$ 的相伴概率为 0.0041，于是设定模型为固定效应模型。个体、时点固定效应下的拟合优度与对应的 P 值都显著，并且解释变量对被解释变量受时间和截面的双重影响，由表 7-8 可见时点个体固定效应下模型的拟合优度及对应变量的 P 值的显著水平均最高。

表 7-8 固定效应类型的确定

项目	模型	个体固定效应模型	时点固定效应模型	时点个体固定效应模型
变量的 P 值	c	0.025	0.032	0.039
	lnIR（−1）	0.000	0.000	0.000
	lnTE	0.044	0.095	0.021
	lnME	0.070	0.088	0.006
	lnCP	0.087	0.028	0.026
	lnCR	0.058	0.020	0.005
拟合优度 R^2		0.993	0.995	0.996

第三产业增加值的 GDP 占比（IR）是产业结构高度化推进力的代名词，因此选择其代表省域产业结构优化升级。基于 7.3.1 节的模型分析，选取耦联实证结果指标，构建如下个体时点固定效应的对数空间自回归模型：

$$\ln IR_{qt} = \mu_0 + \lambda_1 \ln IR_{q,t-1} + \lambda_2 \ln TE_{qt} + \lambda_3 \ln ME_{qt} + \lambda_4 \ln CP_{qt} + \lambda_5 \ln CR_{qt} + \xi_{qt} \quad (7\text{-}19)$$

其中，q 和 t 分别代表区域和年份；$IR_{q,t-1}$ 为产业结构优化升级变量的滞后一期；$\lambda_1 \sim \lambda_5$ 是模型的回归系数；TE、ME 分别为信息产业、制造业子系统贡献值；CP、CR 分别为系统的耦联度和耦联协调度综合值。假设各区域条件下模型的受影响程度相同，于是对全国和 3 大区域构建相同形式的空间自回归模型，分别得出回归结果。

7.3.4 模型的结果分析

基于 Anselin 的空间理论，构建全国、东部、中部和西部的产业结构优化升级空间自回归模型进行分析，得出表 7-9 的结果。

表 7-9 产业融合下的产业结构优化升级效应结果

指标	全国	东部	中部	西部
$\ln IR_{q,t-1}$	1.079 (57.148)***	1.098 (35.476)***	1.053 (18.041)***	1.045 (39.282)***
$\ln TE_{qt}$	0.656 (0.561)**	1.352 (1.029)**	0.528 (1.888)**	0.581 (1.457)**
$\ln ME_{qt}$	0.442 (1.871)**	−1.210 (−1.753)**	0.702 (1.546)*	0.644 (1.815)*
$\ln CP_{qt}$	0.039 (1.069)*	0.204 (1.271)**	0.157 (1.548)***	0.140 (1.752)*
$\ln CR_{qt}$	0.035 (0.065)*	0.104 (1.435)**	−0.790 (−1.709)**	−0.769 (−1.397)
空间回归系数 ρ	0.230 (1.675)**	0.027 (0.546)	0.087 (1.258)**	0.005 (0.094)**
调整后的 R^2	0.926	0.982	0.820	0.942
对数似然函数值	632.572	231.877	193.658	234.274

注：括号内为 t 值，*、**、***分别表示在 10%、5%和 1%的置信水平下显著

由表 7-9 可见我国的产业结构优化升级在全国和区域范围内呈现与经济发展的一致性，总体而言，东部地区产业耦联的产业结构优化升级效应最明显，其次是全国、中部、西部地区。经济相对发达的东部地区，较早获得了先进技术和高

端人才，有利于实现信息产业对制造业的带动性作用，从而引致技术溢出效应促成信息产业与制造业的高效耦联，这种协同发展趋势与产业结构优化升级路径趋于一致，促成明显的产业结构优化升级集聚；中部地区产业耦联的作用效应也较明显，与中部崛起、长株潭城市集群和武汉城市圈"两型社会"试验区的确定以及中部地区信息产业与制造业的耦联效应相关，在被赋予先行先试政策创新特权的背景下，中部在产业的不断调整中实现了信息产业与传统产业比例的协调性，更容易实现知识、技术的融合、扩散，使得产业间高效耦联，对产业结构优化升级的作用显著，也有利于迅速促成中部各方面实力的提升；在经济发展、产业结构的转型时期，西部地区信息产业与制造业的耦联度大多处于磨合阶段，因而耦联协调度低，呈现出与产业结构优化升级发展的不一致性，最终耦联背景下的产业结构优化升级效应不明显。但现今大多数优惠政策都趋向于利好西部地区，使得西部地区的经济发展潜力巨大，持续引进先进技术和优秀人才，利用引进的技术努力实现产业更替，利于未来的产业发展。

产业结构优化升级 IR 的滞后一期、信息产业子系统贡献值 TE 和产业的耦联度 CP 正向促进产业结构优化升级。信息产业大多以集群的形式簇拥在东部地区，其具有丰富的科技、智力等要素，便于实现技术、知识与制造业的耦联，正向作用于产业结构优化升级。"中部崛起战略"与"两型社会试验计划"践行得十分成功，使得劳动力、技术、资本在中部不断集聚，无论是新兴产业还是传统制造业，都具有良好的发展态势，信息产业与制造业的耦联顺应技术、经济的发展态势，就能实现要素、组织结构和制度等各方面的顺利耦联，并对产业结构协调化、高度化和高效化的呈现发挥最大效用。此外，信息产业的贡献度对产业结构优化升级产生的作用依然最显著，那么大力发展信息产业，实现区域高技术产业集群仍是产业结构优化升级目标达成的可靠保障。西部良好的政策发展环境吸引了大批技术、知识关联的新鲜血液，进一步昭示了西部产业结构优化升级的巨大潜力，以至于表现出良好的经济条件趋同性。

东部地区制造业的贡献度、中西部地区的耦联协调度与产业结构优化升级负相关，主要归因于以劳动密集型著称的传统产业已不能跟上东部发达的信息技术发展脚步，仍然处于产业转型的过渡期，以致其阻碍东部产业结构优化升级。中西部地区产业的耦联度虽高，但耦联初期信息产业与制造业仍处于磨合期，耦联效率不高，耦联背景下的产业发展还未达到促进产业结构优化升级的"门槛值"，于是产业低效耦联可能会对持续的产业结构优化升级存在负向影响。中西部地区制造业贡献度对产业结构优化升级的作用依旧是正向的，说明中西部地区的经济发展主力依旧是技术密集型的传统产业，应尽快将先进技术嵌入制造业以缩小产业差距，从而缩小经济差距。产业耦联协调与产业结构优化升级在全国和东部范围内正相关，应不断加强东部地区产业融合的进度，使产业结构不断得到优化，但这也需要结合区域要素禀赋和区域经济状况，那么，不断加强区域核心竞争力，力推区域竞合优势是实现产业顺利耦联，促使新兴技术集聚扩散、高技术产业集群发展，最终优化升级产业结构的必经之路。全国产业耦联对产业结构优化升级作用的显著性不高，说明注重省域特色产业的个性化发展、经济圈的区域化进步是促进产业结构优化升级的有利方式。

7.4 结论与政策建议

作为战略性新兴产业之一的信息产业和技术密集型的传统制造业有条不紊地进行着交融发展，"两化融合"背景下产业的协调发展是我国产业结构升级的必要前提。本章选择2003~2012年我国省域的面板数据，构建耦联模型和空间自回归模型进行产业融合下产业结构优化升级的空间集聚性研究，分析信息产业、制造业的产业耦联度和产业耦联协调度对产业结构优化升级的作用机理和作用力度。

研究结论如下：第一，信息产业和制造业大部分处于高水平耦联阶段，说明我国的技术、知识和人才在省域内呈现出集聚效应，信息产业与制造业存在高度联动关系。大部分省份的产业耦联协调度均处于不协调状态，可见产业耦联仍然处于磨合期，有效利用资源、强化经济综合发展能力依旧是未来发展的主攻方向。第二，我国产业结构优化升级效应的空间正自相关性显著，区域产业结构优化升级效果表现出与经济发展的一致性。第三，大部分产业耦联度、耦联协调度均正向关联于产业结构优化升级，产业融合对东部地区产业结构优化升级的空间集聚性最显著，说明保持以经济发展为依托的产业耦联是实现省域发展的必然路径。

产业融合发展促进产业结构优化升级的策略如下：第一，应不断深化信息产业与制造业间的耦联效应。通过技术的引进、吸收、融合、扩散，实现信息产业改造制造业，弱化政府管制并逐步构建产业技术创新共享平台，以突破传统制造业的技术瓶颈。产业耦联的区域集聚现象明显和耦联协调度不高的事实说明制造业和信息产业之间的耦联机制还有待加强。因此，应通过政府的动态调节来消除产业间的行政乃至空间壁垒，不断完善产业耦联协调机制，发挥信息技术对制造业的驱动作用及信息产业的关联带动作用。第二，及时确立并转换主导产业。我国人口基数大的现实奠定了我国劳动密集型传统产业始终占据主导地位的现状，制造业渐入成熟期时就迫切需要创新技术改进制造过程，实现传统产业改造继而引致产业结构优化升级，而信息产业等知识密集型产业自身的持续增长以及传统产业的进步是实现经济可持续发展的根本保证。因此，大力发展信息产业，实现信息技术向传统制造业的渗透，改善产业协同竞争效率，促进产业间耦联协调，是实现产业结构顺利转变、确立高技术产业主导地位的关键。第三，适度协调政府的产业管制。"中部崛起战略"取得了骄人成绩，使得中部地区的产业耦联对产业结构优化升级作用效应显著，这部分归功于中部地区对产业的管制方式和力度。实践证明，与时俱进的产业管制政策是产业良好耦联的有效对策，这有利于充分实现产业交叉和边界的融合，及时调整产业的市场准入制度，重组产业各子系统的管制框架，是实现产业结构优化升级的优质策略。此外，西部地区应综合考虑经济发展速度与产业耦联进度，适时把握经济进步，实现信息技术向制造业的渗透。东部地区应尽量放宽政府保护或企业的技术约束，发挥政府的宏观调控作用，为产业耦联营造一个绝佳的外部支持环境，从法律支持、技术贡献等领域调节东部地区的产业结构，实现产业结构优化升级。

参 考 文 献

干春晖，郑若谷，余典范. 2011. 中国产业结构变迁对经济增长和波动的影响[J]. 经济研究，（5）：4-16.

胡汉辉，邢华. 2003. 产业融合理论以及对我国发展信息产业的启示[J]. 中国工业经济，（2）：23-29.

李春梅，杨蕙馨. 2012. 中国信息产业技术效率及影响因素分析——基于随机前沿分析方法的省际实证研究[J]. 产业经济评论，（11）：27-51.

齐亚伟，刘丹. 2014. 信息产业发展对区域产业结构高度化的作用机制[J]. 数学的实践与认识，44（6）：113-120.

单豪杰. 2008. 中国资本存量K的再估算：1952~2006[J]. 数量经济技术经济研究，（10）：17-31.

单元媛，罗威. 2013. 产业融合对产业结构优化升级效应的实证研究——以电子信息业与制造业技术融合为例[J]. 企业经济，（8）：49-56.

陶长琪，齐亚伟. 2009. 融合背景下信息产业结构演化的实证研究[J]. 管理评论，（10）：13-21.

陶长琪，周璇. 2015. 产业融合下的产业结构优化升级效应分析——基于信息产业与制造业耦联的实证研究[J]. 产业经济研究，（3）：21-31.

陶晓红，曹元坤，齐亚伟. 2012. 电子信息产业集聚对区域经济融合的空间计量分析[J]. 科技进步与对策，29（11）：40-45.

王燕，徐妍. 2012. 中国制造业空间集聚对全要素生产率的影响机理研究——基于双门限回归模型的实证分析[J]. 财经研究，38（3）：135-144.

乌家培. 1993. 正确处理信息化与工业化的关系[J]. 经济研究，（12）：70-71.

肖兴志，彭宜钟，李少林. 2012. 中国最优产业结构：理论模型与定量测算[J]. 经济学（季刊），（10）：135-161.

谢康，肖静华，周先波，等. 2012. 中国工业化与信息化融合质量：理论与实证[J]. 经济研究，（1）：4-16.

原毅军，耿殿贺，张乙明. 2007. 技术关联下生产性服务业与制造业的研发博弈[J]. 中国工业经济，（11）：80-87.

苑清敏，赖瑾慕. 2014. 战略性新兴产业与传统产业动态耦合过程分析[J]. 科技进步与对策，31（1）：60-64.

张亚斌，金培振，沈裕谋. 2014. 两化融合对中国工业环境治理绩效的贡献——重化工业化阶段的经验证据[J]. 产业经济研究，（1）：40-50.

张轶龙，崔强. 2013. 中国工业化与信息化融合评价研究[J]. 科研管理，34（4）：43-49.

支燕，白雪洁，王蕾蕾. 2012. 我国"两化融合"的产业差异及动态演进特征——基于2000~2007年投入产出表的实证[J]. 科研管理，33（1）：90-95.

Almeida R K. 2010. Openness and Technological Innovation in East Asia: Have They Increased the Demand for Skills?[R]. IZA Discussion Papers, 919（10）：1-23.

Ficker J J, Vanhoose B R, Atchison O M, et al. 2013. Systems and methods for coupling pipe with angled coupling mechanism[J]. United States Patent Application, 1347 (5): 1-10.

Harris R, Robinson C. 2004. Productivity impacts and spillovers from foreign ownership in the United Kingdom[J]. National Institute Economic Review, 187 (1): 58-75.

Legewie J. 2000. The political economy of industrial integration in ASEAN: The role of japanese companies[J]. Journal of the Asia Pacific Economy, 5 (3): 204-233.

Mankiw N, Romer D, Weil D. 1992. A contribution to the empirics of economic Growth[J]. Quarterly Journal of Economics, 107 (2): 407-438.

Weick K E. 1976. Educational organizations as loosely coupled systems[J]. Administrative Science Quarterly, 21 (1): 1-19.

第8章 要素集聚下技术创新与产业结构优化升级的非线性和溢出效应研究*

8.1 研究背景

区域技术创新始终是转型经济背景下促进产业结构优化升级的中坚力量。现有研究主要从经济、产业和要素集聚角度分析经济发展状况以及集聚的溢出效应,而忽略了要素集聚在促进技术创新进而引致产业升级时的非线性及外部性特征。技术创新能有效改变产业比例,实现产业结构优化升级。本章主要分析技术、劳动力、资本和创新要素集聚下的技术创新与产业结构优化升级的关系,而要素集聚对技术创新产生怎样的集聚效应?技术创新对产业结构优化升级的非线性阈值效应又如何?两者之间的空间关联性存在与否?这些问题将是本章论证的重点。

国外在集聚角度的研究侧重于产业、经济和要素三方面,从产业集聚的影响因素方面分析集聚的重要驱动力(Kato,2015);从贸易、消费、市场和引进外资视角阐述经济集聚的受限条件(Hilber et al.,2010);从要素的外部效应路径角度论证要素集聚的中流砥柱性角色(Huang et al.,2012)。技术创新方面仍然通过构建技术创新体系分析技术扩散、技术融合特性(Tigabu et al.,2015),大多产业结构优化升级的文献侧重于定量讨论产业增长的影响因素,并进一步明晰产业结构优化升级的关联要素(Wang et al.,2015)。此后,"集聚效应"这个学术界的新宠逐渐近入国内学者的视野,已有文献大多从产业、经济和要素集聚三方面进行分析。产业集聚与各要素的联系是经济发展的关键驱动(盛丹和王永进,2013;沈能等,2014);经济集聚是实现区域协调发展的必要条件(张可和汪东芳,2014);创新、技术和资本等集聚要素间的交互作用是省域异质性存在的可靠保障(邓慧慧,2009;齐亚伟和陶长琪,2014)。关于技术创新与产业结构优化升级间关系的研究较少,学者大多涉及产业结构升级的非线性阈值效应(毛军和刘建民,2014)以及技术、产业与经济的长期协调增长关系研究(黄茂兴和李军军,2009)。

上述国内外文献进行要素集聚、技术创新和产业结构优化升级的影响效应分析时角度比较单一,几乎没有文献探究上述三方面因素间的关联性,而集聚与创

---

* 本章部分成果发表在陶长琪、周璇撰写的 2016 年第 1 期的《当代财经》上

新要素间的交互依存性和联动性说明两者间的关系密切,并且技术创新、产业升级与经济发展间又存在藕断丝连的关系。因此,本章开展技术、资本、劳动力和创新要素集聚下的技术创新溢出特征对产业结构优化升级作用方式的研究,对明晰各集聚要素对产业结构优化升级的作用程度,具有标志性意义。构建面板平滑转移模型(PSTR 模型)进行非线性特征分析(费宇和王江,2013;Heidari et al.,2015),PSTR 模型是 Hansen(1999)面板门槛模型的一般形式,在国外最早由 Gonzhlez 等(2004)和 Fok 等(2005)开发而来,它一改以往选择交乘项、虚拟项研究区域异质性的惯例,系统探究各集聚要素作用的空间异质性特征。此外,本章将运用面板数据进行空间相关性分析(Anselin,2001;Lesage et al.,2014;Qu et al.,2015),进一步探究技术创新对产业结构优化升级的影响力度。

本章在阐释要素集聚性质的基础上,首次论证并使用各集聚要素替代技术创新指标,细致探究各集聚要素下产业结构优化升级的正负作用效应、力度和方式;为降低模型的异方差性及随机误差项对各集聚要素的扰动性,选用加权最小二乘法替代普通最小二乘法测算转移函数模型的参数;分别从各集聚要素角度分析其作用的异质性,继而解析各要素作用的外溢效应。相对于以往研究,存在如下重要意义。

(1)细致考虑要素集聚与技术创新间的交互依赖性,为深入分析各集聚要素与技术创新间的内在关联趋势及对技术创新指标的可替代性提供指导。要素集聚与技术创新间存在相互协调、影响和作用的内在关联性,技术创新与高技术集群间的密切关系又使得资本、技术、劳动力和创新要素集聚下的地理耦合关系显著。本章一改以往文献从选取指标体系角度进行技术创新效应分析,论证各集聚要素对技术创新的影响效应及替代性,结果显示各集聚要素与技术创新间存在动态关联性,可有效克服以往文献在技术创新指标选取上出现的评价指标信息冗余、指标选取信息不完全等导致的指标选择主观性缺失问题。

(2)分别设定门槛变量,探究各集聚要素对产业结构优化升级的作用方式和力度,解析产业结构优化升级受技术创新影响的平滑转移效应,以分析技术创新对产业结构优化升级的作用差异,为改善区域产业环境提供政策建议。已有文献侧重分析各单一集聚要素对省域经济(黄晖和金凤君,2011)、区域技术进步(池仁勇和杨潇,2010)等的影响,或探究单一变量间的非线性效应(贺胜兵和杨文虎,2008)。本章细化各集聚要素下的技术创新对产业结构优化升级的影响力度,明确各集聚要素对产业结构优化升级影响的正负效应,为省域政府的宏观决策提供间接参考。

(3)从理论和实证角度验证了技术创新对产业结构优化升级的空间外溢性,从空间角度解析技术创新对产业结构优化升级的作用效应,为促进区域技术创新效率提升、改进产业结构优化升级层次提供实证基础。目前技术创新与产业结构优化升级间的相互作用机理很少经过实证，大多文献只涉及技术创新与产业结构间的定性分析（周叔莲和王伟光，2001）。本章通过阐释要素集聚效应和技术创新效应的内在作用机理，进一步分析两者的演化进程，便于推进区域经济发展的理论研究。基于要素集聚背景，通过实证技术创新对产业结构优化升级的空间溢出效应，为提升区域技术创新效应、产业结构层次演进提供政策建议。

8.2 要素集聚下的技术创新效应分析

已有文献大多通过构建技术创新体系来评价或表达技术创新能力，在指标选取上会出现选择的评价指标过多、指标过度偏向某一方面如企业 R&D（research and development，研发）能力等，导致运算困难、指标主观片面等。"集聚效应"表现的是经济、产业活动在空间层级的向心活动，本章通过论证各集聚要素与技术创新间紧密的动态关联性，以期得出技术创新能力表达可替代性的结论。

技术创新与资本、技术、劳动力和创新要素的集聚为相辅相成的共生演化关系，技术创新能力的地理集聚性同样显著，两者是相互依赖的耦合关系。以往均选择构建技术创新系统和技术创新体系表征技术创新能力，而本章选择对技术创新有显著作用效应的各类集聚要素作为影响技术创新的核心变量。鉴于技术创新与集聚的交互依赖性，创新也会表现出地理集聚性，即创新要素集聚会通过溢出效应影响技术创新效率。于是，本章作出如下假设。

【假设1】 除创新要素外的其余要素（劳动力、技术、资本要素）都将通过外溢效应对技术创新产生显著影响。

【假设2】 影响技术创新效率的因素同样是影响产业结构优化升级内在机制的关键。

综合以上论述及假设 1 和假设 2，选择各集聚要素替代技术创新体系探究技术创新对产业结构优化升级的影响效应，选取如下各集聚要素为解释变量。

技术要素集聚 T（黄晖和金凤君，2011）：技术要素集聚是技术作为一种经济要素，在不同的技术层级间发生交互影响，使得要素在协调组织过程中实现技术改造和产业结构优化升级。我国技术要素集聚的影响因素有产业集聚、政策要素和制度因素，分别使用行业的基尼系数 G（文玫，2004）、科技经费筹集额中政府资金 Gov 和国有及国有控股工业增加值 Inc 在各地区工业增加值中所占比例（肖兴志等，2012）表示。构建以专利申请授权数为被解释变量的面板数据模型，得通过 ADF 检验、PP（Phillips-Perron）检验和 Hausman 检验后的技术要素集聚变量的个体时点固定效应面板模型为 $T = 0.052 + 0.076G + 0.005\text{Gov} - 0.080\text{Inc}$，进而根据面板回归结果计算出 I，I 就是 T。基尼系数的计算方式为

$$G_i = \frac{1}{2n^2\overline{s}_i}\sum_{k=1}^{n}\sum_{j=1}^{n}|s_{ij} - s_{ik}| \tag{8-1}$$

其中，$\overline{s}_i$ 为省域工业增加值占总工业增加值比例的均值；n 表示省域个数；s_{ij}、s_{ik} 为省份 j 和 k 的工业增加值占总工业增加值的比例。

资本要素集聚（余泳泽，2011）：资本要素集聚包括物质资本要素集聚 W 和人力资本要素集聚 H，资本要素集聚的充足度正相关于资本深化度，合适的物质资本充足度有利于促使技术创新按完整的资源禀赋路径对产业结构产生正向作用，人力资本的集聚更是驱动高新技术、先进知识外溢的可靠保障，分别使用省域物质资本、人力资本存量在全国（物质、人力）资本存量中的占比度量。物质资本存量依照张军等（2004）的测算方法，人力资本存量选取人均受教育年限表示，用大专以上（16年）、高中（12年）、初中（9年）、小学（6年）和文盲半文盲的人口（0年）占总人口的比例与受教育年数的加权比表示。

劳动力要素集聚 L（齐亚伟和陶长琪，2014）：劳动力集聚是区域经济发展水平的代名词，劳动力结构的完整性是创新实现的前提条件。受 Henderson（1995）创新要素计算方法的启发，劳动力要素集聚的计算公式为

$$\text{劳动力要素集聚} = \frac{(\text{省域工业就业人数/工业总就业人数})}{(\text{省域全部就业人数/全国总就业人数})} \tag{8-2}$$

劳动力用省域年末从业人员数/全国年末从业人员数表示。

创新要素集聚 C（Henderson，1995）：创新要素的溢出效应正相关于技术创新效率，创新技术重叠使得产业结构正向有效率并逐步递增，那么创新要素集聚使得创新效率受极大的影响。借鉴 Henderson 的做法，创新要素集聚的测算式为

$$\text{创新要素集聚} = \frac{\left(\text{创新总投入}_{ij} \Big/ \sum_i \text{创新总投入}_{ij}\right)}{\left(\sum_j \text{创新总投入}_{ij} \Big/ \sum_i \sum_j \text{创新总投入}_{ij}\right)} \tag{8-3}$$

其中，i 为技术创新主体；j 是地区。

在探究要素集聚下的技术创新效应时，选择专利申请授权数作为被解释变量，引入 C-D（Cobb-Douglas）生产函数模型探究集聚要素对技术创新体系的可替代性。

C-D 生产函数模型为

$$Y_t = A_t K_t^a L_t^b \tag{8-4}$$

其中，Y 为经济产出；A 表示技术进步；K 是资本投入；L 是劳动投入；a 和 b 分别表示资本和劳动的弹性。

改进上述模型，选择各集聚要素替代原模型中的生产要素，在希克斯中性技术进步条件下，分别使用人力资本要素和劳动力要素集聚替代资本投入，使用技术要素和创新要素集聚替代劳动力投入，得如下生产函数模型：

$$I_t = A_t W_t^a (H_t L_t)^b (T_t C_t)^c \qquad (8\text{-}5)$$

其中，I 表示技术创新能力；H 是人力资本要素集聚；L 为劳动力要素集聚；T 为技术要素集聚；C 代表创新要素集聚；同时希克斯中性技术进步条件下有 $a+b+c=1$。为消除模型的异方差性，对式（8-5）两边取对数得

$$\ln I_t = a_t + a\ln W_t + b\ln H_t + b\ln L_t + c\ln T_t + c\ln C_t \qquad (8\text{-}6)$$

为更清晰地分析各集聚要素对技术创新指标的可替代性以及两者间的联动效应，构建要素集聚下的技术创新系统动态 GMM 估计模型，考察变量间的联动程度，即

$$\ln I_t = a_t + b\ln W_t + c\ln H_t + d\ln L_t + e\ln T_t + f\ln C_t \qquad (8\text{-}7)$$

平稳的模型检验结果（表 8-1）显示，可进行系统动态 GMM 估计。

表 8-1 面板数据模型的类型确定

变量	LLC 检验	ADF 检验	结论	变量	LLC 检验	ADF 检验	结论
$\ln I$	−3.850*** （0.000）	−1.635** （0.051）	平稳	$\ln W$	−3.654** （0.037）	−1.825** （0.049）	平稳
$\ln H$	−8.619*** （0.000）	−6.121*** （0.000）	平稳	$\ln L$	−1.793** （0.064）	−1.851** （0.068）	平稳
$\ln T$	−2.340** （0.010）	−1.354** （0.016）	平稳	$\ln C$	−10.673*** （0.000）	−10.170*** （0.000）	平稳

注：括号内为对应的 P 值；*、**、***分别表示在 10%、5% 与 1% 的置信水平上显著；LLC 指 Levin, Lin and Chu

系统动态 GMM 估计方法在估计时不仅能同时考虑不随时间变化的其他变量以及非观测界面的个体效应，而且对于任意时间和截面条件下均为有效估计，于是得估计结果如表 8-2 所示。

表 8-2 各集聚要素对技术创新影响的系统 GMM 估计结果

变量	系数估计值	P 值	变量	系数估计值	P 值
C	0.089*	0.092	$\ln W$	−0.067***	0.000
$\ln H$	0.033**	0.011	$\ln L$	0.011*	0.090
$\ln T$	−0.045***	0.005	$\ln C$	0.004***	0.000
Wald 检验	4100.690***	0.000	Sargan 检验	509.215***	0.000
模型的稳健性分析					
C	0.004***	0.000	$\ln W$（−1）	−0.081***	0.000
$\ln H$（−1）	0.030**	0.036	$\ln L$（−1）	0.003*	0.065
$\ln T$（−1）	−0.044***	0.009	$\ln C$（−1）	0.004***	0.000
Wald 检验	3745.350***	0.000	Sargan 检验	430.945***	0.000

注：*、**、***分别表示在 10%、5% 与 1% 的置信水平上显著

由表 8-2 可见，结果中各变量的系数估计值均显著，说明要素集聚对技术创新的影响不是单一的正向关系，而会受集聚水平和集聚要素的差异化作用。使用滞后一期的解释变量与被解释变量检验模型的稳健性，可见技术创新与要素集聚间的正负作用效应和显著性均表现出与原模型的相似性，证明原模型是稳健的。可见要素集聚有提升技术创新能力的作用，同时也会出现集聚的负外部性效应，在技术创新和产业结构优化升级的分析中担当"双刃剑"的角色。综上，技术创新变量可由各集聚要素显著表达，可使用各集聚要素作为技术创新变量分析产业结构优化升级的受影响效应，验证了假设的可行性，于是可进一步运用集聚要素替代技术创新体系探究技术创新与产业结构优化升级的非线性关联。

8.3 技术创新与产业结构优化升级的非线性关联分析

影响技术创新的产业结构优化升级效应随着资本、技术、区域等因素的变动而改变，影响因素的多重性及影响机理的复杂性导致技术创新对产业结构优化升级的作用效应表现出渐近动态性和区域异质性，而 PSTR 模型是诠释此类变量连续变化性的首选。本章构建技术创新与产业结构优化升级的 PSTR 模型，为了进一步消除随机误差项与各集聚要素间的相关性，削减模型的异方差性，本章一改原始模型使用最小二乘法最优估计模型参数的思路，使用加权最小二乘法估计 PSTR 模型的参数，以使结果更确切。

8.3.1 PSTR 模型原理

PSTR 模型较面板门槛模型而言能较好地克服集聚要素在阈值处发生的机制瞬时转变性，它通过各要素集聚变量系数的缓慢变化来刻画变量间的非线性关联，可精确捕捉面板数据的截面异质性。其可看作一外生回归的固定效应模型，它的一般形式如下：

$$y_{it} = \mu_i + \beta_0' x_{it} + \beta_1' x_{it} G(q_{it}; \gamma, c) + \varepsilon_{it}, \quad i=1,\cdots,N, \quad t=1,\cdots,T \quad (8-8)$$

$$G(q_{it}; \gamma, c) = \left\{1 + \exp\left[-\gamma \prod_{j=1}^{n}(q_{it} - c_j)\right]\right\}^{-1}, \quad \gamma > 0, \quad c_1 \leqslant c_2 \leqslant \cdots \leqslant c_n \quad (8-9)$$

其中，y 为产业结构优化升级变量；N 为截面维度；T 表示时间维度；μ_i 为个体固定效应；ε_{it} 为随机误差项；$G(q_{it}; \gamma, c) \in [0,1]$ 表示转移函数；q_{it} 为转换变量，分别代表 5 个集聚要素；$\gamma > 0$ 是确定转换速度的斜率系数；c 为参数转换的门槛条件。$c = (c_1, c_2, \cdots, c_n)'$ 是 n 维的位置参数向量，与 γ 一同作为模型的识别条件；$(\beta_0', \beta_0' + \beta_1')$ 为 x_{it} 的连续平滑转移区间。

PSTR 模型一般选用固定效应 NLS 进行估计。应用 NLS 法前,需移除个体特定效应均值,之后运用组内去心转换法标准化面板模型,本模型需估计的参数为 $\theta = (\beta_0', \beta_1', \gamma, c')'$,由公式(8-8)可得紧凑格式:

$$y_{it} = \mu_i + (\beta_0', \beta_1')'[x_{it}', x_{it}'g(q_{it}; \gamma, c)]' + \varepsilon_{it} \qquad (8\text{-}10)$$

进而对式(8-10)进行去个体均值处理,为进一步剔除随机误差项与各集聚要素间的相关性,减轻模型的异方差性,并受 Tang 等(2002)启发,使用加权最小残差平方和替代原始模型的最小残差平方和,得改进后模型的最佳估计:

$$(\hat{\gamma}, \hat{c}) = \arg\min_{(\gamma, c)} \sum_{i=1}^{N}\sum_{t=1}^{T} \omega_{it}[\bar{y}_{it} - \hat{\beta}(\gamma, c)\tilde{x}_{it}(\gamma, c)]^2 \qquad (8\text{-}11)$$

其中,ω_{it} 代表权重,这里选择的权重为 $\omega_{it} = 1/\sqrt{y_{it}}$。每一次迭代均选择非线性最优化算法,$\hat{\beta}(\gamma, c)$ 通过式(8-10)去个体均值处理后的 OLS 计算得到,而 NLS 的迭代初值用格点搜索法下的最小 $(\hat{\gamma}, \hat{c})$ 表示。

8.3.2　PSTR 模型的实证分析

本章从模型设定、参数估计以及模型稳健性分析三个角度构建 PSTR 模型,分析技术创新对产业结构优化升级的非线性效应。

1. 数据和变量的选择

数据来自于《中国高技术产业统计年鉴》、《中国统计年鉴》和 EPS 数据库。选择 1995~2013 年的面板数据进行样本分析。选择的主要变量如下:被解释变量为第三产业增加值占比(TR),代表产业结构从高度化向高效化转变的过程;解释变量分别是物质资本要素集聚 W、人力资本要素集聚 H、劳动力要素集聚 L、技术要素集聚 T 和创新要素集聚 C 的对数;门限变量用 5 个解释变量依次表示。

2. 模型的建立

于是本章需构建 5 个技术创新与产业结构优化升级的非线性模型,即在保持解释变量不变的条件下,依次以物质资本要素集聚 W、人力资本要素集聚 H、劳动力要素集聚 L、技术要素集聚 T 和创新要素集聚 C 为门限变量(q_{it} 依次为 $\ln W_{it}$、$\ln H_{it}$、$\ln L_{it}$、$\ln T_{it}$ 和 $\ln C_{it}$),构建如下多因素的 PSTR 模型:

$$\begin{aligned}\ln TR_{it} = {} & \mu_i + \beta_{01}\ln W_{it} + \beta_{02}\ln H_{it} + \beta_{03}\ln L_{it} + \beta_{04}\ln T_{it} + \beta_{05}\ln C_{it} \\ & + (\beta_{11}\ln W_{it} + \beta_{12}\ln H_{it} + \beta_{13}\ln L_{it} + \beta_{14}\ln T_{it} + \beta_{15}\ln C_{it})\{1 + \exp[-\gamma(q_{it} - c_j)]\}^{-1} + \varepsilon_{it}\end{aligned}$$

$$(8\text{-}12)$$

3. 模型的检验

表 8-1 结果显示各解释变量均是平稳的,进而对被解释变量 IR 进行单位根检验,可得 LLC 和 ADF 检验均在 1%的置信水平下显著。于是继续对上述 5 个模型分别进行非线性检验,结果如表 8-3 所示。

表 8-3　PSTR 模型的非线性检验

门限变量位置参数		$\ln W$		$\ln H$		$\ln L$		$\ln T$		$\ln C$	
		$n=1$	$n=2$	$n=1$	$n=2$	$n=1$	$n=2$	$n=1$	$n=2$	$n=1$	$n=2$
H_0: $p=0$	D	521.774***	769.617***	517.513**	760.744**	530.554**	782.567**	525.942**	775.764**	541.257**	798.354***
H_1: $p=1$	F	97.764***	48.333***	89.255***	43.994***	91.647***	45.325***	94.578***	46.774***	85.836***	42.451***
H_0: $p=1$	D	106.690	525.089	204.228	537.937	390.937	532.404	359.345	489.376	405.351	515.624
H_1: $p=2$	F	20.400	50.498	30.049	28.997	37.721	35.279	67.470	72.354	71.397	65.317

注:D 表示 LM_χ 统计量,F 表示 LM_F 统计量,*、**、***分别表示在 10%、5%和 1%的置信水平下拒绝原假设

由表 8-3 可见,分别选择 5 个集聚要素作为门限变量进行技术创新与产业结构优化升级间非线性关系的存在性检验,选择的检验统计量为 LM_χ 和 LM_F 统计量。当 $n=1$ 和 2 时,LM_χ 和 LM_F 统计量均拒绝模型的线性假设,论证出技术创新与产业结构优化升级间的关系为非线性,并且模型的转换函数个数为 $p=1$,那么选择 PSTR 模型是合适的。

继而选择 SC 和 AIC 确定位置参数个数,如表 8-4 所示。

表 8-4　PSTR 模型的位置参数个数设定检验

门限变量	$\ln W$		$\ln H$		$\ln L$		$\ln T$		$\ln C$	
位置参数	$n=1$	$n=2$	$n=1$	$n=2$	$n=1$	$n=2$	$n=1$	$n=2$	$n=1$	$n=2$
转换函数	$p=1$	$p=1$	$p=1$	$p=1$	$p=1$	$p=1$	$p=1$	$p=1$	$p=1$	$p=1$
AIC	−5.106	−4.420	−5.450	−4.591	−5.245	−4.454	−5.374	−4.560	−5.419	−4.476
SC	−3.817	−3.269	−4.162	−3.440	−3.956	−3.302	−4.085	−3.409	−4.130	−3.325

由表 8-4 可见,各门槛变量条件下,以 5 个集聚要素为解释变量的模型中的 AIC 和 SC 的值在 $n=1$ 的情况下均小于 $n=2$ 的情形,选择位置参数为 $n=1$。综上检验,得出模型的转换函数个数 $p=1$,位置参数个数 $n=1$。

4. 模型的测算结果

分别测算以 5 个集聚要素为门限变量的 PSTR 模型,得如表 8-5 所示的结果。

表 8-5 PSTR 模型结果

模型		模型 1	模型 2	模型 3	模型 4	模型 5
门限变量		$\ln W$	$\ln H$	$\ln L$	$\ln T$	$\ln C$
斜率系数		5.625	7.320	8.923	67.210	24.208
位置参数		5.216	6.518	9.214	8.240	6.983
解释变量系数	β_{01}	−0.058** (−1.25)	−0.095*** (−1.47)	−0.049* (−1.06)	−0.113*** (−2.69)	−0.253** (−3.72)
	β_{02}	0.759*** (8.35)	0.169*** (1.55)	0.721** (7.48)	0.829*** (9.41)	0.562*** (5.43)
	β_{03}	0.496 (1.32)	0.412*** (1.32)	−0.315** (−2.74)	0.208 (2.12)	0.973*** (12.06)
	β_{04}	1.099*** (8.87)	1.287*** (10.48)	1.29* (4.60)	2.91 (11.81)	2.24*** (7.75)
	β_{05}	−0.760*** (−7.71)	0.244** (1.62)	0.704*** (3.42)	0.594*** (6.60)	0.624* (7.34)
转移函数系数	β_{11}	−0.395** (−4.85)	−0.297* (−3.95)	−0.534** (−5.31)	−0.851*** (−9.24)	−0.713*** (−9.53)
	β_{12}	0.928*** (10.27)	0.726*** (8.96)	0.435* (5.61)	0.890*** (9.26)	0.560*** (5.98)
	β_{13}	−0.421 (−1.92)	−0.387*** (−3.55)	−0.203** (1.31)	−0.199*** (−1.13)	−0.860** (3.04)
	β_{14}	0.726*** (4.03)	0.697*** (8.35)	−0.567 (−2.58)	1.625 (6.87)	0.956*** (10.35)
	β_{15}	0.571** (2.61)	0.579*** (3.02)	0.727* (5.29)	0.697** (8.35)	1.167** (4.64)
$\beta_{01}+\beta_{11}$		−0.453	−0.392	−0.583	−0.967	−0.966
$\beta_{02}+\beta_{12}$		1.687	0.895	1.156	1.719	1.122
$\beta_{03}+\beta_{13}$		0.075	0.025	−0.518	0.009	0.113
$\beta_{04}+\beta_{14}$		1.825	1.984	0.723	4.535	3.196
$\beta_{05}+\beta_{15}$		−0.189	0.823	1.431	1.291	1.791

注：***、**、*各表示在 1%、5%和 10%置信水平下显著，括号内是 t 值

表 8-5 的结果显示各要素集聚下的技术创新对产业结构优化升级的影响效应，结果总体表达出技术创新对产业结构优化升级显著的正向非线性关联。由表 8-5 可见，在低要素集聚区和高要素集聚区下，除了物质资本要素集聚变量，其余集聚要素下的技术创新对产业结构优化升级的作用度均显著为正。说明固定资本存量弱化了其对技术进步的促进效应，引致技术创新对产业结构优化升级的作用也显著为负，使得转移函数角度的物质资本和劳动力要素集聚下的技术创新对产业结构优化升级的边际作用均为负数。为了更加清晰地进行分析，选择物质资本要素集聚为门限变量进行非线性特征分析。

于是，在物质资本要素集聚条件下，产业结构优化升级对 5 个集聚要素（物质资本要素集聚、人力资本要素集聚、劳动力要素集聚、技术要素集聚和创新要

素集聚）的弹性区间分别为（-0.453，-0.058）、（0.759，1.687）、（-0.421，0.496）、（0.726，1.825）和（-0.76，0.571）。物质资本要素集聚的边际效用递减，原因可能是物质资本一直以固定资本存量的形式存在，故而不能很好地激活技术，不利于持久技术创新，于是对产业结构优化升级产生负向效应。物质资本要素集聚对人力资本要素和技术要素的作用显著为正，说明随着物质资本要素集聚度的增强，用于固定资产投资的集聚要素显著增加，进一步带动省域经济的发展，促进高技术人才、先进技术向有投资项目的省份流动。随着物质资本要素的日益集聚，用于投资的资产剧增，人力资本要素和技术要素的集聚效率上升，最终促成技术创新对产业结构优化升级的正向边际作用。劳动力要素集聚受物质资本要素集聚度变化的作用效应不明显，物质资本要素集聚指的是以生产物质形式长期存在的固定资产，物质资本要素集聚的增加会导致产出的减少，与劳动力要素集聚带来的劳动力增长，进而体现出的边际报酬递增趋势相违背，因此劳动力要素集聚受物质资本要素集聚度的作用较小。创新要素集聚下的物质资本要素集聚效应不显著，创新是用旧的思维提出新的想法，以新的思路为导向创造满足社会需求的新事物，而物质资本要素集聚则为固定资本存量的留存，缺乏新元素的注入，因此随着物质资本要素的集聚，创新要素集聚反而受到负向的减弱作用。于是，在物质资本要素集聚条件下，适度的物质资本要素集聚和创新要素集聚，正向的人力资本要素集聚和技术要素集聚将促使技术创新对产业结构优化升级的非线性效应显著增强。以此类推，总体而言，要素集聚下的技术创新对产业结构优化升级的非线性门限效应显著存在。

此外，本章使用如下方法进行 PSTR 模型的稳健性检验：①对上述变量使用 PSTR 模型的特殊形式面板转移回归（panel transfer regression，PTR）模型进行分析，得出技术要素集聚对产业结构优化升级的作用系数呈现先下降后上升的"U"形作用机制，其余集聚要素变量下技术创新对产业结构优化升级的非线性效应与 PSTR 模型类似；②在相应集聚要素为门限变量的条件下，从原始的 PSTR 模型中依次剔除 5 个集聚要素以检验模型的稳健性。实践证明，除了在人力资本要素集聚门限变量下剔除技术要素集聚变量和在创新要素集聚门限变量下剔除物质资本存量时，劳动力要素集聚对产业结构优化升级的作用参数变为负，其余的作用效应都与未剔除时类似，即分别剔除相应解释变量对技术创新与产业结构间的非线性效应结果影响甚微。综上说明本章构建的 PSTR 模型是稳健的，以上得出的结论可信程度高。

上述 PSTR 模型探究的是要素集聚下的省域技术创新对产业结构优化升级的非线性效应，主要探究省份间的交互非线性关系对省域的影响力度和影响方式，受省域要素资源禀赋差异的影响。技术创新对产业结构优化升级的作用还体现在技术溢出的区域交互作用，本章构建空间计量模型探究要素集聚下的技术创新与产业结构优化升级的溢出效应相关性。

8.4 技术创新与产业结构优化升级的溢出效应研究

要素的空间集群现象随着要素集聚度的上升而出现,此后要素集聚随之引致知识溢出。这种溢出形式则为空间相关性的完美体现,并通过溢出作用实现区域技术创新效率的提升,最终促成产业结构优化升级。本章将利用各集聚要素的面板数据,构建空间计量模型,考察要素集聚下省域的技术创新对产业结构优化升级作用的差异化作用效应。

8.4.1 空间计量模型溢出效应的原理

作为经济计量模型的衍生,空间计量模型主要用于探究复杂的空间依存作用和交互效应。通过对模型条件的改变,可得出空间计量模型簇,如图 8-1 所示。

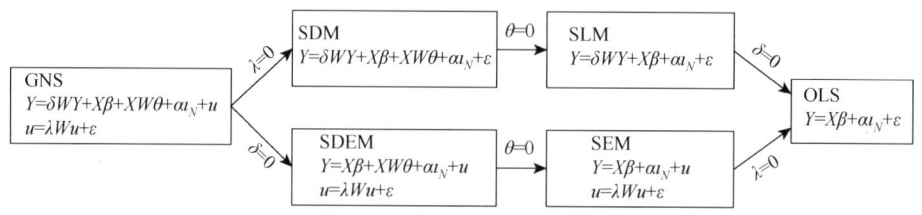

图 8-1 空间计量模型关联图

图 8-1 可见,包含所有交互效应的一般嵌套空间模型(general nesting spatial model,GNS)通过施加限制条件得出相对应的 SDM、SDEM、SLM、SEM 以及 OLS。于是省域各要素通过上述模型的作用效应对产业结构优化升级产生影响,其不仅会通过集聚效应对各省份的技术创新产生作用,继而使得产业结构优化升级表现出省域异质性,即空间计量模型的直接效应;而且会通过外溢效应对临近省份的技术创新产生影响,促成产业结构优化升级显现出空间关联性,即空间计量模型的间接效应。本章通过 GNS 模型分析技术创新对产业结构优化升级作用的直接、间接效应。

一个包含所有交互效应的 GNS 模型如下:

$$Y = \delta WY + X\beta + XW\theta + \alpha\iota_N + u$$
$$u = \lambda Wu + \varepsilon \tag{8-13}$$

其中,WY 表示被解释变量间的内生交互效应;WX 表示解释变量间的外生交互效应;Wu 表示不同扰动项间的交互效应;δ 为空间自回归系数;θ 和 β 均代表 $K\times 1$

维未知待估参数向量；W 为空间权值矩阵。于是，简化上述模型得

$$Y = (1-\delta W)^{-1}(X\beta + XW\theta) + R \qquad (8\text{-}14)$$

其中，$R = (1-\delta W)^{-1}(\alpha \iota_N + u)$ 包含截距项和误差项的多余项，那么关于 Y 的期望对第 $1\sim N$ 个单位的第 K 个解释变量的偏导数矩阵为

$$\left[\frac{\partial E(Y)}{\partial x_{1k}} \cdots \frac{\partial E(Y)}{\partial x_{Nk}}\right] = \begin{bmatrix} \frac{\partial E(y_1)}{\partial x_{1k}} & \cdots & \frac{\partial E(y_1)}{\partial x_{Nk}} \\ \vdots & & \vdots \\ \frac{\partial E(y_N)}{\partial x_{1k}} & \cdots & \frac{\partial E(y_N)}{\partial x_{Nk}} \end{bmatrix} = (1-\delta W)^{-1}\begin{bmatrix} \beta_k & w_{12}\theta_k & \cdots & w_{1N}\theta_k \\ w_{21}\theta_k & \beta_k & \cdots & w_{2N}\theta_k \\ \vdots & \vdots & & \vdots \\ w_{N1}\theta_k & w_{N2}\theta_k & \cdots & \beta_k \end{bmatrix}$$

$$(8\text{-}15)$$

上述偏导存在，第一，若一个特殊单位里的特殊解释变量发生变化，则该单元和其他单元的被解释变量都会受到影响，第一种就称为直接效应，第二种称为间接效应，对应式（8-17）中矩阵的对角线元素代表直接效应，其他非主对角线元素为间接效应。因此当 $\delta = 0$ 和 $\theta_k = 0$ 时，所有的非主对角线元素将会为 0，间接效应就不会发生。第二，对不同的单元直接效应和间接效应存在差异，不同单元的 $(I_N - \delta W)^{-1}$ 矩阵的对角线元素的差异性使得直接效应存在差异性（$\delta \neq 0$），而间接效应的不相同则体现在不同的矩阵 $(I_N - \delta W)^{-1}$ 和 W 的主对角线元素上（$\delta \neq 0$，$\theta_k \neq 0$）。

以上论述中的间接效应即影响的外溢效应，主要通过某个地区的溢出作用对其他地区产生的影响来表达，即省域各集聚要素通过溢出效应对其他地区产生影响，从而实现技术创新的产业结构优化升级效应，影响的路径如图 8-2 所示。

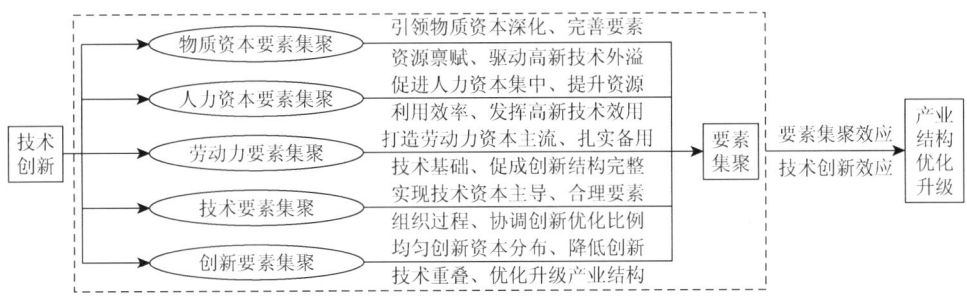

图 8-2 要素集聚下技术创新对产业结构优化升级的溢出效应

上述技术创新对产业结构优化升级的溢出效应，通过技术创新受要素集聚间接作用的影响对产业结果优化升级产生作用。

8.4.2　模型的实证结果分析

基于不同的模型条件限制，上述空间计量模型簇均可通过空间面板回归实现技术创新对产业结构优化升级的空间溢出效应，那么本章将通过比较得出技术创新对产业结构优化升级作用的最优模型。继而考察各要素集聚变量的间接效应，第二部分的 Hausman 检验说明个体固定效应模型是最佳选择，于是得 Moran's I 的全局自相关性检验（表 8-6）。

表 8-6　产业结构优化升级的 Moran 指数检验

年份	Moran's I	临界值 $Z(I)$	年份	Moran's I	临界值 $Z(I)$
1995	0.467	0.642	2005	0.218	2.137
1996	0.807	0.911	2006	0.295	1.955
1997	0.246	2.054	2007	0.110	2.134
1998	0.326	2.817	2008	0.120	1.219
1999	0.305	2.653	2009	0.145	2.427
2000	0.243	2.203	2010	0.093	2.342
2001	0.267	2.421	2011	0.131	1.823
2002	0.215	1.967	2012	0.142	1.459
2003	0.378	2.026	2013	0.168	1.967
2004	0.680	2.275			

注：***、**、*各表示在 1%、5%和 10%置信水平下显著，括号内是 t 值

表 8-6 中 5%置信水平下大多数 Moran's I 值的显著性［大部分 $Z(I)$ 对应的值都大于 1.96］说明技术创新与产业结构优化升级间的空间正自相关性显著，要素集聚作用效应引致的产业升级效果明显，于是选择空间计量模型进行产业结构优化升级分析。使用上述空间计量模型簇进行回归分析，空间加权矩阵选择 0-1 矩阵。结果如表 8-7 所示。

表 8-7　技术创新对产业结构优化升级的空间效应结果

指标＼模型	GNS	SDM	SDEM	SLM	SEM	OLS
$\ln W_{it}$	0.002 (0.597)	0.005** (2.099)	0.002 (0.829)	0.005** (2.022)	0.002 (0.944)	0.010** (2.481)
$\ln H_{it}$	−0.170*** (−3.665)	−0.065** (−1.738)	−0.134*** (−2.939)	−0.070* (−1.878)	−0.141*** (−3.100)	−0.262*** (−4.503)
$\ln L_{it}$	−0.033*** (−3.455)	−0.023*** (−3.011)	−0.041*** (−4.059)	−0.023*** (−3.080)	−0.041*** (−4.092)	−0.006 (−0.857)

续表

指标\模型	GNS	SDM	SDEM	SLM	SEM	OLS
$\ln T_{it}$	0.042** (1.989)	0.026** (1.617)	0.028 (1.311)	0.024* (1.434)	0.025 (1.141)	0.133*** (6.976)
$\ln C_{it}$	0.153*** (5.470)	0.061*** (2.657)	0.141*** (5.042)	0.059** (2.593)	0.137*** (4.975)	−0.047 (−1.228)
$W \times \ln TR_{it}$	0.809*** (36.063)	0.597*** (16.409)	0.663*** (20.090)	—	—	—
$W \times \ln W_{it}$	0.025** (4.621)	0.048** (1.934)	0.034 (0.642)	—	—	—
$W \times \ln H_{it}$	−0.195 (−5.295)	−0.153*** (−4.217)	0.103*** (1.267)	—	—	—
$W \times \ln L_{it}$	−0.015*** (−1.461)	−0.094** (−1.537)	−0.092 (−7.036)	—	—	—
$W \times \ln T_{it}$	0.034* (4.217)	0.058*** (3.694)	0.037** (2.176)	—	—	—
$W \times \ln C_{it}$	0.132** (2.861)	0.091*** (3.812)	0.264*** (3.460)	—	—	—
空间回归（误差）系数 ρ	—	—	—	0.611*** (17.157)	0.651*** (19.289)	—
调整后的 R^2	0.702	0.780	0.752	0.727	0.558	0.647
对数似然函数值	992.289	998.775	998.775	1011.581	1023.068	854.274

注：***、**、*各表示在1%、5%和10%显著性水平下显著，括号内的为 t 值

由表8-7可见，SLM和SDM的各变量均显著，而SDM的拟合优度高于SLM。此外，GNS模型为包含所有交互效应的空间计量模型，那么模型分析过程中不能更好地侧重某方面特征，易造成模型分析的误差；SLM和SEM中对空间权重矩阵 W 的非对称性要求和对 δ、λ 的参数限制使模型的参数估计异常复杂，并会影响其方差估计的准确性；OLS模型的假设过于严格，影响参数估计的可靠性；而SDM和SDEM同时从模型的内生和外生交互效应角度描述变量的空间特性，使得对模型空间意义的解释更加多元化。综上，SDM各解释变量的显著性、模型的拟合优度均最大，因此，本章选择构建要素集聚下技术创新对产业结构优化升级的SDM进行空间相关性分析，并探究技术创新对产业结构优化升级的作用效应。

于是，物质资本要素集聚、技术要素集聚和创新要素集聚效应下的技术创新对省域产业结构优化升级具有积极影响。这种积极效应受益于要素的累积效应，物质资本、技术和创新要素的累积促进技术进步，进一步提升全要素生产率。物质资本要素集聚奠定了扎实的技术创新基础，坚实的物质基础正向作用于技术创新，从而决定产业结构优化升级的上层建筑；技术要素集聚作为促进产业结构优

化升级的中坚科技力量，促使新兴技术不断向高技术区集合，实现技术融合、扩散，促进产业结构不断向高度化进程演化；创新是助力省域经济实力飞跃的灵魂，有效的创新措施对提升区域协同竞争效率、加速传统产业改造以及高技术产业主导目标的顺利实现有举足轻重的作用，并且有利于本省的技术溢出，以高效化产业结构。

省域人力资本要素集聚度和劳动力要素集聚度的变化对本省份的产业结构优化升级产生消极作用。高级知识分子倾向于选择更高的平台，选择的就业范围主要为经济相对本省份更加发达的省份，导致熟悉新兴技术、进行创新活动的高技术人才不足，进一步降低技术创新水平，最终使产业结构优化升级的驱动力不足；而劳动力主要集聚在低层级的产业发展阶段，在以重工业为主或处于发展壮大中的省份，劳动力要素集聚度较大，本地技术市场轻易被相邻省份挤占，于是本省份的技术创新效益不显著，从而弱化省域技术创新力度，负向作用于产业结构优化升级进程。

最终分析要素集聚下的技术创新对产业结构优化升级的影响效应如下。创新和技术要素集聚下的技术创新对产业结构优化升级的正向作用最大，说明增加创新投入、提升技术水平是保持技术创新能力对产业结构优化升级最大效用的根本保障。技术创新对产业结构优化升级的作用效果不一致，扬长避短、合理配置各集聚要素是促进产业结构合理化、高度化和高效化的必要路径。创新始终是促使科技进步、技术革新的内在中坚驱动力，进一步验证了集聚经济背景下创新性人才的不可或缺性，技术创新、技术进步才是促进省域发展、引领产业结构优化升级的必备条件。那么，进一步测算 SDM 的间接效应，即 SDM 要素集聚下技术创新对产业结构优化升级的溢出效应，得出的结果如表 8-8 所示。

表 8-8　要素集聚下技术创新对产业结构优化升级的溢出效应结果（基于 SDM）

指标	$\ln W_{it}$	$\ln H_{it}$	$\ln L_{it}$	$\ln T_{it}$	$\ln C_{it}$
溢出效应值	−1.341 (−3.620)***	−0.145 (−5.684)**	−0.254 (−8.476)*	−1.573 (2.017)*	−1.026 (1.943)***

注：***、**、*各表示在 1%、5%和 10%置信水平下显著，括号内是 t 值

上述 5 个变量的溢出效应分别是−1.341、−0.145、−0.254、−1.573 和−1.026，表明省域的物质资本、人力资本、劳动力、技术和创新要素集聚的变化下的技术创新对临近省域的产业结构优化升级或者临近省域对本省域技术创新具有负向溢出效应，这与省域要素禀赋的差异性以及省域集聚要素作用机制的差异性息息相关。物质资本、人力资本、劳动力、技术和创新要素集聚量每增加 1%，产业结构优化升级受周边省域的负向作用效应分别是 1.341%、0.145%、0.254%、1.573%

和 1.026%。可见技术要素集聚引致的技术创新溢出效应对临近省份的产业结构优化升级负向作用效应最明显，其次是物质资本要素集聚和创新要素集聚，说明技术、创新作为促进省域进步的无形资产，其对省域产业发展的作用极其重大，掌握核心创新技术才是促发展的关键，一切模仿都不是技术创新的源泉。人力资本要素和劳动力要素集聚的溢出效应不明显，主要归因于人力资本的流动性大，可将其视为流动的知识、技术资本，促进省域的发展只需靠流动就能实现，造成其外溢效应不显著。总体而言，要素集聚下的省域技术创新对产业结构优化升级的间接作用效应不显著，持续增加省域核心竞争力，以加强省域内生增长动力，是实现省域技术创新高效促成产业结构协调化、高度化和高效化的关键路径。

此外，为检验上述 SDM 的稳健性，同样进行稳健性检验：①使用滞后一期的各解释变量、被解释变量替代原来的变量进行溢出效应分析，得出结果可见各变量的系数值变化不大，变量间的非线性关系依然存在，并且正负作用效应与表 8-8 的结果一致；②原始构建的 SDM 选择 5 个集聚要素作为解释变量，为验证模型的稳定性，本章逐一剔除解释变量，对 SDM 进行逐步回归，可见除了在剔除人力资本要素集聚变量条件下创新要素集聚参数变为负数，各解释变量系数的正负向与原 SDM（表 8-7）的参数一致。综上，本章构建的 SDM 的稳健性高，可以使用 SDM 得出的结果进行实证解析。

8.5 结论与政策建议

掌握先进技术一直作为国富民强的核心驱动力，尤其是处于经济转型时期的我国，先进、核心技术起着决定性作用，加快省域技术创新与产业结构优化升级间的耦联是当今的重要任务。本章通过改进的 PSTR 模型分析技术创新与产业结构优化升级的非线性关联和外溢效应，探究省域或临近区域的技术创新对产业结构优化升级的影响方式和影响程度，最后提出技术创新与产业结构优化转型升级间相互作用的政策建议。

首先，使用 PSTR 模型分析要素集聚下的技术创新对产业结构优化升级的非线性效应，为降低模型的异方差性和随机干扰项的误差扰动，使用加权最小二乘法改进模型，得出结论：①省域物质资本和劳动力要素集聚下的技术创新对产业结构优化升级的作用呈边际递减趋势，最终收敛；②省域人力资本、技术和创新要素集聚下的技术创新对产业结构优化升级的作用边际递增，最终呈现发散特征。那么，基于上述结论，本章认为物质资本和劳动力属于陈旧资本要素，对技术创新产生负向作用，在实际投资或者利用过程中应适度选择。人力资本、技术和创新要素是新兴科技生命力的代名词，省域应加强产学研联盟合作，实现技术扩散、知识交流和人才流动，从而提高技术创新效率，实现产业结构优化升级。

其次,构建 SDM 探究要素集聚下的省域技术创新对产业结构优化升级的溢出效应,得出结论:①物质资本要素、技术要素和创新要素集聚效应下的技术创新正向作用于省域产业结构优化升级,与要素的空间集聚效应密不可分;②临近省份的人力资本要素集聚度和劳动力要素集聚度消极作用于省域产业结构优化升级,可能与省域的人才集聚相关,省域的人才只能推进本省的技术创新,继而改善产业比例关联;③5 个集聚要素下的技术创新对产业结构优化升级均产生显著的间接负向溢出效应,相关于省域要素禀赋差异和要素需求差异。于是,上述结论说明实行人才强国战略始终是增强科技、经济实力的关键,掌握核心科技的专业人才能够产生省域发展所需的内生增长动力,迎合省域发展轨迹,高效促进省域产业结构优化升级。

最后,各集聚要素的合理配置依旧是制约我国省域经济发展状况的原因所在,各集聚要素可替代技术创新指标用于分析技术创新对产业结构优化升级的作用,技术创新一直是学术界关注的焦点,在产业转型升级背景下分析要素集聚的技术创新溢出效应让各级政府进一步认清了省域发展的障碍所在。技术创新与产业结构优化升级的非线性关联结果顺利解决了省域发展异质性带来的技术差距问题,为有效处理技术差距引起的产业比例变动,进一步达成高技术产业主导、新兴产业集群的局面,以及促进产业结构优化升级指明了方向。

参 考 文 献

池仁勇, 杨潇. 2010. 行业集聚度集聚结构类型与技术进步的动态关系研究:以浙江省制造业为实证[J]. 经济地理,(12):2050-2057.

邓慧慧. 2009. 贸易自由化、要素分布和制造业集聚[J]. 经济研究,(11):118-129.

费宇, 王江. 2013. FDI 对我国各地区经济增长的非线性效应分析[J]. 统计研究,(4):70-75.

贺胜兵, 杨文虎. 2008. FDI 对我国进出口贸易的非线性效应研究——基于面板平滑转换模型[J]. 数量经济技术经济研究,(10):44-55.

黄晖, 金凤君. 2011. 技术要素集聚对我国区域经济增长差异的影响[J]. 经济地理,(8):1341-1344.

黄茂兴, 李军军. 2009. 技术选择、产业结构升级与经济增长[J]. 经济研究,(7):143-151.

毛军, 刘建民. 2014. 财税政策下的产业结构升级非线性效应研究[J]. 产业经济研究,(6):21-30.

齐亚伟, 陶长琪. 2014. 环境约束下要素集聚对区域创新能力的影响——基于 GWR 模型的实证分析[J]. 科研管理,(9):17-24.

沈能, 赵增耀, 周晶晶. 2014. 生产要素拥挤与最优集聚度识别——行业异质性的视角[J]. 中国工业经济,(5):83-95.

盛丹, 王永进. 2013. 产业集聚、信贷资源配置效率与企业的融资成本——来自世界银行调查数据和中国工业企业数据的证据[J]. 管理世界,(6):85-98.

陶长琪, 周璇. 2016. 要素集聚下技术创新与产业结构优化升级的非线性和溢出效应研究[J]. 当代财经,(1):83-94.

文玫. 2004. 中国工业在区域上的重新定位和集聚[J]. 经济研究,(2):84-94.

肖兴志, 彭宜钟, 李少林. 2012. 中国最优产业结构:理论模型与定量测算[J]. 经济学(季刊),(10):135-161.

余泳泽. 2011. 创新要素集聚、政府支持与科技创新效率——基于省域数据的空间面板计量分析[J]. 经济评论,（2）: 93-101.

张军, 吴桂英, 张吉鹏. 2004. 中国省际物质资本存量估算: 1952~2000[J]. 经济研究,（11）: 35-44.

张可, 汪东芳. 2014. 经济集聚与环境污染的交互影响及空间溢出[J]. 中国工业经济,（6）: 70-82.

周叔莲, 王伟光. 2001. 科技创新与产业结构优化升级[J]. 管理世界,（5）: 70-80.

Anselin L. 2001. Spatial Econometrics[M]//Baltagi B. A Companion to Theoretical Econometrics. Oxford: Blackwell Scientific.

Fok D, van Dijk D, Franses P H. 2005. A multi-level panel STAR model for US manufacturing sectors[J]. Journal of Applied Econometrics, 20（6）: 811-827.

Gonzhlez A, Teraisvirta T, van Dijk D. 2004. Panel Smooth Transition Regression Model and an Application to Investment Under Credit Constraints[R]. Stockholm: Working Paper, Stockholm School of Economics.

Hansen B E. 1999. Threshold effect in non-dynamic panels: Estimation, testing, and inference[J]. Journal of Econometrics, 93（2）: 345-368.

Heidari H, Katircioğlu S T, Saeidpour L. 2015. Economic growth, CO_2 emissions, and energy consumption in the five ASEAN countries[J]. International Journal of Electrical Power & Energy Systems, 64: 785-791.

Henderson J V. 1995. Will homeowners impose property taxes?[J]. Regional Science and Urban Economics, 25（2）: 153-181.

Hilber C A L, Voicu I. 2010. Agglomeration economies and the location of foreign direct investment: Empirical evidence from romania[J]. Regional Studies, 44（3）: 355-371.

Huang K F, Yu C M J, Seetoo D H. 2012. Firm innovation in policy-driven parks and spontaneous clusters: The smaller firm the better?[J]. The Journal of Technology Transfer, 37（5）: 715-731.

Kato H. 2015. The importance of government commitment in attracting firms: A dynamic analysis of tax competition in an agglomeration economy[J]. European Economic Review, 74: 57-78.

Lesage J P, Pace R K. 2014. The biggest myth in spatial econometrics[J]. Econometrics, 2（4）: 217-249.

Qu X, Lee L. 2015. Estimating a spatial autoregressive model with an endogenous spatial weight matrix[J]. Journal of Econometrics, 184（2）: 209-232.

Tang X, Zhou Z, Shi Y. 2002. The error bounds of combined forecasting[J]. Mathematical and Computer Modelling, 36（9）: 997-1005.

Tigabu A D, Berkhout F, van Beukering P. 2015. The diffusion of a renewable energy technology and innovation system functioning: Comparing bio-digestion in Kenya and Rwanda[J]. Technological Forecasting and Social Change, 90: 331-345.

Wang Z, Yang L. 2015. Delinking indicators on regional industry development and carbon emissions: Beijing-Tianjin-Hebei economic band case[J]. Ecological Indicators, 48: 41-48.

第9章 经济集聚下技术创新强度对产业结构升级的空间效应分析*

9.1 研究背景

创新是经济发展的核心驱动，技术中心的崛起能带来经济的飞跃式发展。当前，中国经济步入新的发展阶段，探寻符合国情的发展模式以深化工业进程、维持经济稳定增长成为当务之急，在"三期叠加"（即经济增长速度换挡期、结构调整阵痛期、前期刺激政策消化期）的新形势下，想要有效化解过剩产能、发展战略性新兴产业、实现产业结构的优化升级，就必须立足于技术创新，提升产业素质，发挥区域经济的集聚效应与技术创新的溢出效应。

经济在地理空间上的集聚是工业化进程中的一个显著特征，经济的高度集聚，是区域技术创新和产业发展的极大助力。经济集聚对技术创新、技术创新对产业结构升级具有显著的促进作用，这似乎已经成为学界共识。那么，在"三期叠加"的基调下，技术创新对产业结构具有怎样的空间效应？经济集聚又对此空间效应有何影响？本章将分别从产业结构合理化、产业结构高级化两个维度出发，探寻实现产业结构升级的有效途径，细致分析技术创新对产业结构升级的空间效应，这也是区域与产业经济研究中的重要方向。

技术创新与产业结构的关系一直是学界研究的热点，技术创新带来的需求结构变动与劳动生产率变革，是区域产业结构升级的重要驱动力（Michael, 2003; Greunz, 2004）；产业的调整与升级会加强产业内与产业间的知识共享和技术交流，有助于发展创新系统，丰富技术创新强度，提高技术模仿与原始创新能力，实现有效的技术选择与合理的资本深化，进而再次促进产业结构升级（Motohashi et al., 2007; Tilman et al., 2008; 黄茂兴和李军军, 2009）。随着研究的深入，人们发现，单一的自主创新只能促进产业结构趋于合理，外资不会带来自发的技术溢出而优化产业结构（付宏等, 2013; 傅元海等, 2014）。

经济集聚是经济发展的一种形态，代表经济活动在地理与空间上的集中现象，是经济发展的一个普遍现象。经济集聚的概念由 Marshall 最早提出，他认为同质企业的集聚能加强员工的交流与学习，从而促进知识溢出和技术创新，形成规模

---

* 本章部分成果选自陶长琪、彭永樟撰写的投稿《产业经济研究》的工作论文

经济的外部性①。经济集聚深刻影响着技术创新强度,"马歇尔外部性"认为其动力来自行业内知识溢出,而"雅格布斯外部性"则认为技术创新主要源自行业间知识溢出(Jacobs,1970),经济集聚对技术创新的这两种外部性均得到了实证支撑(Ellison et al.,1994;Henderson,2003)。

创新与经济集聚相互依存、相互促进(Audretsch,1998;Gordon et al.,2005)。行业合作是经济集聚的重要方面,它能进一步强化知识与技能的溢出作用,有助于降低创新风险,提高技术创新的成功率,加速技术创新成果扩散,缩短技术创新周期,给技术创新带来积极的影响,影响的程度因企业自身知识存量及研发投入不同而存在差异(Cusmano,2000;黄中伟,2007;Fornahl et al.,2009)。集聚经济对技术创新强度全要素生产率及要素价格与需求的影响,能够有效激发"创新补偿效应",知识溢出与技术创新水平的提高是产业集聚正外部性的重要表现(张丽华等,2011;原毅军和谢荣辉,2015)。物质资本要素集聚、技术要素集聚和创新要素集聚效应下的技术创新对产业结构优化升级具有积极影响(刘启华等,2005;陶长琪和周璇,2016)。

已有关于技术创新对产业结构、经济集聚的研究明晰了技术创新关联要素与产业结构之间错综复杂的线性、非线性关系,在分析其中的空间问题时,大多侧重于从技术溢出的角度分析它们与经济增长的关系,关于技术创新对产业结构升级的空间效应少有研究,而在现实的经济社会中,技术创新强度对产业结构的空间影响客观存在,基于经济集聚背景下研究技术创新对产业结构的空间效应既有助于理解现实经济现象,探寻以技术创新驱动产业结构升级的可行路径,又能完善创新价值链、产业升级等相关理论。因此,本章力求从以下 3 个方面进行努力:①将经济集聚、技术创新与产业结构升级三者纳入统一的分析框架,理论阐释经济集聚背景下技术创新强度对产业结构升级空间效应的作用机理;②将产业结构升级划分为合理化与高级化两个维度,从产值结构、就业结构协同的角度着手,构建既能兼顾产出结构与就业结构,又能体现产业间差异性的评价指标,以此量化产业结构的合理化与高级化;③结合创新价值链的阶段特征,构建区域技术创新强度的评价指标体系,深入分析技术创新强度对产业结构"两化"的影响;④构建基于经济集聚度的空间权重矩阵,据此实证分析经济集聚下技术创新强度对产业结构升级的空间效应。

9.2 技术创新强度对产业结构升级的理论框架与模型设定

9.2.1 理论框架

本章以创新的价值链理论(Hansen et al.,2007)为分析框架,将技术创新过

---

① Marshall A. 1920.Principles of Economics[M]. London:Macmillan.

程界定并划分为技术创新研发和技术创新成果转化两个阶段。从创新价值链角度分析，创新过程是一个从知识创新、科研创新到产品创新，并包含多重创新要素投入（也包括中间投入、追加投入）的价值链。其中，创新研发阶段包括在知识、技术、规律方法上的演进等一系列研究；创新成果转化阶段包括在新技术的测试、推广、应用性研究以及产品设计、产品推广宣传等方面进行研究安排。

借鉴 Lööf 和 Heshmati（2002）的内生技术能力假设条件（Mairesse et al.，1991；余泳泽和刘大勇，2013），构建了内生创新能力生产模型。

$$F(X,I) = Ae^{at}X^{\beta}I(x) \tag{9-1}$$

其中，A 表示区域外生条件（常量）；a 表示外生技术进步；X 表示要素投入；β 表示要素产出弹性；$I(x)$ 表示内生化处理后的技术创新。技术创新可划分为技术创新研发和创新成果转化两个阶段，其中，创新研发阶段需要研发人力（h）及资本（r）的投入，在成果转化阶段，需要前一阶段的成果（p）作为投入，技术创新与研发投入的关系如下：

$$I(x) = I(h,r,p) \tag{9-2}$$

从而得到

$$F(X,I) = Ae^{at}X^{\beta}I(h,r,p) \tag{9-3}$$

接着从个体创新价值最大化的比较静态分析入手，得出"创新研发的溢出能促进知识的积累，同时，同一空间维度下的成果转化也会伴随着创新知识的更新与积累；技术创新强度在不同个体之间存在外溢效应，创新价值链空间外溢效应显著"的结论。分别用 K、R、P 表示创新价值链的三个环节：创新知识积累、创新研发、创新成果转化，则有

$$\frac{\partial K_i}{\partial h_j} \geq 0, \frac{\partial K_i}{\partial r_j} \geq 0, \frac{\partial K_i}{\partial p_j} \geq 0 \tag{9-4}$$

$$\frac{\partial R_i}{\partial h_j} \geq 0, \frac{\partial R}{\partial r_j} \geq 0, \frac{\partial R_i}{\partial p_j} \geq 0 \tag{9-5}$$

$$\frac{\partial P_i}{\partial h_j} \geq 0, \frac{\partial P_i}{\partial r_j} \geq 0, \frac{\partial P_i}{\partial p_j} \geq 0 \tag{9-6}$$

由此可知，技术创新研发活动和技术创新成果转化活动都对创新价值链中的投入要素具有正向的溢出效应，即地区 i 技术创新强度的提升能够通过知识扩散溢出及创新示范效应而对 j 地区的创新投入要素质量及数量均产生显著为正的影响，同时，由于市场的反馈效应，地区 j 的创新要素也会对地区 i 的技术创新强度产生影响。

张丽华等（2011）基于超越对数生产函数——反要素需求函数框架的分析，明确了经济集聚对技术创新强度的影响路径：集聚的外部性红利提升要素生产效

率,从而强化技术创新;要素生产率的变动会影响要素价格,要素价格的波动又对要素供给和需求产生影响,因此集聚还能通过要素需求效应影响技术创新强度。

本章为分析技术创新强度与产业结构变动的关系,将式(9-3)的模型推广到三大产业领域,则有

$$F_m(X,I) = A_m e_m^{at} X_m^\beta I_m(h,r,p), \quad m=1,2,3 \qquad (9\text{-}7)$$

由式(9-3)和式(9-7)得到

$$\ln F_m/F = \ln A_m/A + \ln e_m/e + \ln X_m/X + \ln \frac{I_m(h,r,p)}{I(h,r,p)}, \quad m=1,2,3 \qquad (9\text{-}8)$$

其中,A 和 e 均为外部变量,视为常数;令 $\text{IS}=F_m/F$ 代表产业结构;$\Phi=\ln A_m/A+\ln e_m/e$;X_m/X 表示要素供给结构,受到经济集聚度 U 的影响,可记为 $R(U)=X_m/X$,代入式(9-11)得到

$$\ln \text{IS} = \Phi + \ln R(U) \times \frac{I_m(h,r,p)}{I(h,r,p)}, \quad m=1,2,3 \qquad (9\text{-}9)$$

由式(9-9),提出假设:技术创新强度能够通过对创新价值链中各投入要素的溢出与扩散作用影响产业结构升级,即技术创新强度对产业结构升级具有显著的空间效应;此外,在经济集聚的背景下,此空间效应会受到影响。

9.2.2 模型设定

本章的研究目标是在中国经济集聚的背景下,通过建立空间计量模型,依次分析技术创新强度对产业结构合理化与产业结构高级化这两个维度具有的空间效应,并尝试探究经济集聚这一现实背景对此空间效应的影响。产业结构合理化,不仅在于产业间比例关系的协调以及供需结构相适应等,更重要的是产业结构自动、快速地最优化和最有效配置经济资源逼近的能力(郑英隆,2001);产业结构高级化是指资源在各产业间的配置趋于优化,产业总体经济效益不断提高的过程。主要表现为低效率产业比例不断减小和高效率产业比例不断增大的过程,是由低生产率、低技术含量、劳动密集型产业向高生产率、技术密集型和资本密集型产业的演进的过程(闫海洲,2010;高远东等,2015)。

为实现研究目标,且兼顾滞后效应与误差效应,本章建立空间杜宾模型来开展实证。

1. 空间杜宾模型

空间杜宾模型是空间滞后模型与空间误差模型的一般形式,它同时考虑空间滞后被解释变量(分别用产业结构合理化与产业结构高级化来量化)和空间滞后解释变量对被解释变量的影响,能够有效捕捉不同的来源所产生的外部性和溢出

效应（Lesage et al., 2009）。空间杜宾模型的一般形式为

$$Y_{it} = c + \rho \sum_{i \neq j} w_{ij} Y_{it} + \beta X_{it} + \theta \sum_{i \neq j} w_{ij} X_{it} + \mu_i + \lambda_i + \varepsilon_{it} \tag{9-10}$$

其中，Y 为被解释变量；X 为解释变量（包括控制变量）；W 为空间权重矩阵；ρ 为空间回归系数；β 和 θ 为待估计的常数回归参数向量。对空间杜宾模型设定假设约束条件可将空间杜宾模型简化成空间滞后模型或空间误差模型。考虑两个假设条件：① H_0: $\theta = 0$；② H_0: $\theta + \rho\beta = 0$。检验假设条件①可判断是否将空间杜宾模型简化为空间滞后模型，检验假设条件②可判断是否将空间杜宾模型简化为空间误差模型。

根据式（9-9）中经济集聚水平、技术创新对产业结构升级影响作用的理论模型，产业结构升级会受到技术创新强度及经济集聚程度的共同影响，因为经济集聚会促使要素集聚，进而提升技术创新研发及创新成果转化效率；信息技术的发展使得不同地区之间技术创新的关联性不再取决于地区的地理距离，地区经济的集聚状况是否趋同显得更为重要，因此，在研究技术创新对产业结构升级的空间效应时，应将经济集聚指标作为空间权重矩阵，结合式（9-10）中空间杜宾模型的一般形式，将最终实证模型设定为

$$\ln IS_{it} = c + \rho \sum_{i \neq j} w_{ij} \ln IS_{it} + \beta_1 \ln ITA_{it} + \beta_2 \ln i_{it} + \beta_3 \ln tr_{it} + \beta_4 \ln fdi_{it} + \beta_5 \ln g_{it} + \theta_1 \sum_{i \neq j} w_{ij} \ln ITA_{it}$$
$$+ \theta_2 \sum_{i \neq j} w_{ij} \ln i_{it} + \theta_3 \sum_{i \neq j} w_{ij} \ln tr_{it} + \theta_4 \sum_{i \neq j} w_{ij} \ln fdi_{it} + \theta_5 \sum_{i \neq j} w_{ij} \ln g_{it} + \mu_i + \lambda_i + \varepsilon_{it}$$

$$\tag{9-11}$$

其中，被解释变量 IS_{it} 表示产业结构发展水平，包括产业结构合理化、产业结构高级化两个维度；解释变量 ITA_{it} 表示技术创新强度；控制变量 i_{it}、tr_{it}、fdi_{it} 和 g_{it} 分别表示固定资产投资（地区固定资产投资完成额）、国际贸易（地区进出口总额）、外商直接投资和政府消费支出比例（政府消费支出占 GDP 的比例）；w_{ij} 表示空间权重矩阵。

2. 基于经济集聚度的空间权重矩阵

经济事物与其所处的地理空间位置有着密切的联系。由于区域地理位置的邻近，技术创新强度存在明显的空间相关。通过空间邻接权重矩阵可以表达空间单元的相互邻接关系，但空间邻接标准认为空间单元之间的联系仅取决于两者相邻与否，即只要不同空间单元相邻，则认为它们之间具有相同的影响强度，这在区域技术创新的空间效应研究中是不符合客观现实的。因此，有些学者尝试通过地理距离标准构造空间权重矩阵，符合"任何事物与其他周围事物之间均存在联系，而距离较近的事物总比距离较远的事物联系更为紧密"的地理学定律。

随着信息技术的发展,地理距离在技术创新强度中的所起的作用越来越小,基于地理距离的空间权重矩阵也不再适用,因此需要从其他角度出发构建空间权重矩阵。本章的研究命题是经济集聚下技术创新强度对产业结构升级的空间效应,是以经济的集聚现象为背景的,同时,经济集聚程度相似的两个地区,相应的行业经济行为、要素的集聚与配置方式、研发模式也会趋同,使得经济集聚水平相似的地区之间技术创新及产业结构发展的联系也会更加紧密,基于此现实背景,构建基于经济集聚度的空间权重矩阵 W。W 矩阵的元素为

$$w_{ij} = \frac{1}{1+abs(R_i - R_j)}$$

其中,R_i 表示地区 i 在 1997~2014 年的平均经济集聚度,引用地理集中度指数来代表地区经济集聚度。地理集中度是考虑区域面积因素,测度研究对象空间分布的有效指标,也是测度集聚水平的有效指标,其计算公式为

$$R_i = \frac{X_i \Big/ \sum_{i=1}^{N} X_i}{\text{TER}_i \Big/ \sum_{i=1}^{N} \text{TER}_i} \quad i=1,2,3,\cdots,N \tag{9-12}$$

其中,X_i 表示第 i 个地区的生产总值;TER_i 表示第 i 个地区的建成区面积;N 为地区数量。

9.3 技术创新强度对产业结构升级的数据说明与指标测算

9.3.1 数据说明

本章所用的数据是 1997~2014 年我国 30 个省份(港澳台和西藏除外)各指标对应数据,个别指标存在少数年份数据缺失,缺失值用移动平均法补齐,数据以 1997 年价格指数为基期,消除了价格影响。原始数据来源于《中国统计年鉴》、《中国金融统计年鉴》、《中国科技统计年鉴》、Wind 资讯数据库、EPS 数据库以及各省份相应统计年鉴,数据在实证前进行了对数变换。

9.3.2 技术创新强度测度

为测算我国各地区技术创新强度,本章构建如表 9-1 所示的综合评价指标体系,选取 1997~2014 年我国 30 个省份(西藏、港澳台除外)的数据,采用多维主成分分析方法对数据进行分析,以此求出的综合得分作为技术创新强度的综合水平。

表 9-1 技术创新强度综合评价指标体系

	创新阶段	指标	符号
技术创新强度（ITA）	创新研发投入	R&D 经费内部支出	X1
		R&D 全时人员当量	X2
		新产品开发经费支出	X3
		科技支出占财政支出比例	X4
	创新研发产出	技术市场成交合同数	X5
		SCI、EI、ISTP 科技论文数	X6
		专利申请受理数	X7
		专利授权数	X8
	创新成果转化	高新技术产业主营业务收入	X9
		新产品销售收入	X10

根据累计方差贡献率大于 90%的准则，测算得到我国各地区技术创新强度综合得分，为方便比较分析，对综合得分做了归一化处理，结果如表 9-2 所示。

表 9-2 我国各地区技术创新强度综合得分、排名一览表

省份\年份	1998	2000	2002	2004	2006	2008	2010	2012	2014	排名
北京	0.470	0.493	0.508	0.508	0.574	0.637	0.695	0.763	0.948	3
天津	0.471	0.477	0.466	0.453	0.499	0.542	0.624	0.740	0.910	6
河北	0.447	0.419	0.419	0.457	0.534	0.648	0.646	0.731	0.786	26
山西	0.456	0.453	0.476	0.466	0.506	0.630	0.651	0.737	0.861	19
内蒙古	0.443	0.399	0.438	0.478	0.546	0.619	0.699	0.791	0.869	18
辽宁	0.474	0.472	0.433	0.442	0.488	0.572	0.685	0.683	0.901	10
吉林	0.516	0.514	0.476	0.526	0.547	0.559	0.630	0.789	0.889	15
黑龙江	0.471	0.485	0.486	0.514	0.549	0.594	0.711	0.761	0.895	12
上海	0.560	0.512	0.542	0.595	0.553	0.607	0.709	0.880	0.931	4
江苏	0.504	0.497	0.483	0.546	0.552	0.600	0.621	0.807	0.956	2
浙江	0.443	0.460	0.427	0.428	0.473	0.571	0.647	0.801	0.925	5
安徽	0.460	0.489	0.488	0.490	0.511	0.584	0.652	0.795	0.884	17
福建	0.398	0.430	0.445	0.495	0.529	0.610	0.637	0.735	0.907	8
江西	0.456	0.427	0.465	0.464	0.486	0.558	0.637	0.802	0.855	21
山东	0.381	0.382	0.457	0.447	0.520	0.592	0.706	0.806	0.908	7
河南	0.446	0.402	0.469	0.442	0.492	0.582	0.683	0.816	0.841	24

续表

年份 省份	1998	2000	2002	2004	2006	2008	2010	2012	2014	排名
湖北	0.437	0.447	0.423	0.477	0.516	0.602	0.684	0.797	0.906	9
湖南	0.414	0.438	0.485	0.496	0.502	0.617	0.660	0.790	0.886	16
广东	0.458	0.493	0.478	0.527	0.527	0.628	0.720	0.881	0.970	1
广西	0.405	0.455	0.489	0.487	0.531	0.616	0.615	0.721	0.781	28
海南	0.388	0.408	0.463	0.505	0.517	0.636	0.646	0.741	0.857	20
重庆	0.484	0.413	0.448	0.431	0.471	0.505	0.637	0.787	0.890	13
四川	0.503	0.439	0.454	0.423	0.501	0.543	0.637	0.757	0.889	14
贵州	0.493	0.503	0.455	0.461	0.521	0.553	0.614	0.644	0.726	30
云南	0.488	0.477	0.476	0.483	0.518	0.616	0.671	0.683	0.745	29
陕西	0.459	0.468	0.423	0.457	0.479	0.564	0.627	0.725	0.898	11
甘肃	0.455	0.471	0.466	0.431	0.499	0.593	0.673	0.762	0.847	23
青海	0.471	0.456	0.490	0.473	0.492	0.564	0.606	0.688	0.801	25
宁夏	0.480	0.444	0.474	0.488	0.479	0.561	0.620	0.707	0.847	22
新疆	0.363	0.433	0.487	0.478	0.551	0.647	0.689	0.710	0.781	27

注：限于篇幅，未给出所有年份技术创新强度综合得分，排名为 2014 年得分排名

从时间维度来看，1997～2014 年，我国各地区均表现出技术创新强度不断提升的趋势，其中广东、江苏、浙江、北京、上海等地区技术创新强度已处于较高水平，因此年均增长率不高；甘肃、宁夏、青海等地区技术创新不够活跃，强度低因而增长率较高。从区域维度来看，2014 年我国技术创新强度存在较大差异，整体呈现出东部＞中部＞西部的格局。

9.3.3 产业结构升级测度

1）产业结构合理化（RIS）

产业结构合理化包括投入结构的合理化和产出结构的合理化，是对产业间要素配置结构与产出结构匹配情况的概括。多数学者采用结构偏离度（E）来衡量产业结构合理化，公式如下：

$$E = \sum_{i=1}^{3}\left|\frac{Y_i/L_i}{Y/L}-1\right| = \sum_{i=1}^{3}\left|\frac{Y_i/Y}{L_i/L}-1\right| \tag{9-13}$$

其中，Y 代表产值；L 代表就业；i 代表产业。当 E 趋近 0 值时，表明产业产出结构与就业结构（人力投入）基本匹配，经济贴近均衡状态；E 值越大，经济越偏离均衡状态，产业结构越不合理。结构偏离度能反映产业产出结构与就业结构

的耦合情况,但该指标认为各个产业在经济中的地位同等重要,显然不够恰当。因此有些学者运用 Hamming 贴近度方法将现有产业产出结构与国际标准结构的贴近程度作为产业结构合理化指标,忽视产业就业结构的合理性,且国际标准结构的可参照性会随时间推移不断减弱,这就要求在测度产业结构合理化时进行新的尝试。

结合结构偏离度指标与 Hamming 贴近度方法来测度产业结构的合理化,将一般的 Hamming 贴近度模型中国际标准模式三次产业的产出结构替换成当期产业间就业结构,如此既能兼顾产出结构与就业结构,又能体现产业间的差异性。具体公式为

$$\text{RIS} = 1 - \frac{1}{3}\sum_{i=1}^{3}\left|S_i^y - S_i^l\right| \tag{9-14}$$

其中,$S_i^y = Y_i/Y$ 和 $S_i^l = L_i/L$ 分别代表区域产业结构中各产业的产值比例与就业比例。RIS 越大,表明现有产业产出结构与就业结构越贴近,经济体结构模式越合理。

根据处理(主要运用移动平均法对个别缺失数据补足)后的产业结构相关数据,对照式(9-14),可测算得到 1997~2014 年我国各地区的产业结构合理化水平(RIS)。其中,我国产业结构合理化平均水平的发展情况如图 9-1 所示。

由图 9-1 可知,我国产业结构合理化在时间维度上稳步提升,且存在一定的阶段性。1997 年以来,改革开放初显成效,我国产业结构合理化水平震荡上升;2000~2007 年,受益于积极的财政政策、西部大开发战略等一系列宏观规划,我国开始大力调整优化产业结构,合理化水平不断上升;2008~2010 年,我国产业结构合理化水平停滞不前甚至出现倒退,这是由于全球金融危机对我国经济带来冲击,抵消了 2007 年开始的强势发展趋势;2011 年之后,金融危机的影响减弱,我国产业结构合理化水平再次向前迈进。

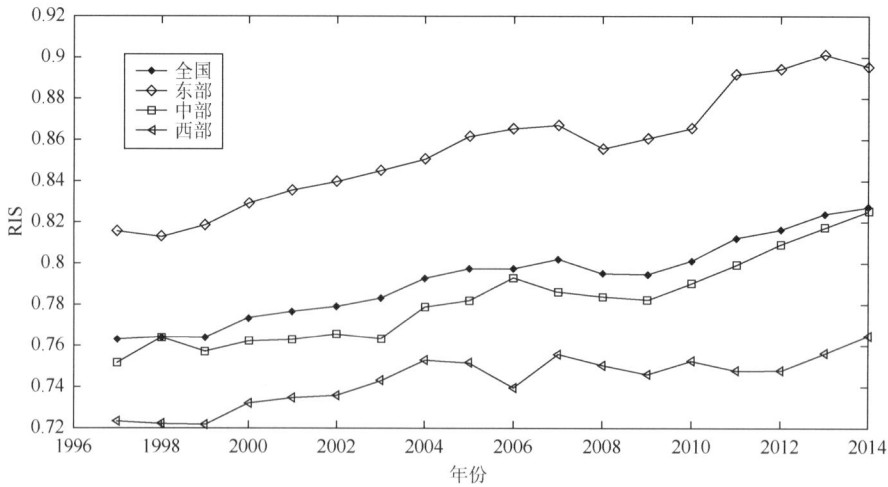

图 9-1 1997~2014 年我国各地区产业结构合理化平均水平

此外，从图 9-1 与表 9-3 我国产业结构合理化的东、中、西部的对照可知，1997～2014 年我国各地区产业结构合理化表现为逐年递增态势，东部各地区产业结构合理化水平最高，其均值为 0.856，接下来依次是中部地区 0.782 和西部地区 0.743，全国的平均水平为 0.792，高于中西部而低于东部，表明我国中、西部产业结构合理化还存在较大的提升空间，尤其是西部地区，资源型产业比例过高，产业结构布局有待进一步改善。总体而言，我国产业结构合理化水平表现为东部＞西部＞中部的格局。

表 9-3　我国东、中、西部地区产业结构合理化水平

时间	东部均值	中部均值	西部均值	时间	东部均值	中部均值	西部均值
1997	0.815	0.752	0.723	2006	0.865	0.793	0.740
1998	0.813	0.764	0.722	2007	0.867	0.786	0.756
1999	0.818	0.757	0.722	2008	0.855	0.783	0.750
2000	0.829	0.762	0.732	2009	0.860	0.782	0.746
2001	0.835	0.763	0.734	2010	0.865	0.790	0.752
2002	0.840	0.765	0.736	2011	0.891	0.799	0.748
2003	0.845	0.763	0.743	2012	0.894	0.809	0.748
2004	0.850	0.779	0.753	2013	0.901	0.817	0.756
2005	0.861	0.782	0.752	2014	0.895	0.825	0.765

2）产业结构高级化（AIS）

通过比较现有产业结构高级化度量指标的相关文献，采用付凌晖对产业结构高级化的测算方法（夹角余弦法），定义产业结构高级化指标（AIS）如下：首先根据三次产业划分将 GDP 分成 3 个部分，每一个部分的增加值占 GDP 的比例作为一个分量，从而构成一组 3 维向量 $Y_0 = (y_{1,0}, y_{2,0}, y_{3,0})$。然后，分别计算与产业由低层次到高层次排列的向量 $X_1 = (1,0,0)$，$X_2 = (0,1,0)$，$X_3 = (0,0,1)$ 的夹角 θ_1，θ_2，θ_3：

$$\theta_j = \arccos \frac{\sum_{i=1}^{3}(x_{i,j} \cdot y_{i,0})}{\sum_{i=1}^{3}(x_{i,j}^2)^{1/2} \sum_{i=1}^{3}(y_{i,0}^2)^{1/2}}, j=1,2,3 \qquad (9-15)$$

其次，定义产业产出结构高级化指标的计算公式如下：

$$\text{AIS}_y = \sum_{k=1}^{3}\sum_{j=1}^{k}\theta_j \qquad (9-16)$$

同理，根据就业结构向量 $L_0 = (l_{1,0}, l_{2,0}, l_{3,0})$，计算出产业就业结构高级化水平

AIS_l,得到产业产出、就业结构高级化之后,利用因子分析方法求出两者的因子得分分别为 0.305 和 0.714,以因子得分为权重加权求和,得到产业结构高级化综合水平 $AIS = 0.305 AIS_y + 0.714 AIS_l$。

产业结构高级化指标(AIS)越大,表明产业结构高级化水平越高。根据三次产业产出与就业结构的数据,测算得到我国产业结构高级化平均水平如图 9-2 和表 9-4 所示。

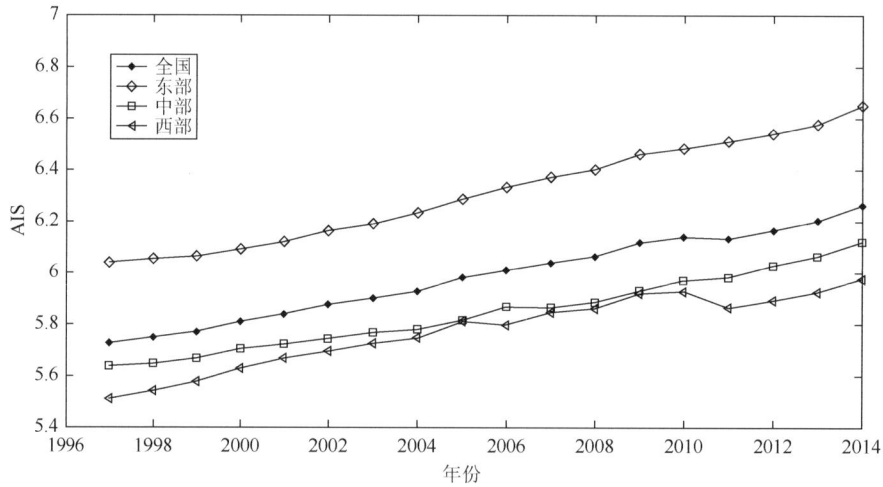

图 9-2 1997～2014 年我国各地区产业结构高级化平均水平

图 9-2 反映了我国产业结构高级化在时间维度上的发展情况,可知,我国产业结构高级化水平除个别时间有所震荡,其他时间都表现出近似匀速的稳定增长态势。

表 9-4 我国东、中、西部地区产业结构高级化水平

时间	东部地区	中部地区	西部地区	时间	东部地区	中部地区	西部地区
1997	6.040	5.638	5.510	2006	6.331	5.866	5.797
1998	6.055	5.646	5.540	2007	6.370	5.863	5.845
1999	6.063	5.668	5.577	2008	6.400	5.885	5.859
2000	6.090	5.702	5.627	2009	6.460	5.929	5.917
2001	6.119	5.720	5.667	2010	6.482	5.968	5.926
2002	6.161	5.744	5.694	2011	6.510	5.980	5.864
2003	6.189	5.766	5.724	2012	6.541	6.025	5.890
2004	6.231	5.780	5.745	2013	6.577	6.064	5.922
2005	6.287	5.815	5.809	2014	6.649	6.119	5.977

就区域维度而言,我国各地区产业结构高级化水平逐年提升,其中东部地区高级化水平最高,均值为 6.309,高于全国平均水平(5.984),中、西部情况相当,分别为 5.843 和 5.772,均低于全国平均水平;在东部沿海服务业大力发展、中部工业化进程深入、西部大开发战略成功实施的背景下,产业结构高级化水平仍呈现出东部>中部>西部的格局。

9.4 经济集聚下技术创新强度对产业结构升级的实证与结果分析

为了全面深入地分析技术创新对产业结构升级的空间效应,首先应该检验产业结构升级是否存在空间自相关性,即计算出产业结构合理化、产业结构高级化的 Moran's I 指数,看是否存在显著的空间相关性,若存在自相关,则可以运用前面设定好的空间计量模型分析技术创新、经济集聚等对产业结构的影响。

9.4.1 空间相关性检验

1. 全局空间自相关检验

产业结构合理化和高级化的空间自相关指数 Moran's I 的计算公式为

$$\text{Moran's I} = \frac{\sum_{i=1}^{n}\sum_{j=1}^{n}w_{ij}(x_i - \bar{x})(x_j - \bar{x})}{S^2 \sum_{i=1}^{n}\sum_{j=1}^{n}w_{ij}} \quad (9\text{-}17)$$

其中,$S^2 = \frac{1}{n}\sum_{i=1}^{n}(x_i - \bar{x})$;$\bar{x} = \frac{1}{n}\sum_{i=1}^{n}x_i$;$x_i$ 表示地区 i 的观测值(产业结构合理化 RIS 和产业结构高级化 AIS);n 为地区数(30);W_{ij} 为基于经济集聚度的空间权重矩阵。Moran's I 可看作各个地区观测值的乘积和,取值在 [−1,1],若地区间经济现象存在空间正相关,其数值应该较大;负相关则较小。

利用 1997~2014 年我国 30 个省份的产业结构合理化和产业结构高级化指标数据,计算得到两者的 Moran's I 及统计量见表 9-5。

表 9-5 1997~2014 年中国 30 个省域产业结构合理化、高级化 Moran's I 及 Z 值

时间	产业结构合理化 Moran's I 值	统计量 Z(I)	产业结构高级化 Moran's I 值	统计量 Z(I)
1997	0.405	2.726	0.233	2.404
1998	0.297	2.883	0.217	2.084

续表

时间	产业结构合理化 Moran's I 值	统计量 Z(I)	产业结构高级化 Moran's I 值	统计量 Z(I)
1999	0.357	2.536	0.259	2.313
2000	0.455	2.855	0.203	2.705
2001	0.339	2.635	0.266	2.907
2002	0.365	2.883	0.235	2.669
2003	0.407	2.687	0.285	2.635
2004	0.324	2.505	0.324	2.147
2005	0.300	2.696	0.309	2.637
2006	0.326	2.612	0.255	2.945
2007	0.320	2.826	0.279	2.349
2008	0.326	2.638	0.258	2.098
2009	0.394	2.549	0.245	2.553
2010	0.337	2.577	0.275	2.240
2011	0.433	2.882	0.289	2.317
2012	0.393	2.497	0.312	2.845
2013	0.432	2.564	0.272	2.001
2014	0.366	2.587	0.217	2.155

表 9-5 中，产业结构合理化的所有 Moran's I 指数以及大部分产业结构高级化的 Moran's I 指数在 5%置信水平下是显著的（统计量 Z 值大于 1.96），表明产业结构合理化、产业结构高级化在空间上具有显著的空间依赖性（正自相关关系）。也就是说，我国产业结构的合理化、高级化情况在空间上的分布并非是完全随机的，而是表现出具有相似产业结构发展水平的地区在空间上的趋于集聚。

2. 局部空间自相关检验

局部空间自相关检验又称 LISA 检验，是利用局部 Moran's I 指数来检验局部地区是否存在集聚性。计算公式为

$$\text{Moran's I}_i = \frac{(x_i - \overline{x})}{S^2} \sum_{j \neq i} w_{ij}(x_j - \overline{x}) \tag{9-18}$$

其中，Moran's I_i 表示区域 i 与相邻区域的空间关联程度。当 Moran's $I_i > 0$ 时表示区域之间渗透性强，局部存在溢出效应。当 Moran's $I_i < 0$ 时表示区域之间渗透性弱，局部不存在溢出效应。根据式（9-18）计算得到我国各省份 2014 年产业结构合理化、产业结构高级化的局部空间相关性，并划分为四类区域。

第一类区域为"H-H"地区，即其自身产业结构合理化、高级化水平高，扩散力强，周边地区"两化"水平及扩散能力也强。产业结构合理化空间 LISA 中这类地区包括北京、天津、河北、山东、江苏、浙江、上海和广东；产业结构高级化空间 LISA 中这类地区包括北京、江苏、浙江、上海、广东和海南。这几个省份处于环渤海经济圈和长三角经济带上，产业结构合理化及高级化在空间上的扩散与渗透力强，对比而言，产业结构合理化局部空间相关性强于产业结构高级化。第二类区域为"H-L"地区，即其自身产业结构水平高，但是对周边地区的渗透和扩散较弱，没有带动周边的发展，产业结构合理化空间 LISA 中这类地区有吉林和四川，产业结构高级化空间 LISA 中这类地区有山西和湖南。第三类区域为"L-H"地区，这类地区自身产业结构合理化、高级化水平不高，但是得益于周边地区强有力的渗透、扩散作用，发展空间较大，产业结构合理化空间 LISA 中这类地区有海南和重庆，产业结构高级化空间 LISA 中这类地区有江西和河北。第四类地区为"L-L"地区，这类地区自身发展水平不高，自身和周边地区的渗透力都弱，溢出效应不显著。

9.4.2 实证分析

经检验，技术创新与产业结构升级存在空间相关关系，因此，采用前面设定的空间杜宾模型进行实证分析。

1. 经济集聚下技术创新对产业结构合理化的空间效应

为分析技术创新对产业结构合理化的空间效应，将模型中的产业结构水平 IS 设为 RIS，用 Matlab R2013a 完成空间计量模型的分析。模型选用的效应为常系数固定效应（fixed effect，FE）。估计结果见表 9-6。

表 9-6 经济集聚下产业结构合理化与技术创新强度的 SDM 估计结果

变量	产业结构合理化 RIS			
	全国	东部地区	中部地区	西部地区
lnITA	0.0406*** (6.96)	0.0365*** (3.35)	0.0633*** (3.21)	0.0298 (1.26)
ln$i$	−0.0341** (−2.66)	0.0478* (1.99)	−0.0388** (−2.54)	0.000172 (0.01)
lntr	−0.0299*** (−3.41)	−0.00224 (−0.24)	0.0128 (0.49)	−0.00777 (−0.49)
lnfdi	0.0131** (2.71)	0.0341* (2.28)	0.0724*** (6.94)	0.00362 (0.49)
lng	0.0269*** (4.53)	0.0327*** (4.14)	0.0253 (0.43)	0.0311*** (4.96)

续表

变量	产业结构合理化 RIS			
	全国	东部地区	中部地区	西部地区
$W \times \ln ITA$	0.742*** (4.95)	0.222* (2.22)	0.449* (2.39)	0.301 (1.34)
$W \times \ln i$	−0.602 (−1.86)	0.328 (1.37)	−0.218 (−0.91)	0.342 (1.20)
$W \times \ln tr$	−0.0923 (−0.46)	−0.0478 (−0.52)	0.0802 (0.48)	−0.0604 (−0.39)
$W \times \ln fdi$	0.284* (2.34)	0.346** (2.75)	0.426*** (6.28)	0.0494 (0.73)
$W \times \ln g$	−0.454 (−0.59)	−0.419 (−0.80)	−0.157 (−0.41)	2.973*** (5.09)
ρ	−5.849*** (−7.14)	−3.974*** (−9.68)	−3.602*** (−11.44)	−5.009*** (−13.18)
R^2	0.853	0.762	0.786	0.694
Log Likelihood	1182.23	1216.91	1224.65	1175.24

注：括号内为 t 值，*、**、***分别表示在10%、5%及1%水平下显著

从全局看，首先，在 1%和 5%的显著性水平下，各变量对产业结构合理化均有显著影响。其中，国内投资及国际贸易对我国产业结构合理化的发展起阻碍作用，这与我国一直以来"以市场换技术"的政策有关，更重要的是，在开放的贸易环境下，国内企业面对发达国家企业时处于劣势，大量国内市场被发达国家企业占据，从而导致大量产业处于产业链的低端，且市场对国内投资的引导也因此发生结构性偏差，产业建设及资金流向均与合理的结构相悖，从而限制了我国的产业结构合理化发展；其次，技术创新强度、外商直接投资和政府消费支出的系数显著为正，共同构成了产业结构合理化发展的核心动力，产业结构合理化对这三个变量的增长弹性依次为 0.0406、0.0131 和 0.0269，外商直接投资和政府消费支出有助于从宏观上引导产业结构向更为正确合理的方向调整，技术创新强度作为促进产业结构合理化发展的关键因素，则通过改良产业运作模式、提升产业全要素生产率、催生高效新兴产业等具体方面来驱动产业的合理化发展。最后，经济的集聚效应在化解国内投资及国际贸易对产业结构合理化的负面影响、取代政府消费支出作用的同时，也激发了技术创新强度对产业结构合理化的空间溢出效应，使其影响系数大幅提升。经济的集聚不仅意味着产业间及产业内各部门之间的集聚，还能带来各种生产要素在空间上的集聚，促使知识、科研设备、科研人才、科研成果等技术创新价值链的方方面面深化交流合作，得益于此，知识、技术、创新研发成果的空间溢出与渗透效应在经济集聚背景下得到显著强化，产业结构合理化发展从中收益良多。

从区域层面看,东部地区在产业结构合理化的建设过程中既充分发掘了技术创新强度、外商直接投资和政府消费支出的积极作用,也成功规避了国际贸易的负面影响,同时,由于其产业的合理化发展已经处于较高水平,市场对国内投资的引导得到修正,国内市场投资对产业结构合理化开始发挥正向积极作用;中部地区产业结构合理化对技术创新强度的增长弹性最大,表明其正处于高速发展阶段,其间需加强对负面影响的规避;西部地区除了政府消费支出的其他变量对产业结构合理化的影响均不显著,表明西部地区产业结构的合理化发展主要依赖政府的调控,没能发挥经济集聚下技术创新强度对产业结构升级的空间效应。实证结果表明,我国东部地区产业结构合理化处于较高水平、中部地区处于高速发展阶段,西部地区产业结构合理化水平低,这与前面的测算结果是一致的。

根据 SDM 的估计结果,本章进一步测算经济集聚下技术创新强度对产业结构合理化的空间效应,结果如表 9-7 所示。

表 9-7 经济集聚下技术创新强度对产业结构合理化的空间效应

	全国	东部地区	中部地区	西部地区
直接效应	0.020 3*** (5.03)	0.025 0*** (4.66)	0.005 56 (0.61)	0.000 277 (0.03)
间接效应	0.094 5*** (3.92)	0.026 5 (1.28)	0.106* (2.45)	0.053 9 (1.34)
总效应	0.115*** (4.80)	0.051 5* (2.37)	0.111* (2.25)	0.054 2 (1.31)

注:括号内为 t 值,*、**、***分别表示在 10%、5%及 1%水平下显著

就全国范围而言,经济集聚下技术创新强度对产业结构合理化具有显著为正的空间效应,其中直接效应为 0.0203,间接效应为 0.0945,间接效应是直接效应的 4 倍,这表明经济集聚对技术创新强度与产业结构合理化之间的空间效应具有重要的影响。就地区而言,东部地区集聚已经成熟,技术对产业结构合理化的间接效应不再显著,技术的直接效应显著,这提示在东部地区要坚持以技术创新来指导产业结构合理化发展;中部地区则表现为间接效应显著,提升中部地区产业结构合理化的有效途径是加强集聚经济区的建设;西部地区空间效应不显著,在发展西部产业时要既注重集聚经济的建设,又坚持技术创新强度,发挥东、中部地区的先动优势,带动西部地区协同发展。

2. 经济集聚下技术创新对产业结构高级化的空间效应

为分析技术创新强度对产业结构高级化的空间效应,将模型(9-11)中的产业结构水平 IS 设为 AIS,估计结果见表 9-8。

表 9-8 经济集聚下产业结构高级化与技术创新强度的 SDM 估计结果

变量	产业结构高级化 AIS			
	全国	东部地区	中部地区	西部地区
lnITA	0.036 2** (2.61)	0.052 4* (2.14)	0.048 0** (3.21)	0.042 4* (2.48)
ln$i$	−0.001 35 (−0.04)	0.148** (2.74)	0.003 28 (0.04)	−0.091 3 (−1.01)
lntr	−0.040 9 (−1.94)	0.083 6*** (3.92)	0.304*** (5.69)	−0.008 08 (−0.18)
lnfdi	0.039 7*** (3.42)	0.065 8 (1.94)	−0.001 98 (−0.10)	0.003 54 (0.17)
lng	−0.039 7 (−0.52)	0.184 (1.04)	−0.080 0 (−0.67)	−0.224 (−1.24)
$W \times$ lnITA	0.917** (2.61)	0.701** (3.11)	0.320** (3.28)	0.424** (2.62)
$W \times$ ln$i$	−0.510 (−0.67)	1.238* (2.30)	−0.140 (−0.28)	−1.350 (−1.65)
$W \times$ lntr	−1.364* (−2.50)	0.542** (2.61)	1.862*** (5.48)	−0.079 9 (−0.18)
$W \times$ lnfdi	0.987*** (3.41)	0.721* (2.49)	−0.037 5 (−0.28)	0.023 6 (0.12)
$W \times$ lng	−1.207 (−0.65)	−0.135 (−0.08)	−0.084 6 (−0.11)	−1.478 (−0.88)
ρ	−7.261*** (−8.92)	−4.262*** (−10.24)	−4.219*** (−16.25)	−4.785*** (−11.47)
R^2	0.843	0.804	0.765	0.732
Log Likelihood	1 151.18	1 275.76	1 059.54	1 158.32

注：括号内为 t 值，*、**、***分别表示在 10%、5%及 1%水平下显著

先看全国，首先，国内投资及国际贸易的估计系数仍表现为负向，但在统计上不再显著，表明全球贸易开放带来的低端产业链和结构偏离对产业结构的影响并未涉及高级化的内容，就全国的平均水平而言，国内投资及国际贸易对产业结构高级化没有显著影响；其次，技术创新强度、外商直接投资也是产业结构高级化发展的核心动力，产业结构高级化对它们的增长弹性依次为 0.0362、0.0397，外商直接投资倾向于服务化产业，能显著提升产业结构的高级化水平，技术创新强度高的行业多为服务业内部行业，且其同样能通过前述产业模式、生产率、新兴产业等具体方面促进产业结构高级化，政府近年来提倡发展制造业，而制造业多为第二产业，又包含一些新兴的服务化行业，导致政府消费支出对产业结构高级化影响不显著。最后，与产业结构合理化的情况类似，经济集聚同样能显著强化技术创新强度对产业结构高级化的影响。

从区域层面看，技术创新强度、投资、国际贸易等都是东部地区产业结构高级化的驱动因素；而中部地区产业结构高级化则受到技术创新强度和国际贸易的推动；在经济集聚的条件下，西部地区产业结构高级化能享受技术创新的外溢助力。总体来看，经济集聚下技术创新强度对我国产业结构高级化的促进作用也表现为东部＞中部＞西部的格局。

经济集聚下技术创新强度对产业结构高级化的空间效应如表 9-9 所示。

第9章 经济集聚下技术创新强度对产业结构升级的空间效应分析

表9-9 经济集聚下技术创新强度对产业结构高级化的空间效应

	全国	东部地区	中部地区	西部地区
直接效应	0.006 56* (1.98)	−0.024 7 (−1.94)	0.006 25 (1.29)	0.001 69 (0.27)
间接效应	0.109* (2.27)	0.168*** (3.58)	0.063 7*** (3.31)	0.075 8** (2.64)
总效应	0.116** (2.55)	0.143** (2.91)	0.070 0*** (3.29)	0.080 2** (2.58)

注：括号内为 t 值，*、**、***分别表示在10%、5%及1%水平下显著

经济集聚下，技术创新强度对产业结构高级化的空间效应有一个明显的特征，不论是全国还是东、中、西部地区，都表现为间接效应接近总效应，直接效应不显著或者是在10%的显著性水平下显著，即使是显著的情况，其直接效应也很小，说明经济集聚是促进技术创新对产业结构高级化空间效应的最主要动因，离开了经济集聚，创新对产业结构高级化的空间效应就难以为继。

3. 内生性检验

在上述 SDM 的估计过程中，双向或逆向因果关系的存在会导致模型产生内生性问题，由于技术创新与产业结构升级之间存在双向因果关系，需要进行内生性检验。系统 GMM 估计法是内生性检验常用的方法，它将内生解释变量的差分滞后项设为工具变量，能够较好地解决模型估计的有偏及不一致问题，且能够克服一阶差分 GMM 的弱变量问题（Arellano et al., 1995；Blundell et al., 1998），因此采用系统 GMM 估计法进行模型内生性检验，检验结果见表9-10和表9-11。

表9-10 产业结构合理化模型内生性检验

变量	产业结构合理化 RIS			
	全国	东部地区	中部地区	西部地区
L.RIS	0.642*** (16.71)	0.750*** (12.22)	0.617*** (9.75)	0.642*** (11.00)
D.lnITA	0.020 4*** (4.02)	0.031 2*** (2.83)	0.071 9** (3.16)	0.023 3 (1.09)
D.lni	−0.031 7*** (−3.83)	0.027 8 (1.75)	−0.036 3 (−1.27)	−0.033 8** (−2.62)
D.lntr	−0.033 8*** (−3.82)	−0.001 60 (−0.13)	−0.012 2 (−0.77)	−0.028 2 (−0.53)
D.lnfdi	0.006 40 (1.57)	0.037 2* (2.39)	0.062 2*** (5.09)	0.007 54 (1.34)
D.lng	−0.010 2 (−2.38)	0.197** (3.25)	0.102 (1.44)	0.126** (2.82)
AR(2)	0.149	0.125	0.138	0.068
Sargan	0.695	0.523	0.233	0.148

注：括号内为 t 值，*、**、***分别表示在10%、5%及1%水平下显著

表 9-11 产业结构高级化模型内生性检验

变量	产业结构高级化 AIS			
	全国	东部地区	中部地区	西部地区
L.RIS	0.593*** (15.46)	0.869*** (17.70)	0.669*** (11.96)	0.674*** (13.69)
D.lnITA	0.031 2*** (4.85)	0.043 8*** (3.29)	0.032 7* (1.97)	0.038 4** (3.22)
D.lni	−0.069 9** (−3.13)	0.042 6* (2.01)	0.275** (3.14)	0.019 8 (0.38)
D.lntr	−0.020 8 (−1.46)	0.076 3*** (3.98)	0.053 6** (3.07)	−0.045 3 (−1.39)
D.lnfdi	0.014 8* (2.49)	0.092 5*** (4.32)	0.015 9 (0.57)	0.014 5 (0.48)
D.lng	−0.175* (−2.09)	−0.145 (−1.22)	−0.252 (−1.10)	0.185 (0.39)
AR(2)	0.183	0.176	0.137	0.065
Sargan	0.537	0.362	0.316	0.278

注：括号内为 t 值，*、**、***分别表示在 10%、5%及 1%水平下显著

表 9-10 和表 9-11 的结果表明，各个模型的工具变量均通过了 Sargan 检验，说明工具变量是有效的。此外，系统 GMM 估计得到的系数与表 9-6 和表 9-8 各变量系数方向一致，进一步验证了区域技术创新强度是影响产业结构合理化、高级化发展的关键因素，技术创新是产业发展的关键驱动力。

4. 稳健性检验

采用在原有模型的基础上增加控制变量的方法来检验上述 SDM 的稳健性，增加的控制变量为个体消费（居民消费），检验结果见表 9-12 和表 9-13。

表 9-12 产业结构合理化模型稳健性检验

变量	产业结构合理化 RIS			
	全国	东部地区	中部地区	西部地区
lnITA	0.025 0** (3.28)	0.031 5** (2.76)	0.083 1** (2.93)	0.027 9 (1.18)
lni	−0.045 7*** (−3.34)	0.029 9 (1.06)	−0.040 9 (−1.18)	−0.033 6 (−0.94)
lntr	−0.039 5*** (−4.28)	−0.001 88 (−0.18)	−0.018 0 (−0.70)	−0.025 4 (−1.37)
lnfdi	0.005 23 (0.97)	0.033 4* (2.27)	0.047 8*** (4.06)	0.007 70 (1.00)
lng	−0.022 4 (−0.66)	0.329*** (4.27)	−0.116 (−1.72)	0.288*** (4.53)
lnrc	0.074 2* (2.38)	−0.000 537 (−0.01)	0.161*** (3.71)	0.142 (1.87)
W×lnITA	0.274 (1.40)	0.220* (2.17)	0.582** (3.13)	0.289 (1.29)
W×lni	−1.158*** (−3.37)	0.214 (0.80)	−0.256 (−1.14)	−0.000 901 (−0.00)

续表

变量	产业结构合理化 RIS			
	全国	东部地区	中部地区	西部地区
$W \times \ln tr$	−1.136*** (−4.81)	−0.046 8 (−0.49)	−0.102 (−0.62)	−0.224 (−1.25)
$W \times \ln fdi$	0.085 3 (0.64)	0.344** (2.77)	0.280*** (3.69)	0.084 3 (1.21)
$W \times \ln g$	−1.886* (−2.24)	2.992*** (4.12)	−1.021* (−2.36)	2.810*** (4.74)
$W \times \ln rc$	3.104*** (3.91)	−0.452 (−0.87)	1.192*** (3.98)	1.373* (2.02)
ρ	−5.849*** (−7.14)	−3.974*** (−9.68)	−3.602*** (−11.44)	−5.009*** (−13.18)
R^2	0.871	0.862	0.796	0.725
Log Likelihood	1 260.74	1 243.93	1 081.46	1 043.25

注：括号内为 t 值，*、**、***分别表示在10%、5%及1%水平下显著

表9-13　产业结构高级化模型稳健性检验

变量	产业结构高级化 AIS			
	全国	东部地区	中部地区	西部地区
lnITA	0.084 6*** (4.57)	0.090 1*** (3.73)	0.051 7** (3.20)	0.043 9* (2.55)
ln$i$	−0.066 7* (−2.02)	−0.002 49 (−0.04)	−0.000 037 8 (−0.00)	−0.012 8 (−0.12)
lntr	−0.075 5*** (−3.35)	0.043 2* (1.97)	0.326*** (5.70)	0.032 0 (0.59)
lnfdi	0.016 2 (1.24)	0.083 2** (2.62)	0.012 4 (0.49)	0.012 4 (0.56)
lng	−0.184* (−2.22)	0.210 (1.29)	0.016 7 (0.11)	−0.266 (−1.42)
lnrc	0.370*** (4.89)	0.498*** (4.15)	−0.131 (−1.37)	−0.336 (−1.48)
$W \times$ lnITA	1.831*** (3.91)	0.947*** (4.36)	0.336** (3.22)	0.459** (2.81)
$W \times$ ln$i$	−1.226 (−1.48)	−0.011 9 (−0.02)	−0.070 9 (−0.14)	−0.245 (−0.26)
$W \times$ lntr	−2.202*** (−3.83)	0.252 (1.23)	1.988*** (5.51)	0.258 (0.49)
$W \times$ lnfdi	0.443 (1.37)	0.846** (3.12)	0.031 7 (0.19)	0.101 (0.50)
$W \times$ lng	−3.466 (−1.69)	0.354 (0.23)	0.702 (0.73)	−1.495 (−0.86)
$W \times$ lnrc	4.758* (2.44)	4.017*** (3.63)	−1.528* (−2.28)	−4.234* (−2.06)
ρ	−6.817*** (−7.58)	−4.472*** (−11.21)	−4.100*** (−14.85)	−4.543*** (−10.40)
R^2	0.876	0.813	0.742	0.719
Log Likelihood	1 256.61	1 172.57	1 189.56	1 042.38

注：括号内为 t 值，*、**、***分别表示在10%、5%及1%水平下显著

对照表9-6与表9-12、表9-8与表9-13易知，在分别以产业结构合理化和高

级化作为被解释变量时,各个解释变量、解释变量与空间权重矩阵的交互项、控制变量及空间交互项估计系数的方向与显著性几乎没有改变,技术创新强度对产业结构"两化"的正向空间效应显著且稳定,由此可知关于经济集聚下技术创新强度对产业结构升级空间效应的实证结果是稳健的。

9.5 结论与政策建议

在归纳已有研究的基础上,从理论和实证两个方面对技术创新与产业结构相关研究进行了拓展与补充。首先,从理论上阐述了经济集聚背景下技术创新强度对产业结构升级空间效应的作用机理;其次是实证方面,从产值和就业协同的角度构建了产业结构合理化、产业结构高级化以及技术创新强度的评价指标,并利用1997~2014年我国的省级面板数据完成测算;最后,考虑经济集聚对技术创新和产业结构转型的重要作用,还提出了基于经济集聚度的空间权重矩阵,据此构建 SDM 依次实证分析了经济集聚下技术创新强度对产业结构合理化、产业结构高级化的溢出效应,且针对东、中、西部地区的差异性进行了区域比较。

研究结果表明:我国产业结构"两化"与技术创新强度的时空演变情况趋同,都是在时间维度上逐步提升、区域维度上呈现出东部＞中部＞西部的格局;北京、江苏、浙江、上海、广东是我国最主要的经济集聚与技术溢出中心,其技术外溢对周边地区产业发展的扩散与渗透能力最强;地区之间产业结构合理化的空间联系强于产业结构高级化;技术创新强度对产业结构"两化"发展具有显著为正的空间溢出效应;产业结构的合理化发展显示东部地区技术的边际收益高、中部地区集聚的边际收益高、西部地区主要依赖政府的调控,技术创新强度对西部产业合理化的空间效应不显著;经济集聚是技术创新强度对产业结构合理化空间效应的重要影响因素,它能将空间效应放大近 4 倍;经济集聚是促进技术创新对产业结构高级化空间效应的最主要动因,离开了经济集聚,创新对产业结构高级化的空间效应就难以为继。

本章对于促进经济集聚、技术创新与产业结构合理化及高级化协同发展具有如下启示:地区产业结构的"两化"发展要以技术创新为中心,大力发展集聚经济,并在此基础上兼顾政府调控;在东部地区要坚持以技术创新来指导产业结构合理化发展;提升中部地区产业结构合理化的最有效途径是加强集聚经济区的建设;在发展西部产业时要既注重集聚经济的建设,又坚持技术创新强度,发挥东、中部地区的先动优势,带动西部地区协同发展。

参 考 文 献

程莉. 2014. 产业结构的合理化、高级化会否缩小城乡收入差距——基于 1985~2011 年中国省级面板数据的经验分析[J]. 现代财经（天津财经大学学报），（11）：82-92.

付宏，毛蕴诗，宋来胜. 2013. 创新对产业结构高级化影响的实证研究——基于2000~2011年的省际面板数据[J]. 中国工业经济，（9）：56-68.

付凌晖. 2010. 我国产业结构高级化与经济增长关系的实证研究[J]. 统计研究，（8）：79-81.

傅元海，叶祥松，王展祥. 2014. 制造业结构优化的技术进步路径选择——基于动态面板的经验分析[J]. 中国工业经济，（9）：78-90.

干春晖，郑若谷，余典范. 2011. 中国产业结构变迁对经济增长和波动的影响[J]. 经济研究，（5）：4-16+31.

高远东，张卫国，阳琴. 2015. 中国产业结构高级化的影响因素研究[J]. 经济地理，（6）：96-101+108.

龚轶，王铮，顾高翔. 2015. 技术创新与产业结构优化——一个基于自主体的模拟[J]. 科研管理，（8）：44-51.

黄茂兴，李军军. 2009. 技术选择、产业结构升级与经济增长[J]. 经济研究，（7）：143-151.

黄中伟. 2007. 产业集群的网络创新机制和绩效[J]. 经济地理，（1）：47-51.

刘启华，樊飞，戈海军，等. 2005. 技术科学发展与产业结构变迁相关性统计研究[J]. 科学学研究，（2）：160-168.

齐亚伟，陶长琪. 2014. 环境约束下要素集聚对区域创新能力的影响——基于GWR模型的实证分析[J]. 科研管理，（9）：17-24.

唐炎钊. 2004. 区域科技创新能力的模糊综合评估模型及应用研究——2001年广东省科技创新能力的综合分析[J]. 系统工程理论与实践，（2）：37-43.

陶长琪，周璇. 2016. 要素集聚下技术创新与产业结构优化升级的非线性和溢出效应研究[J]. 当代财经，（1）：83-94.

田新民，韩端. 2012. 产业结构效应的度量与实证——以北京为案例的比较分析[J]. 经济学动态，（9）：74-82.

武晓霞. 2014. 省际产业结构升级的异质性及影响因素——基于1998~2010年28个省区的空间面板计量分析[J]. 经济经纬，（1）：90-95.

闫海洲. 2010. 长三角地区产业结构高级化及影响因素[J]. 财经科学，（12）：50-57.

余泳泽，刘大勇. 2013. 我国区域创新效率的空间外溢效应与价值链外溢效应——创新价值链视角下的多维空间面板模型研究[J]. 管理世界，（7）：6-20.

原毅军，谢荣辉. 2015. 产业集聚、技术创新与环境污染的内在联系[J]. 科学学研究，（9）：1340-1347.

张大儒. 2013. 我国政府投资与产业结构合理化的实证分析[J]. 经济体制改革，（4）：128-132.

张丽华，林善浪，汪达钦. 2011. 我国技术创新强度的集聚效应分析[J]. 数量经济技术经济研究，（1）：3-18.

郑英隆. 2001. 信息产业加速发展与产业结构升级的交互关系研究[J]. 经济评论，（1）：48-53.

Arellano M，Bover O. 1995. Another look at the instrumental variable estimation of error-components models[J]. Journal of Econometrics，68（1）：29-51.

Audretsch D B. 1998. Agglomeration and the location of innovation activity[J]. Oxford Review of Economic Policy，14（2）：18-29.

Blundell R，Bond S. 1998. Initial conditions and moment restrictions in dynamic panel data models[J]. Journal of Econometrics，87（1）：115-143.

Cusmano L. 2000. Technology policy and cooperative R&D：The role of relational research capacity[J]. DRUID Working Paper，(3)：27-54.

Ellison G，Glaeser E L. 1994. Geographic concentration in US manufacturing industries：A dartboard approach[R]. Cambridge：National Bureau of Economic Research.

Fornahl D，Brenner T. 2009. Geographic concentration of innovative activities in Germany[J]. Structural Change and Economic Dynamics，(5)：163-182.

Gordon I R，McCann P. 2005. Innovation，agglomeration，and regional development[J]. Journal of Economic Geography，5（5）：523-543.

Greunz L. 2004. Industrial structure and innovation-evidence from European regions[J]. Journal of Evolutionary Economics, (5): 936-937.

Hansen M T, Birkinshaw J. 2007. The innovation value chain[J]. Harvard Business Review, 85: 121-135.

Henderson J V. 2003. Marshall's scale economies[J]. Journal of Urban Economics, 53 (1): 1-28.

Jacobs J. 1970. The Economy of Cities[M]. New York: Random House.

Lesage J P, Pace R K. 2009. Introduction to Spatial Econometrics[M]. Boca Raton: CRC Press Taylor&Francis Group.

Lööf H, Heshmati A. 2002. Knowledge capital and performance heterogeneity: A firm level innovation study[J]. International Journal of Production Economics, 76: 61-85.

Mairesse J, Sassenou M. 1991. R&D and productivity: A survey of econometric studies at the firm level in science technology[J]. Industry Review, 81: 317-348.

Michael P. 2003. Industrial structure and aggregate growth[J]. Structural Change and Economic Dynamics, (14): 427-448.

Motohashi K, Xiao Y. 2007. China's innovation system reform and growing industry and science linkages[J]. Research Policy, (36): 1251-1260.

Tilman A, Hubert S, Andreas S. 2008. Breakthrough? China's and India's transition from production to innovation[J]. World Development, (36): 325-344.

第 10 章 环境约束下要素集聚对区域创新能力的影响——基于 GWR 模型的实证分析*

10.1 研究背景

进入 21 世纪后,以要素高投入为特征的粗放型经济增长模式给生态环境造成严重的负面影响,降低区域经济增长质量和人民福利水平,挖掘内在的区域经济增长潜力是区域经济可持续发展的根本保证。区域创新是以实现经济发展方式转变、保持经济发展与环境保护良性循环态势为目的的活动,区域创新能力的提升正在成为区域经济发展的主要动力,也是改善区域经济与资源环境协调状况的重要途径。因此,按照科学发展观的要求,分析区域创新能力形成的源泉,加快区域创新能力的建设,将为区域经济可持续发展提供更有力的科技支撑。

要素集聚能力决定区域的创新潜力和经济增长潜力,王缉慈(2001)论证了集聚和创新对区域经济发展的作用,为研究区域经济发展的国内学者打开了新思路。于永达和荣飞(2006)认为将人才、技术、地缘、信息、贸易、金融等要素高效配置,在蓄势增能的同时辐射释放,使区域内外优势资源在合作竞争的过程中,形成经济极、经济场,发挥资源集聚增值效应,提升创新发展优势。高丽娜和蒋伏心(2011)发现创新要素在空间、部门分布呈现不对称集聚特征,并形成组织间、区域间创新要素的扩散,其中人力资本的集聚与区间创新扩散对区域经济发展具有显著的正效应。从根本上说,一个国家或一个地区的创新能力和水平取决于它集聚创新要素的规模与层次。

要素在某地区的集聚决定了大量专业化企业集中在一起,导致较低的交易成本、畅通的劳动力流动及市场规模的扩大,同时也有利于市场化深度发展。要素集聚的特点决定了其比较优势在于能促进持续的创新活动,使区域实现经济一体化。要素集聚一方面通过影响区域经济活动的规模和空间分布来影响区域产业的规模经济,另一方面通过影响新技术开发速度、新技术知识的扩散速度和新技术纳入厂商的生产过程来影响区域技术变化率(Beeson,1987)。周华和韩伯棠(2009)综合考虑不同企业的知识吸收能力,提出基于技术距离的知识溢出方式。合理的要素集聚规模和集聚结构是知识溢出的原因,也是其结果,尤其是人力资本集聚

---

* 本章部分成果发表在齐亚伟、陶长琪撰写的 2014 年第 9 期的《科研管理》上

和人力交流更有助于知识的扩散和创新。

区域创新与产业集聚活动在观念、管理、技术、制度和环境等环节上存在紧密耦合关系，区域创新的有效运行会加速形成要素的空间集聚，产生集聚经济性，从而实现区域经济发展。陈建军和胡晨光（2008）发现，产业集聚产生的技术进步构成集聚区域经济效率的源泉，一方面，产业集聚引起区域内同一产业之间的竞争加剧，促使产业内企业技术的改进和竞争力的提高；另一方面，产业集聚带来区域市场规模扩大和需求结构、收入结构的变化，从而促使区域出现以产业结构升级为内容的技术进步。陆立军和于斌斌（2010）运用绍兴市纺织产业集群的问卷实证检验了产业集群、创新网络对集群企业技术能力的影响，结果表明，产业集聚、创新网络对集群企业的技术能力有明显的促进作用。池仁勇和杨潇（2010）认为行业集聚通过竞合关系、地域文化及生产网络促进技术进步，并将行业集聚分为大中企业主导型、品牌和市场主导型、外资依存型等类型，它们的技术进步速度以及对经济增长贡献率存在显著差异。张钢和王宇峰（2010）的研究表明知识集聚水平能够显著影响区域创新水平，但两者并非完全线性相关。根据知识、技术等创新要素的集聚提升区域创新能力，可以突破环境对区域经济可持续发展的制约作用，达到经济发展和环境保护的双赢。

区域创新能力的提高是实现区域经济发展和环境保护的有效途径已得到共识，也有众多文献论述了产业集聚的创新效应，从而对区域经济发展具有显著的促进作用。但产业集聚促进区域创新能力的相关成果中考虑环境因素的尚不多见，也未区分要素集聚、产业集聚等不同层次集聚的含义。已有文献多从定性的角度论述集聚的创新效应，未能定量地检验要素集聚对区域创新能力的影响。本章从集聚的微观层面——要素集聚出发，将环境约束、要素集聚及区域创新能力三者结合起来，考虑要素集聚的空间特征及对区域创新能力影响的空间差异，利用地理加权回归（geographically weighted regression，GWR）模型对环境约束下要素集聚对区域创新能力的影响进行实证分析，对集聚创新效应的描述性分析是有益的补充。

10.2 要素集聚对区域创新能力的影响

10.2.1 区域创新能力的评价指标体系

本章认为区域创新能力（regional innovation capability）是指一定区域的创新主体在知识生产或技术创新过程中，通过对创新资源的集成和融合，提升区域知识存量和技术水平的能力。中国科技战略小组从知识创造、知识获取、企业技术

第10章 环境约束下要素集聚对区域创新能力的影响
——基于GWR模型的实证分析

创新、创新环境与经济绩效五个方面分析区域创新能力,本章只考虑区域知识创新的直接产出,将区域创新的经济绩效看作间接产出。因此,立足于区域知识存量或技术水平的增长,从知识创造、知识获取、企业技术创新与创新环境四个方面研究区域创新能力的构成要素及各要素在区域创新能力形成及提升中所发挥的作用。

从生产视角看,知识创造是从创新要素投入到创新产品产出的一个多阶段、多要素的价值链传递过程,从R&D人员、R&D经费、专利授权量等方面衡量知识创造能力;区域创新体系组织要素主要包括企业、公共研究机构、教育培训机构、政府机构、金融机构、中介机构等,各创新组织要素构成网络型结构,通过相互联系和相互作用共享知识和提高知识存量。因此,从技术转移(技术市场成交合同金额和技术市场成交合同数)、合作创新(高校和科研机构科技活动筹集资金中来自企业资本的比例)等方面建立创新主体的组织结构指标,以此评价知识获取能力;在各类创新组织要素中,企业是最主要的创新主体,是将知识转化为新产品、新工艺、新服务和技术创新的主体,将大中型工业企业的科技活动人员、科技活动筹集经费、新产品产值,以及有科研机构的企业占比等作为企业技术创新能力的评价指标;区域创新能力的提高不仅来自于区域内各个创新主体内部活跃的创新能力,更来自于良好的区域创新环境。本章从基础设施(邮电业务量占GDP的比例)、政府扶持(政府财政科技拨款占财政支出的比例)、区域文化(教育经费占GDP的比例)等方面建立创新环境指标。区域创新能力的指标体系如表10-1所示。

表10-1 区域创新能力的评价指标体系

目标层	准则层	指标层	单位
区域创新能力	知识创造	R&D全时人员当量	万人·年
		R&D经费内部支出	亿元
		专利申请授权数	件
	知识获取	技术市场成交合同金额	万元
		技术市场成交合同数	个
		高校和科研机构科技活动筹集资金中来自企业资本的比例	%
	企业技术创新	大中型工业企业中科技活动经费内部支出总额占销售收入的比例	%
		大中型工业企业中新产品产值占总销售额的比例	%
		大中型工业企业中有科技机构的企业占比	%
		大中型工业企业中科技活动人员占从业人员的比例	%
	创新环境	政府财政科技拨款占财政支出的比例	%
		教育经费占GDP的比例	%
		邮电业务量占GDP的比例	%

10.2.2 影响区域创新能力的要素集聚效应

在新经济时代,资本在全球范围内流动,资本集聚成为全球化经济一种特有的资源配置方式。由于劳动力、土地作为低级要素的流动不充分甚至基本不能流动,要素的国际流动存在着结构性的偏差,主要表现为高级要素拥有国家的高级要素以资本形成等方式向某些低级要素拥有国家集聚。中国工业化进程中城乡二元结构使得劳动要素的流动阻滞,技术路径选择出现资本替代劳动的偏差,出现被动的资本深化。资本深化是工业化过程中的一般趋势,资本深化意味着在以要素组合为特征的生产过程中更多地使用资本而不是劳动力,资本密度提高(Toh et al.,2002)。资本深化提高了资本密集度,通过规模效应有利于建立现代工业体系,进而直接促进区域经济增长。事实上,任何科技创新和技术进步作用的发挥都必须依赖于物质资本的投资和积累,设备投资中同样会伴随着科技创新或技术进步。Aghion 和 Howitt(2005)认为新的技术几乎总要体现在新的物质资本和人力资本的形式中,新的技术的使用是以物质资本的投资和积累为前提的。高投资并不一定是低效增长,资本深化同样有可能促进创新能力的提升,进而实现高效的产出增长。

资本深化的本质是生产要素相对密度的演变。市场竞争越激烈,产业的要素密集程度将越向高效率优势企业、高效率优势区域汇集,提高了优势企业和区域的资本有机比,能够对要素产出效率和结构调整产生正的贡献率。但要注意避免过度的资本深化,过度的资本深化可能使得经济偏离资源禀赋路径,导致能源效率恶化和边际报酬递减,必然会使要素驱动型的经济增长趋缓。因此,资本深化对经济可持续发展的促进作用只有在资本深化促进区域创新能力的前提下才能成立。资本密集或技术密集型产业的集聚地区会比劳动密集型产业的集聚地区有着更高的劳均资本,通过增加固定资产投资来提高技术密集型产业的资本有机构成,促进资本深化与技术深化的融合,是提高创新能力和产业结构升级的有效途径。

人力资本作为生产力要素,不仅具有生产要素功能,还具有科学技术发明与创造的功能,是科学技术进步的重要源泉。人力资本的积累有利于知识创造、科学技术的发明及应用,而人力资本的地理集聚更是区域创新能力的先决条件,区域创新能力是人力资本在区域创新与技术进步过程中所表现出的一种重要能力。

知识和技术作为公共产品自身具有扩散或溢出特性。经济地理学家开始论证区域临近和地理位置对知识传播和技术扩散的重要性,证明知识溢出效应与区域临近情况存在正相关特性,并证实了知识外部性是导致企业、高校和科研院所的区域集聚现象的主要因素。反过来，企业、高校和科研院所的地理集中导致人力资本集聚，人力资本集聚过程中由于空间接近性和共同的产业文化背景，不仅可以加强显性知识的传播与扩散，而且更重要的是可以加强隐性知识的传播与扩散，使知识和技术从知识中心向经济腹地扩散，提高整个区域的创新能力。另外，区域内各创新主体以网络的形式联结，来自各个区域创新主体的人力资本会协同创新，相互支持，共同参与这种网络化的创新模式。区域创新网络结构促进了组织间的学习，创新网络中的组织之间的合作形成了相互依赖的关系，各行为主体之间的网络关系加速了知识的集聚、流动、传播、创造的过程，丰富了各行为个体的知识获取渠道，提升了组织间学习的广度和对知识溢出的吸收能力，有利于区域创新能力的提升。

10.3 环境约束下要素集聚影响区域创新能力的实证分析

10.3.1 地理加权回归模型

由于我国各地区创新投入水平和创新环境的不同，各地区创新能力在相同时期有很大的差异性，这些表现从空间计量经济学的角度可以用空间异质性（spatial heterogeneity）来说明。忽略空间关系的全局回归模型（如 OLS）可能会对现实社会的地理和经济现象产生错误的解释。处理空间异质性的一个有效方法就是采用非参数局域线性回归模型中的 GWR 模型。

在研究局域回归和变参数的基础上，Fortheringham 等 1996 年提出了 GWR 模型。随后引起了 Bunsdon 和 Leung 等的注意。GWR 模型通过在线性回归模型中假定回归系数是观测点地理位置的位置函数，利用局部加权最小二乘法进行逐点参数估计，其中，权重是回归点所在的地理空间位置到其他各观测点的地理空间位置之间的距离的函数。

假定有 $i=1,2,\cdots,n; k=1,2,\cdots,p$ 的一系列解释变量观测值 x_{ik} 及一系列被解释变量 y_i，则全局线性回归模型表示为

$$y_i = \beta_0 + \sum_{k=1}^{p} \beta_k x_{ik} + \varepsilon_i, i=1,2,\cdots,m \qquad (10\text{-}1)$$

其中，y_i 是非独立变量，是独立变量 x_{ik} 的一个线性组合；β_k 为参数；ε_i 为符合正态分布的独立误差项，$\varepsilon_i \in N(0,\sigma^2)$。用最小二乘法估计参数 β 时，结果用矩阵表示为

$$\beta = (X^T X)^{-1} X^T Y \qquad (10\text{-}2)$$

其中，$X = \begin{bmatrix} 1 & x_{11} & \cdots & x_{1j} \\ 1 & x_{21} & \cdots & x_{2j} \\ \vdots & \vdots & & \vdots \\ 1 & x_{n1} & \cdots & x_{nj} \end{bmatrix}$；$Y = \begin{bmatrix} y_1 \\ y_2 \\ \vdots \\ y_n \end{bmatrix}$，$\beta = \begin{bmatrix} \beta_1 \\ \beta_2 \\ \vdots \\ \beta_p \end{bmatrix}$。

此时得到的参数在研究区域内是恒定不变的，实际上参数在空间上是不一致的，为了探测参数的空间变化，GWR 模型对一般线性回归模型进行拓展，将数据的地理空间位置纳入回归参数中，即

$$y_i = \beta_0(u_i, v_i) + \sum_{k=1}^{p} \beta_k(u_i, v_i) x_{ik} + \varepsilon_i, i = 1, 2, \cdots, n$$

其中，(u_i, v_i) 为第 i 个观测点的空间坐标；$\beta_k(u_i, v_i)$ 是第 i 个观测点的第 j 个估计参数。根据 Bunsdon 等采用非参数光滑方法拟合 GWR 模型。根据加权最小二乘法，i 点的回归参数可以利用 $\sum_{j=1}^{n} w_{ij} \left(y_i - \beta_{i0} - \sum_{k=1}^{p} \beta_{ik} x_{ik} \right)^2$ 的最小化来估计，i 点的回归参数估计 $\hat{\beta}(u_i, v_i) = [X^T W(u_i, v_i) X]^{-1} X^T W(u_i, v_i) Y$。

其中，$\beta = \begin{bmatrix} \beta_0(u_1, v_1) & \beta_1(u_1, v_1) & \cdots & \beta_k(u_1, v_1) \\ \beta_0(u_2, v_2) & \beta_1(u_2, v_2) & \cdots & \beta_k(u_2, v_2) \\ \vdots & \vdots & & \vdots \\ \beta_0(u_n, v_n) & \beta_1(u_n, v_n) & \cdots & \beta_k(u_n, v_n) \end{bmatrix}$；$W(u_i, v_i) = W(i) = \begin{bmatrix} w_{i1} & 0 & \cdots & 0 \\ 0 & w_{i2} & \cdots & 0 \\ \vdots & \vdots & & \vdots \\ 0 & 0 & \cdots & w_{in} \end{bmatrix}$。

$\hat{\beta}$ 是 β 的估计值，n 为空间样本数，k 是自变量的个数，$W(i)$ 是 $n \times n$ 的加权矩阵，对角线上的每个元素都是回归点 i 与其观测值 j 之间的地理距离的单调递减函数，其作用是权衡不同空间位置 $j(j = 1, 2, \cdots, n)$ 的观测值对于回归点 i 参数估计的影响程度，而非对角元素为 0。

选择一个标准来决定加权矩阵对于 GWR 模型中参数的估计是很重要的。在空间分析中，一般认为距离回归点 i 较近的观测值对回归点 i 处的参数估计影响较大，而远离回归点 i 的观测值的影响就较小。因此，在估计回归点 i 的参数时，必须给予离回归点 i 较近的地区更多的关注，也就是优先考虑较近观测值的影响。根据这一思想，可供选择的权函数有多种形式，如距离的倒数。通常选择高斯（Gauss）函数作为权函数，其形式如下：

$$w_{ij} = \exp\left[-\frac{1}{2} \left(\frac{d_{ij}}{b} \right)^2 \right] \tag{10-3}$$

其中，b 是距离与权重之间函数关系的参数，即带宽。带宽越大，权重随距离的增减变动越慢，反之亦然。当带宽趋于无穷大时，所有观测点的权重都趋于 1。对于给定的 b，距离 i 点很远的点的权重将会趋于 0。

在实际中,为了提高计算效率,需要把对参数估计几乎没有影响的数据点截去,而用一种近高斯函数代替。最常采用的近高斯函数就是双重平方函数,如下:

$$w_{ij} = \begin{cases} \left[1 - \left(\dfrac{d_{ij}}{b}\right)^2\right]^2, & d_{ij} < b \\ 0, & \text{其他} \end{cases} \quad (10\text{-}4)$$

从空间权矩阵的表现形式可知,不同的带宽 b 会产生不同的权重矩阵。带宽 b 过大会使得回归参数偏差太大,带宽过小又会致使参数方差过大。带宽的选择显得尤为重要。此外,可以选择的带宽不是唯一的。Cleveland 在 1979 年提出了局域回归分析的交叉验证方法(cross validation,CV),该方法表达如下:

$$\text{CV} = \sum_{i=1}^{n}[y_i - \hat{y}_{\neq i}(b)]^2 \quad (10\text{-}5)$$

其中,$\hat{y}_{\neq i}(b)$ 是回归点 i 的观测值不参与估算过程得到 y_i 的估计值。在实际中,可以针对不同的 b 值,计算出相应的 CV 值,再从中选择值为最小的 b 作为带宽。

10.3.2 模型的设定

从全球角度来看,区域创新能力实际上是经济发展程度和要素集聚的函数,环境通过影响要素集聚规模和结构进而影响区域创新能力,本章从区域创新的需求和供给两方面分析环境约束下经济发展程度以及要素集聚程度对区域创新能力的影响。

首先,实现创新最重要的是要有充裕的资本,物质资本集聚的产生必然吸引资本大量流入,物质资本集聚带来的资本深化为区域创新能力提供了持续的充裕的创新资本供给;人力资本集聚则加强信息共享和知识外溢,提高了科技人员对区域创新能力的供给能力,并带来创新的扩散。要素集聚能够产生多样化的需求,在相同或相近的收入水平下,只有大量的资本、劳动力集聚以及由此产生的多样化需求才能满足"阳春白雪"式的创新供给的存在,给一些暂时不能为多数人接受的创新产品提供生存的市场条件。因此,物质资本和人力资本集聚是区域创新能力的两个主要供给变量。

其次,根据可持续发展理论,区域经济发展带来多元化、个性化的消费需求,并对产品的环保型、差别化和更新换代提出了更高的要求。企业处于利润动机或为在竞争中保持优势,同样会对中间产品提出多样化的需求。随着经济的发展,这种多样化需求会因收入水平、消费水平的提高和产业结构的升级而不断细化和深化,对产品的差别化需求倾向也会不断增强,从而从需求方面刺激区域创新能力的形成与发展,即区域创新需求的产生和经济发展程度正相关。同时,资源环境状况影响了要素集聚模式,资源丰富、环境良好的地区集聚了科技创新、资本、知识等高级生产要素，往往成为新技术、新产业的发源地，而其他低级生产要素或环境污染物往往转移到其他地区，导致有些地区边缘化。因此，区域经济总量的提高和资源环境的改善对区域创新能力的形成和发展创造良好的需求。

最后，多元化的需求与要素集聚的形成和发展是从市场供求的角度来促进创新的，这种市场性的拉动是基础性的，然而市场机制的局限性和创新活动本身的特性要求政府在区域创新活动中扮演重要角色。基于环境保护角度的环境规制刺激企业进行节能减排等环保技术和产品的创新，改善产品需求结构和产业结构的调整，从而有利于区域创新需求的产生。Jaffe 等（1995）认为，环境规制给企业造成额外的成本负担，从而不利于企业创新活动的开展。但波特假说认为，合理设置的环境规制政策能够刺激企业进行技术创新，提高生产效率，产生创新补偿作用，弥补甚至超过环境规制成本，从而达到环境绩效和企业经济绩效同时改进的"双赢"状态。环境规制政策对区域创新能力的影响是正向还是负向最终取决于激励效应和阻碍效应的比较。

根据上面的分析，选取四个解释变量考察区域创新能力的影响因素，构建基本回归方程为

$$I = c + \beta_1 KI + \beta_2 LI + \beta_3 HI + \beta_4 CFI + \beta_5 ER \tag{10-6}$$

其中，I 为区域创新能力；KI, LI, HI 分别表示物质资本集聚、劳动力集聚和人力资本集聚；CFI 表示区域经济发展过程中的环境约束；ER 表示环境规制水平。

根据上面构建的区域创新能力指标体系，先采用均值-标准差法对原始数据进行标准化处理，随后运用 R 型因子分析法计算 2009 年区域创新能力每个公因子的因子得分，并以各因子的方差贡献率为权重进行加权平均，得到我国各省份区域创新能力的综合得分。

物质资本集聚、劳动力集聚和人力资本集聚指标分别用某省份物资资本存量、劳动力和人力资本存量占全国人力资本存量的比例来衡量。其中，劳动力用各地区年末从业人员数表示；物质资本存量利用永续盘存法度量，选用张军等（2004）的计算方法和结果作为参考指标，并根据其方法将时间延长到 2009 年；人力资本存量用劳动力受教育年限法测度，即将从业人员受教育程度分为文盲、小学、初中、高中、大专及以上 5 个层次，各教育层次的受教育累积年限依次为 0 年、6 年、9 年、12 年、16 年，用每一种教育层次人数占从业人员的比例 p_{ij} 乘以各自的受教育年限 t_{ij}，再加总就可得到劳动者人均受教育水平。

CFI 为考虑生态多样性下的能源足迹强度，用能源利用的人均碳足迹与人均 GDP 的比值测度。人均碳足迹 Cf 的计算公式为

$$Cf = \sum_i Cf_i = \sum_i C_i / F_i \tag{10-7}$$

其中，Cf_i 为第 i 种能源的能源利用碳足迹；C_i 为第 i 种能源的人均二氧化碳排放

第10章 环境约束下要素集聚对区域创新能力的影响
——基于 GWR 模型的实证分析

量；F_i 为第 i 种能源的土地转换系数。CO_2 总排放量的计算公式为

$$CO_2 = \sum_{i=1}^{7} CO_{2,i} = \sum_{i=1}^{7} E_i \times NCV_i \times CC_i \times COF_i \times (44/12) \quad (10\text{-}8)$$

本章考虑煤炭、焦炭、汽油、煤油、柴油、燃料油和天然气共 7 种能源消费种类（$i=7$）；E_i 表示第 i 种能源的消费量（t, m^3）；NCV_i 为第 i 种能源的平均低位发热值（$kJ/kg, m^3$）；CC_i 为第 i 种能源的碳含量（tC/TJ），COF_i 是第 i 种能源的碳氧化率。各种化石能源的 CO_2 排放系数见表 10-2。由于生产主要利用电能作为动力，本章还根据电力消耗与二氧化碳的折算系数估算我国生产过程中产生的二氧化碳。根据国家发展和改革委员会（简称国家发改委）2008 年公布的中国区域电网的基准线排放因子，华东电网的电量边际排放因子为 $0.954 tCO_2/(MW \cdot h)$，以此作为二氧化碳排放因子，对消耗电力产生的间接二氧化碳排放也进行估计。将化石能源燃烧产生的直接二氧化碳和电力消耗产生的间接二氧化碳加总，得到总的二氧化碳排放量。土地面积转换系数为 $6.49 t/hm^2$（以林地吸收 CO_2 量计，$1hm^2=10000m^2$）（郭运功等，2010）。基于人类对物种的公平性原则，Wackernagel 和 Yount（2000）认为人类有分配生物多样性的职责。因此，在生态足迹的分析方法上，已经预留 12% 的地球空间作为生物多样性保护面积，考虑生物多样性的人均能源利用的碳足迹为

$$Cf = \sum_i Cf_i / (1-12\%) \quad (10\text{-}9)$$

为尽量消除多重共线性，利用资本深化指标 K（$K=KI/LI$）综合反映物质资本集聚和劳动力集聚对区域创新能力的影响；相应的环境规制是用来减少环境污染，用各省份环境污染治理投资额占 GDP 的比例衡量环境规制 ER。由于环境规制的出台到规制效果的显现存在一定的时滞性，前期的环境规制水平可能对当前的环境质量和环境规制程度具有一定影响。所以，在回归模型中加入滞后一期的环境规制变量，不但符合规制实施的特点，而且能消除环境规制数据的波动，使模型更准确地反映所研究的经济现象。最终得到的回归模型为

$$I = c + \beta_1 k + \beta_2 HI + \beta_3 CFI + \beta_4 ER + \beta_5 ER(-1) \quad (10\text{-}10)$$

表 10-2 化石能源的 CO_2 排放系数

排放源	化石燃料燃烧						
	煤炭	焦炭	汽油	煤油	柴油	燃料油	天然气
碳含量	25.8	29.2	18.9	19.6	20.2	21.1	15.3
热值数据	20908	28435	43070	43070	42652	41816	38931
碳氧化率	0.923	0.928	0.98	0.986	0.982	0.985	0.99
CO_2 排放系数	1.826	2.825	2.925	3.052	3.102	3.186	2.162

注：数据来源于 IPCC（2006）和国家发改委能源研究所（2007）

10.3.3 实证结果分析

以 2009 年我国 30 个省份（重庆和四川归于一省，西藏的某些缺失数据采用省份的平均值加以补齐，港澳台除外）为例进行实证分析，所用数据来源于 2010 年《中国统计年鉴》《中国环境统计年鉴》《中国能源统计年鉴》《中国科技统计年鉴》。结果如表 10-3 所示。

表 10-3 要素集聚促进区域创新能力的 OLS 结果

	回归系数	标准误差	T 值	P 值
C	−1.081 513	0.447 550	−2.416 520	0.023 6
ER	−0.336 190	0.192 107	−1.750 012	0.092 9
ER（−1）	0.387 269	0.138 930	2.787 503	0.010 2
HI	43.969 38	15.605 99	2.817 468	0.009 5
K	7.74E−05	0.106 060	0.000 730	0.999 4
CFI	−0.612 106	0.206 810	−2.959 757	0.006 8
R-squared	0.705		Adj. R-squared	0.643
F 值	11.485		Prob（F-statistic）	0.000

根据 OLS 回归结果可知，除了资本深化指标，人力资本集聚、环境规制和能源足迹强度均对区域创新能力有显著的影响。说明资本深化向技术深化方面转化，人力资本（并非是物质资本和劳动力）是提升区域创新能力的必备条件，能源的过度消耗与区域创新能力之间呈现负相关关系，环境规制政策最终对区域创新能力有激励促进作用。但 OLS 估计没有考虑空间距离的因素，只能得到一个总的"全域"意义上的回归系数，不同观察值间的差异 "平均化"，得到的是一个整体的相互依赖关系，不能反映参数在不同空间的非稳定性。因此，在此基础上，考虑采用 GWR 模型，把空间距离考虑进模型中。GWR 估计的该函数形式采用高斯函数，固定带宽是 2.0076，CV 得分为 88.6567，R^2=0.7183，调整后的 R^2=0.6596。

从图 10-1 可以看出，GWR 的估计系数在不同的位置有不同的数值，这些位置全面地描述了各个影响因素对区域创新能力的影响。在不同的地理位置上，变量间的相互关系可能得出完全不同的结论，充分反映了地理加权的作用。需要说明的是：在 OLS 估计中不显著的变量，并不说明这些因素对区域创新能力的变化没有影响，而是因为用 OLS 估计不能反映这些因素对区域创新能力影响的空间差异性。事实上这些变量在 GWR 估计中表现出明显的空间异质性，即它们对不同地区的影响不一样，影响的方向和影响的强度都有差异。

第10章 环境约束下要素集聚对区域创新能力的影响
——基于 GWR 模型的实证分析

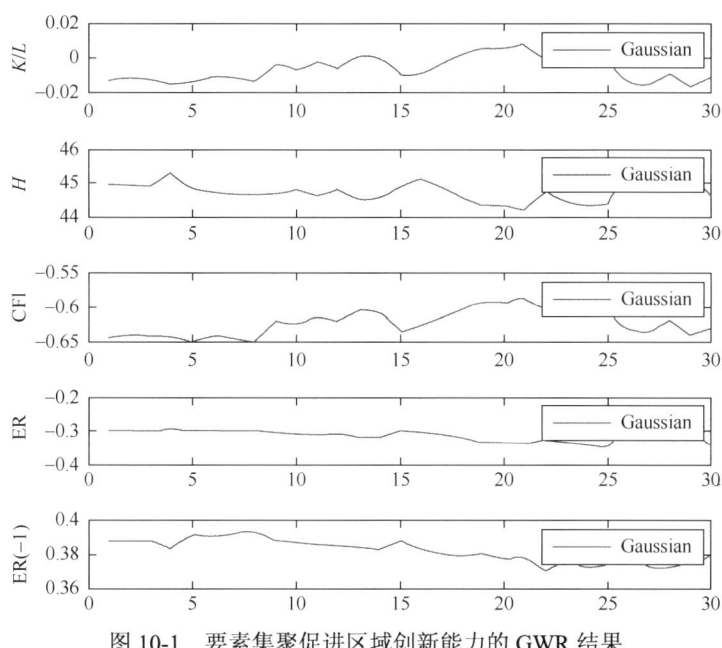

图 10-1 要素集聚促进区域创新能力的 GWR 结果

从图 10-1 各影响因素前的回归系数符号来看：资本深化、能源足迹强度和当期的环境规制水平为负值，人力资本集聚和滞后一期的环境规制水平为正值，说明就大部分省份来说，物质资本集聚并没有促进区域创新能力的提升，反而因过度集聚有可能产生人员冗余、经费利用效率低等问题，并且我国的大部分固定资产投资流向重工业等，而不是用来支持科技创新，区域创新活动并没有表现出较大的资本深化，造成资本要么妨碍了区域创新能力的形成和发展，要么对区域创新能力并无显著的促进作用；而人力资本集聚通过对知识、技术的承载和溢出效应加强了知识创造和知识流动能力，对区域创新能力的提升表现出明显的促进作用；能源足迹强度越大，区域经济增长中的资源环境约束力越强，表明我国将大部分创新资源或生产资源放在高耗能、高污染等产业，对高新技术产业和先进制造业的支持力度不够，也没有形成良好的环境吸引创新要素的流入，自然使得资源环境的恶化对区域创新能力具有一定的制约作用；环境规制对区域创新能力具有激励和阻碍两种效应，区域创新活动是一项投资周期长、风险大、投入大的活动，短时间内很难看到成效。当期正处于区域创新活动的投入期，环境规制政策造成企业和政府清洁成本的增加，加重了其负担，不利于区域创新能力的形成与发展，而前期环境规制对企业技术创新的激励作用正在凸显，弥补甚至超过了环境成本负效应。从长期看环境规制对区域创新能力的效应显著为正，验证了波特假说。这表明随着对环境需求的日益强烈，政府通过各种行政性或经济性手段提高环境规制的动力也在逐渐增强，一整套资源和环境对区域创新能力的倒逼机制正在加快形成，高污染、高能耗、高排放、低效益、低产出的工业生存空间已经越来越小，有限的创新资源将被置换出来，用于环境技术、节能环保技术、减排等创新活动，从而提升区域创新能力。

10.4 结论与政策建议

本章首先从知识创造、知识获取、企业技术创新和创新环境四个方面构建区域创新能力的测度框架。其次，分析物质资本和人力资本集聚效应对区域创新能力的影响机制，物质资本集聚可能通过资本深化效应影响区域创新能力，进而间接促进区域经济增长；而人力资本既是区域创新的直接投入要素，又以网络结构集聚在某一地区，通过相互合作、交流对区域创新能力的提升具有溢出效应优势。最后，构建地理加权回归模型，以我国为例检验人力资本集聚、知识溢出、物质资本集聚、资本深化对区域创新能力的影响，发现人力资本集聚和环境规制对区域创新能力具有显著的促进作用。

既然人力资本集聚和环境规制是促进区域创新能力的关键因素，各地区应全面聚焦人才、教育，实施创新驱动，打造中国人才与科技创新中心的战略。鉴于资源环境的日益恶化，应加强企业社会责任感，鼓励企业引进节能环保的生产技术，或成为环境技术创新的主力，并加强重点用能企业节能目标完成情况和措施落实情况的综合评价考核。以电力、煤炭、冶金、石化、化工、建材、轻纺等耗能行业为重点，加大节能科研和技术改造投入力度，推广应用节能技术和全面推行清洁生产。同时还应加大省级财政对节能、循环经济的投入力度，继续实施节能技术改造财政奖励政策和合同能源管理财政补助政策。随着创新驱动力量的逐步增强，我国经济增长的内在质量将不断提升。

参 考 文 献

陈建军，胡晨光. 2008. 产业集聚的集聚效应——以长江三角洲次区域为例的理论和实证分析[J]. 管理世界，(6)：68-83.

池仁勇，杨潇. 2010. 行业集聚度、集聚结构类型与技术进步的动态关系研究：以浙江省制造业为实例[J]. 经济地理，30（12）：2050-2056.

邓慧慧. 2009. 贸易自由化、要素分布和制造业集聚[J]. 经济研究，(11)：118-129.

范德成，周豪. 2006. 区域技术创新能力评价的因子分析法研究[J]. 工业技术经济，25（3）：61-63.

费宇，王江. 2013. FDI对我国各地区经济增长的非线性效应分析[J]. 统计研究，(4)：70-75.

高丽娜，蒋伏心. 2011. 创新要素集聚与扩散的经济增长效应分析——以江苏宁镇扬地区为例[J]. 南京社会科学，(10)：30-36.

郭运功，汪冬冬，林逢春. 2010. 上海市能源利用碳排放足迹研究[J]. 中国人口·资源与环境，20（2）：103-108.

陆立军，于斌斌. 2010. 产业集聚、创新网络与集群企业技术能力[J]. 中国科技论坛，(3)：67-72.

王缉慈. 2001. 创新的空间：企业集群与区域发展[M]. 北京：北京大学出版社.
王锐淇, 张宗益. 2010. 区域创新能力影响因素的空间面板数据分析[J]. 科研管理, 31（3）：17-26.
于永达, 荣飞. 2006. 基于集聚优势理论的中国经济增长方式考察[J]. 改革, （11）：13-18.
张钢, 王宇峰. 2010. 知识集聚与区域创新——一个对我国 30 个地区的实证研究[J]. 科学学研究, 28（3）：449-458.
张军, 吴桂荣, 张吉鹏. 2004. 中国省际物质资本存量估算：1952~2000[J]. 经济研究, （10）：35-44.
中国科技发展战略研究小组. 2010. 中国区域创新能力报告[M]. 北京：中国科学技术出版社.
周华, 韩伯棠. 2009. 基于技术距离的知识溢出模型应用研究[J]. 科学学与科学技术管理, （7）：111-116.
周万生. 2007. 人力资本与区域创新能力研究[D]. 成都：四川大学.
朱海就. 2004. 区域创新能力评估的指标体系研究[J]. 科研管理, 25（3）：30-35.
Aghion P, Howitt P. 2005. Growth with quality-improving innovation: An integrated framework [J]. Handbook of Economic Growth, 1（1）：67-110.
Beeson P. 1987. Total factor productivity growth and agglomeration economics in manufacturing, 1959~1973[J]. Journal of Regional Science, 27（2）：183-199.
Brunsdon C, Fotheringham A S, Charlton M. 1996. Geographically weighted regression: A method for exploring spatial non-stationary [J]. Geographical Analysis, 28（4）：281-298.
Cleveland W S. 1979. Robust locally weighted regression and smoothing scatter plots [J]. Journal of the American Statistical Association, 74（12）：829-836.
Jaffe A B, Peterson S, Portney P, et al. 1995. Environmental regulation and the competitiveness of U.S. manufacturing: What does the evidence tell us [J]. Journal of Economics Literature, 33（1）：132-163.
Poter M E, Linde C. 1995. Toward a new conception of the environment competitiveness relationship[J].Journal of Economic Perspectives, 9（4）：97-118.
Toh M H, Ng W C. 2002. Efficiency of investments in Asian economies: Has Singapore over-invested [J]. Journal of Asian Economics, 13（1）：52-71.
Wackernagel M, Yount J D. 2000. Footprints for sustainability: The next steps[J]. Environment, Development and Sustainability, 2（1）：23-44.

第11章 产业地理集中对地区协调发展的聚集与分散效应——基于局部溢出模型的实证研究*

11.1 研究背景

经济活动在空间的非均衡分布是现实中一个非常普遍的现象,自然条件及要素禀赋的空间差异是一个重要原因,但却不足以解释区域经济差异问题,具有相同或相似自然条件的区域的经济增长存在很大的差异,并没有收敛于相同的稳态(Barro et al.,1992)。改革开放30多年,中国经济实现了快速发展,但地区间的经济差距也日益显露出来,还表现出明显的"块状经济"。因此,在保持经济持续增长的同时缩小经济差距对增强发展协调性、努力实现经济又好又快发展具有重要的理论和现实意义。

学者开始尝试从经济活动空间分布的角度来分析中国经济快速发展和地区差距扩大同时存在的原因。从经验上判断,中国经济创造的成就是与产业的空间集聚现象伴随产生的。产业集聚不仅会对经济活动的空间分布带来影响,还对不同地理区位的经济增长有着重要的影响。范剑勇(2006)发现改革开放以来中国整体上发生了产业在空间上的转移与集聚,而地区差距扩大与产业集聚有密切关系。Brulhart 和 Sbergami(2009)分析了经济活动的空间集聚对经济产出的影响,发现集聚只有在经济发展达到一定水平时才能促进经济增长,在贫困地区实施阻止经济集聚的政策所付出的代价更大。产业集聚从要素构成的角度看又是资本和劳动力在空间的集聚,要素投入在空间分布上的差异将是地区经济差距的一大原因。王小鲁和樊纲(2004)发现资本集聚加快了东部地区的经济增长,扩大了地区差异,而劳动力的流动性有利于缩小东部地区与中西部地区的经济差距。随着新经济增长理论的兴起,技术进步对经济增长的影响受到重视,彭国华(2005)分析了技术进步和要素投入对中国经济差距的影响,发现技术进步造成的区域生产率差异是中国地区差距的主要决定因素。Keller(2004)发现国家贸易、外商直接投资和国际交流是区域知识溢出的三种媒介,能够缩小地区经济差距,但溢出效果受地理影响显著。D'Uva 和 Sinao(2007)发现人力资本存量通过与其他要素结合

---

* 本章部分成果发表在齐亚伟、陶长琪撰写的2013年第8期的《上海经济研究》上,并被2013年第6期《中国人民大学复印报刊资料(区域与城市经济)》全文复印

而表现出的溢出效应能有效促进经济增长,对最初经济落后地区的促进作用更大。新经济增长理论揭示了溢出效应将成为促使我国区域经济差异缩小的主要因素。

Cohen 和 Paul(2005)发现知识的空间溢出和来自需求方、供给方的产业溢出能降低企业的创新成本,提高创新效率,对企业的区位选择具有重要的影响,即溢出效应将成为一种额外的聚集力,与产业的空间聚集具有一致性。无论是新古典增长理论,还是内生增长理论都没有考虑经济活动中的空间维度,经济增长理论和地理因素的分离将不能更好地解释地区经济演化(Koo,2005)。新经济地理学在规模报酬递增、不完全竞争、运输成本和生产要素流动的假设下,分析了产业在地理空间上的集聚和扩散情况以及产生集聚的内在机制,为解释区域经济增长模式、空间交互作用和区域差距的形成提出了新的观点和研究视角。决定产业分布长期均衡稳定性的力量通常有两种:一种是生产要素向某区域集中所带来的本地市场效应和价格指数效应,从而引起产业自我集聚循环累积因果效应,称为聚集力;另一种是来源于市场拥挤效应的分散力,促使产业在区域均匀分布,同时知识溢出也成为促使经济分散的一种力量,各种市场均衡是各种聚集力和分散力共同作用的结果(Krugman,1991;Martin et al.,1999)。陈建军和胡晨光(2008)论证了产业集聚给集聚地区带来的经济发展、技术进步和索罗剩余递增三类聚集效应,认为全要素生产率增加既构成区域产业集聚循环累积因果机制的集聚力,又构成分散力。Ellison 等(2010)分析了企业与供应商或消费者的地理经济距离、劳动力共享和知识溢出三者对美国制造业的产业间集聚形成所发挥的作用,发现产业的前后向联系和劳动力池效应是集聚的主要原因。产业并不可能无休止地集中在一个区域,现实经济中总会因土地租金或工资成本过高、交通拥堵等因素出现规模不经济的现象,成为核心区域分散力的来源。许德友和梁琦(2012)在空间经济学的框架下分析了国内两地区对称和不对称两种情形下国内外贸易成本对国内产业地理的作用。贸易成本足够高时,分散力大于聚集力,经济的对称均衡格局是稳定的。

产业集聚效应与经济增长存在协同关系得到广泛的认同,知识溢出的形成过程以及对经济活动集聚效应的促进作用也引起广泛的关注和有益的探讨,但研究的重心大多停留在产业集聚行为对促进经济增长或知识溢出对缩小地区差距的经验分析和鼓励性的产业政策制定上,对聚集效应和溢出效应的作用强度以及对经济均衡发展的作用机制缺乏成熟、统一的理论分析框架,忽略产业的地理分布、投入要素的流动、知识溢出等空间因素对地区经济差距的影响。本章在要素积累、知识溢出等存在较大空间差异的前提下,构建局部溢出模型,分析产业空间分布格局中的聚集效应和溢出效应的内生互动关系,以及对地区经济均衡发展的作用机制。为了分析产业地理集中过程中的规模不经济现象,在模型中引入市场拥挤参数,分析产业过度集中对经济均衡增长的负面效应,并利用空间计量模型实证检验我国产业地理集中度对经济增长和地区差距的影响。

11.2 理论与实证模型的构建

11.2.1 局部溢出模型的构建

地区协调发展是在保持整体经济高速增长的同时实现地区经济的均衡,而中国区域经济发展的非均衡特征引发以下问题的思考:影响中国经济活动空间分布模式的聚集力和分散力从何而来?我国区域经济发展差异是否跟这两种作用力有关?考虑产业过度集中引发交通拥堵、住房和土地租金升高等拥挤效应的产生,这决定了产业地理集中度是有限的,因此,本章在 Baldwin 等(2001)提出的局部溢出(local spillover,LS)模型的基础上,引入拥挤参数,通过聚集力和分散力对比探讨产业地理集中度、经济增长与地区差异之间的关系。

1. 模型的基本假设

经济系统由两个区域(南部和北部)、三个主要部门(农业部门 A、工业部门 M 和知识创造部门 I)、两种要素(资本和劳动)构成。每个区域拥有一半的劳动力禀赋,其中农业劳动力不能在区域间流动,工业劳动力可在区域间流动。农业部门以瓦尔拉斯一般均衡(规模报酬不变和完全竞争)为特征,根据土地分布进行区位选择;工业部门以迪克希特-斯蒂格利茨的垄断竞争、规模报酬递增为特征,其区位选择是依据资本禀赋分布等因素内生的;知识创造部门以完全竞争、规模收益不变为特征,生产私人知识资本和公共知识资本。三个部门都使用劳动力作为可变投入要素,且假设每个工业企业只生产一种差异化的产品,单位产出所需的固定成本为一单位的私人知识资本。

私人知识资本在区域间不能流动,专门用于新产品生产和新企业的构建。公共知识资本的非竞争性和非排他性使其较为容易地得到传播和扩散,这种溢出效应的存在使得资本创造成本随着存量的增加而下降。

假设北部相对于南部地区聚集了更多的企业,则两个区域资本创造成本的表达式为

$$F = w_L a_I, \quad a_I = 1/(K^w A), \quad A = s_n + \lambda(1-s_n) - r(s_n - 1/2)^2 \quad (11\text{-}1)$$

$$F^* = w_L a_I^*, \quad a_I^* = 1/(K^w A^*), \quad A^* = \lambda s_n + (1-s_n) + r(1/2 - s_n)^2 \quad (11\text{-}2)$$

其中,带*的为南部变量;a_I 表示生产单位资本所需的劳动投入量;w_L 为劳动力工资,假定为 1;F 为单位资本的生产边际成本;A 为北部企业可利用的知识资本存量比例;K^w 为整个经济系统具有的资本禀赋总量;s_n 表示北部企业所占的比

例；λ 反映公共知识在空间传播的难易程度，$0 \leqslant \lambda \leqslant 1$，$\lambda$ 越大表示知识溢出效应越大，资本创造成本越小；$r(\geqslant 0)$ 是拥挤参数，反映产业空间分布的不对称程度对单位资本创造成本的影响程度。

2. 模型的长期均衡

根据资产重置理论，当每个区域单位资本的回报率 v 恰好等于资本创造成本 F，即托宾 $q = v/F = 1$ 时，经济系统达到长期均衡，此时产业的空间分布也保持稳定。经济系统的均衡状态有两种：一是对称均衡，两个区域的资本增长率相同，即 $g = g^*$，产业均匀分布在两个区域；二是核心-边缘结构均衡，此时产业全部位于一个区域内。经济增长由系统资本存量的持续扩张所驱动，资本增长率代表经济增长状况。

经济系统均衡状况下，可支配收入等于要素总收入（劳动收入和企业经营利润之和）减去资本上的支出。由于单位资本对应着企业一种工业品的生产，资本收益率即企业的经营利润，即 $\pi K = (\rho + g + \delta)vK$，故北部的总收入为 $E = L + \pi K - (g + \delta)FK = L + \rho v K$，相应的南部收入为 $E^* = L^* + \rho v^* K^*$，则北部收入占总收入的比例为

$$s_E = \frac{E}{E^w} = \frac{E}{E + E^*} \tag{11-3}$$

其中，单位资本收益 $\pi = bB\dfrac{E^w}{K^w}$；$b = \dfrac{\mu}{\sigma}$；$B = \dfrac{s_E}{s_n + \phi(1-s_n)} + \dfrac{\phi(1-s_E)}{\phi s_n + 1 - s_n}$；$\mu$ 为工业品所占的支出份额；σ 为消费者需求弹性；L^w 为劳动力禀赋总量；ρ 为边际效用随时间递增速率；δ 为资本折旧率；$\phi(0 < \phi < 1)$ 为贸易自由度。

由 $q = v/F = 1 \Rightarrow \dfrac{\pi/(\rho + \delta + g)}{w_L a_I} = \dfrac{bBE^w A}{\rho + \delta + g} = 1$，推导出经济增长率为

$$g = bL^w A - \rho(1-b) - \delta \tag{11-4}$$

即 $$g = -rbL^w s_n^2 + bL^w(1 - \lambda + r)s_n + [bL^w(\lambda - r/4) - \rho(1-b) - \delta] \tag{11-5}$$

当 $s_n = (1 - \lambda + r)/2r$ 时，经济增长速度达到最大；当 $1/2 \leqslant s_n \leqslant (1 - \lambda + r)/2r$ 时，经济增长随着产业地理集中度的提高而提高；当 $(1 - \lambda + r)/2r \leqslant s_n \leqslant 1$ 时，经济增长率随着产业地理集中度的提高而下降。产业的空间聚集会因需求关联和成本关联形成循环累积因果效应，这种作用力对区域经济增长具有自增强性，但当产业地理集中度超过某一临界值时，拥挤效应降低企业垄断利润，成为经济持续发展的阻力。由此提出如下假说。

【假说1】 经济增长与产业份额之间存在"倒U形"关系。这取决于产业地

理集中的循环累积因果效应与拥挤效应对比呈阶段性变化，具有自组织性，由初始阶段的聚集力占主导地位向分散力占主导地位转变。

溢出效应和拥挤效应的存在使得不同产业空间分布状况下的均衡经济增长率是不同的。比较核心-边缘结构均衡下的经济增长率 g_{cp} 和对称均衡下的经济增长率 g_{sym} 得

$$g_{cp} - g_{sym} = bL^w\left(\frac{1-\lambda}{2} - \frac{r}{4}\right) \tag{11-6}$$

知识溢出效应随距离衰减使其具有本地化特征，这种本地化的外部性将产生一种额外的聚集力，但高度集聚会产生规模不经济现象。知识溢出增大了企业外部性投入对内部性投入的替代，提高了生产效率。没有溢出的知识增强了区域的专业化水平。当 $r < 2(1-\lambda)$，即大规模生产造成的拥挤负外部性小于知识私有化、专业化规模经济时，产业高度集中下的经济增长率比均匀分布的经济增长率高。反之，产业均匀分布更有利于经济增长。由此提出如下假说。

【假说2】 拥挤效应的缓解增大了产业集聚的可能性边界和整体规模，使得核心-边缘结构下的经济增长率更高。但随着溢出效应的增强，产业对称分布下的经济增长速度更快。知识溢出可以兼顾"增长"与"公平"。

经济的快速发展可以采用非均衡战略来实现，首先促使生产要素向某一区域聚集，充分发挥专业化报酬递增效应和知识溢出的空间效应，使得经济进入"快车道"；其次，通过构建知识共享平台，降低知识溢出成本，增大知识溢出的强度，从而促进区域经济的协调发展。

在经济快速增长的同时，对称均衡是要实现的最佳目标。为分析产业空间分布状况对保持均衡状态稳定性的影响，在对称均衡点附近[$s_E = s_n = 1/2$, $B=1$, $A = (1+\lambda)/2$]通过托宾 q 对产业分布的增量进行全微分。

$$dq = \frac{bE^w}{\rho+g+\delta}\left(\frac{1+\lambda}{2}dB + dA\right) = \frac{bE^w}{\rho+g+\delta}\left\{(1+\lambda)\left[\frac{1-\phi^2}{(1+\phi)^2}ds_E - \frac{(1-\phi)^2}{1+\phi^2}ds_n\right] + (1-\lambda)ds_n\right\} \tag{11-7}$$

所以

$$\frac{dq}{q} = \frac{2(1-\phi)}{1+\phi}ds_E - \frac{2(1-\phi)^2}{1+\phi^2}ds_n + \frac{2(1-\lambda)}{1+\lambda}ds_n \tag{11-8}$$

由式（11-4）和式（11-7）可知 $ds_E = \dfrac{4\rho\lambda}{(1+\lambda)[(1+\lambda)L^W + 2\rho]}ds_n$。

式（11-8）中的第一项为需求关联效应，消费者对产品多样性的需求导致规模收益递增，从而吸引资本和企业向一个区位集中，并因聚集效应促进该区域经济增长，产业集中度越大对位于其他区域企业的吸引力越大，形成自我聚集。第

二项为拥挤效应,构成分散力。产业地理集中程度的增加使得 q 降低,北部资本创造速度减缓乃至停止,该项是维持对称均衡稳定的力量。第三项为溢出效应,知识溢出程度越大,资本创新的成本越小,吸引企业的地理集中。但当知识在地区间溢出不存在障碍($\lambda=1$)时,这一促进集聚的力量消失,只要贸易自由度足够低,即需求关联效应足够大,对称均衡就可持续,因此溢出效应也有助于经济活动的分散。由此提出如下假说。

【假说3】 需求关联形成的自我聚集效应和溢出效应构成聚集力,拥挤效应构成分散力,同时溢出效应也有利于经济活动的分散,分散力与聚集力的对比决定了对称均衡能否稳定存在。

产业空间集聚中存在的需求关联、溢出和拥挤三种效应通过形成聚集力和分散力影响着均衡状态的稳定性。若聚集力小于分散力就会保持对称均衡,若聚集力大于分散力则会发生突变,地区差距拉大,形成核心-边缘均衡。

聚集力和分散力对均衡稳定性的作用强度主要取决于区际的经济开放度(即贸易自由度和溢出效应),假定 $L^w=1$,$\rho=0.7$,$\lambda=0.75$,通过数值模拟考察产业地理集中过程中作用力的变动趋势,如图 11-1 所示。

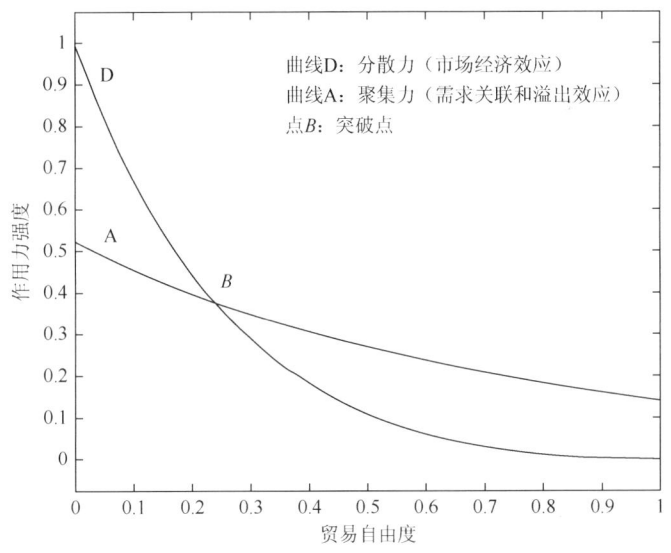

图 11-1 聚集力和分散力的强度对比示意

从图 11-1 可知,聚集力和分散力的对比会呈现逆转,当经济开放度较小时,分散力大于聚集力,dq/ds_n 系统存在自我纠正的机制,对称均衡是稳定的。随着区际经济开放度的提高,分散力减弱的力度大于聚集力减弱的力度,在某一临界点上,聚集力超过分散力,出现经济活动的空间集聚,该临界点称为突破点(即图中的 B 点)。

11.2.2 空间计量扩展模型的设定

针对产业地理集中的空间差异和经济发展的空间相关性，采用空间计量扩展经济增长模型进行实证检验，其中空间权重矩阵体现地区间知识溢出和经济辐射的空间效应。

空间计量模型是在人力资本溢出模型的基础上扩展得到的。假定中国各省份遵循如下形式的总量生产函数：

$$Y_{it} = A_{it} K_{it}^{\alpha} (h_{it} L_{it})^{1-\alpha} \mu_{it}^{\beta} \quad i=1,2,\cdots,N; t=1,2,\cdots,T \tag{11-9}$$

式（11-9）经过劳动力平均和对数处理后，转化为

$$\ln y_{it} = c + \alpha \ln k_{it} + (1-\alpha) \ln h_{it} + \beta \ln \mu_{it} + \sum_{p=1}^{n} \eta_p x_{p,it} \tag{11-10}$$

其中，L_{it} 和 h_{it} 分别表示劳动力的数量和人均人力资本，人力资本直接反映劳动者的素质。根据理论分析可知，物质资本、人力资本等要素投入不仅对生产具有直接效应，还通过地区贸易往来、劳动力迁移、企业家创业、人力资本溢出等形式使经济表现出空间外部性。μ_{it}^{β} 表示经济辐射性；α、β 表示物质资本存量和经济辐射程度的产出弹性，且由于外部性的存在，经济增长表现出规模报酬递增的特征；y_{it} 和 k_{it} 分别表示劳均 GDP 和劳均物质资本；x_p 表示主要包括产业地理集中度在内的影响经济增长的一系列控制变量。

空间权重矩阵是空间计量模型的关键，也是空间外部性影响方式的体现。为了体现溢出效应随空间距离的增大而衰减的特征，以及邻近地区经济辐射力的影响，在距离权重矩阵的基础上作进一步的改进，引入经济辐射力的权重矩阵如下：

$$w_{ij} = \begin{cases} e^{|\bar{y}_i - \bar{y}_j|^{-1} - \omega d_{ij}} & i \neq j \\ 0 & i = j \end{cases} \tag{11-11}$$

其中，d_{ij} 为省份 i 和省份 j 之间的直线距离，且以省会城市间的距离为准；ω 为权重系数，用省份之间的最短距离 $d_{\min}$ 的倒数来代替，$\bar{y}_i = E(y_{it})$，即研究区间内省份 i 劳均 GDP 的算术平均值；空间权重矩阵 W 是一个随着时间而变化的动态矩阵，更能反映出地区经济之间的相互关系的变化。为了简化模型和使得实证结果更易于解释，空间权重矩阵常转化成行标准化形式。

由于空间协方差的存在，采用 OLS 估计以上模型得到的参数方差和系数估计值会有偏或者无效，残差也会存在相关性。采用 OLS 法估计将会产生非一致估计

(Anselin, 2003)。所以，对于空间计量模型使用 ML 估计。

11.3 中国地区经济增长的空间演变轨迹

11.3.1 测度指标与数据来源

1990 年以后为改革开放的深化时期，中国已基本形成沿海对外开放格局，并逐步建立经济市场化体系，且鉴于数据的完整性和可得性，以中国 30 个省份 1990~2010 年的数据作为实证样本，根据已设定好的空间计量拓展模型考察产业地理集中对地区协调发展的作用机制。

经济产出用 GDP 度量。考虑价格波动的影响，GDP 以 1990 年为不变价，用各地区的 GDP 指数进行了平减。

物质资本存量采用永续盘存法测算得到，反映了资本要素在某地区的集中。关于初始年份的资本存量数据借鉴单豪杰（2008）的研究成果，随后根据各省份的固定资产投资平减指数将资本存量折算成以 1990 年为基年。

人力资本存量能同时反映劳动力的量和质，多采用受教育年限来衡量，两者之间的关系为

$$H_{it} = e^{\sum_{\varsigma=1}^{4} l_{\varsigma,it} f(\text{edu})} L_{it} \quad (11\text{-}12)$$

其中，$l_{\varsigma,it}$ 为 i 地区第 t 年第 ς 种学历层次劳动力所占的比例；$f(\text{edu})$ 是一个按照不同阶段受教育年限的线性分段函数，反映多接受一年教育使劳动力生产效率提高的比例。假定劳动力的受教育年限共计 16 年，规定小学文化程度为 6 年，初中文化程度为 9 年，高中和中专文化程度为 12 年，大专及以上文化程度为 16 年，并将其分为初等、中等和高等三个阶段，其中教育年限在 0~6 年为初等教育；6~12 年为中等教育；12~16 年为高等教育。具体地，

$$f(\text{edu}) = \begin{cases} \lambda_p \text{edu}, & \text{当 edu} \in [0,6] \text{时} \\ \lambda_p \times 6 + \lambda_m (\text{edu} - 6), & \text{当 edu} \in (6,12] \text{时} \\ \lambda_p \times 6 + \lambda_m \times 6 + \lambda_h (\text{edu} - 12), & \text{当 edu} \in (12,16] \text{时} \end{cases} \quad (11\text{-}13)$$

其中，$\lambda_p, \lambda_m, \lambda_h$ 分别为初等、中等和高等教育的社会回报率。根据 Psacharopoulos 和 Patrinos（2004）提供的数据，中国教育的社会回报率在初等教育阶段为 0.144，中等教育阶段为 0.129，高等教育阶段为 0.113。

产业地理集中度是影响经济空间结构的重要因素。工业的集聚效应最为显著，也是推动其他产业发展的基础力量。因此，利用如下工业的区位熵指标：

$$\mathrm{RI}_{it} = \frac{R_{it}}{R_t} \Big/ \frac{Y_i}{Y_t} \tag{11-14}$$

其反映 i 地区第 t 年的地理集中度（刘军和徐康宁，2010）。其中，R_{it} 表示 i 省份第 t 年工业总产值；Y_i 表示 i 省份的 GDP；R_t 表示第 t 年全国工业总产值；Y_t 表示第 t 年全国 GDP。

除了产业地理集中度，影响全要素生产率的控制因素还主要包括以下四种。

贸易自由度。地区间的贸易变得充分自由时，有利于降低交易成本，扩大某地区生产的力量，同时促进该区域资本的积累，增强本地市场放大效应。本章用某地区交通运输及通信邮电业的产值占全国的比例 tr 来表示贸易自由度（李杰，2009）。

对外开放程度。经济全球化过程中，一个地区可以通过加速国际贸易和引入外部直接投资，以分享外部知识积累和技术外溢。外贸对技术进步的影响用外贸依存度 ex，即商品进出口总额占 GDP 的比例度量。

制度变迁。中国经济正处于关键的转型阶段，产权制度、市场化制度的变革带来了经济的高速发展。市场化变革主要是通过非国有经济部门的发展实现的，故用非国有工业总产值占工业总产值的比例 mr 近似衡量各地区市场化变革程度。

基础设施水平。便利的基础设施能够提高投入要素的生产率，降低交易成本，加快要素流动，增大溢出效应，利于企业采用新技术和拓展发展空间（Ezcurra et al.，2005）。本章用公路密度 road（km/km^2）衡量基础设施的发展能力。

1996～2008 年从业人员的受教育程度根据《中国劳动统计年鉴》和《中国人口统计年鉴》整理得到，1990～1995 年的相关数据则用整体居民的受教育年限替代。其余的数据，如外贸依存度、产业集聚程度、外贸依存度、公路密度等来源于《新中国 60 年统计资料汇编》和中经专网。

11.3.2 实证分析

中国经济增长具有空间自相关性，产业空间集聚不仅对经济增长具有一定的影响，还可能通过空间外部性对地区差距产生影响，本章将同时分析产业地理集中的聚集力和分散力对经济增长和地区差距的作用。构建 i 地区关于其余地区的经济增长差异度 $\ln(y_{it}/wy_{it})$，即各个地区的劳均 GDP 用其余地区的加权平均值进行标准化处理，用该指标反映地区经济差距。进行经济增长实证分析时，由于 LMSAR 统计量较之 LMERR 大，在统计上更加显著，故采用 SAR 模型，最终得到的面板计量回归结果如表 11-1 所示。为对比加入空间效应后对经济增长的影响，其中，模型 1 和模型 2 是地区经济增长固定效应模型的估计的广义最小二乘法（estimated generalized least squares，EGLS）估计结果。考虑变量可能在时间上具有相关性，在 EGLS 回归时添加了 AR（1）变量。模型 3 为 SAR 模型的 ML 估计结果。通过空间自相关性检验，发现模型 4 不存在显著的空间相关性，因此，模型 4 是固定效应模型的 EGLS 估计结果。具体计量方程如下：

$$\ln y_{it} = \rho W \ln y_{it} + c + \alpha_1 \ln k_{it} + \alpha_2 \ln h_{it} + \sum_{p=1}^{n} \eta_p x_{p,it} + \varepsilon_{it} \quad (11\text{-}15)$$

$$\ln y_{it} / \bar{y}_t = \ln y_{it} / w y_{it} = c + \alpha_1 \ln k_{it} + \alpha_2 \ln h_{it} + \sum_{p=1}^{n} \eta_p x_{p,it} + \varepsilon_{it} + AR(1) \quad (11\text{-}16)$$

表 11-1　中国地区协调发展的实证结果

变量	模型 1 $\ln(y_{it})$	模型 2 $\ln(y_{it})$	模型 3 $\ln(y_{it})$	模型 4 $\ln(y_{it}/\bar{y}_t)$
ln*k*	0.51*** (26.08)	0.51*** (21.79)	0.69*** (90.32)	0.30*** (13.09)
ln*h*	0.04*** (3.17)	0.04*** (3.29)	0.06*** (−3.64)	−0.04*** (−2.68)
RI		0.06 (1.64)	0.33*** (3.53)	0.03 (1.73)
RI^2		−0.01 (−1.5)	−0.21*** (−4.99)	−0.002 (−2.05)
lntr			−0.08*** (−4.85)	0.004 (1.57)
lnmr			0.02 (1.57)	0.01** (1.90)
lnex			0.02*** (3.15)	−0.0002 (−2.035)
road			0.004 (1.277)	0.003 (−1.47)
AR（1）（ρ）	0.96*** (164.20)	0.96*** (168.64)	0.16*** (18.73)	0.99** (202.77)
R^2	0.99	0.99	0.95	0.99

注：*、**、***分别表示 10%、5%和 1%的置信水平；小括号内的是标准差。空间计量结果采用 Matlab 编程实现

从模型 1 可知，物质资本和人力资本都具有较大的产出弹性，物质资本对经济发展的推动作用更大，但经济发展依赖于人力资本提升的趋势已经显现，反映了中国经济增长方式的不断转变。AR（1）显著，说明经济发展存在一阶自相关，即上一期的经济发展水平对当期经济发展有显著的影响，经济发展存在惯性。良好的经济基础不仅不会使经济增速减缓，反而成为经济持续发展的助力，落后地

区不仅没有发挥出后发优势，还很有可能发生逆转陷入"发展陷阱"。只有从根本上转变经济增长方式才有可能阻止后发优势可能发生的逆转。

模型 3 中的空间自相关系数具有统计意义上的显著性，表明我国各个地区经济增长在邻近地区之间存在空间媒介的辐射效应，使得经济发展的空间分布并非表现出完全随机状态，而是存在着空间上明显的依赖现象。在空间自相关模型中人力资本对经济发展具有正向影响，表明人力资本的外部性显著，是经济辐射效应的主要来源。人力资本溢出效应的发挥促使集聚区域表现出明显的比较优势，推动更多的人力资本向该区域流动、集聚，提高要素的使用效率，直接促进区域经济增长。增大教育投资的社会回报率，促进人力资源的积累和合理配置，将稳固人力资本"增长引擎"的作用。

模型 2 和模型 3 显示，产业地理集中与经济增长之间存在"倒 U 形"关系，证实了前面提出的假说 1，在产业集聚的初始阶段，通过生产的前向和后向关联，规模报酬递增、知识外溢等成为产业地理集中的聚集力，并且该聚集力在路径依赖和自我预期的作用下产生循环累积效应，明显的聚集效应促进当地经济增长；当产业过度集中时，作用力发生了逆转，要素价格提高，市场竞争激烈、地租提升等拥挤效应的产生导致了规模不经济，从而阻碍当地经济的增长。

贸易自由度对经济增长有负向影响。当贸易自由度比较低时，意味着为克服区域间距离而产生的运输成本、知识溢出成本等较大，从而减少区际贸易往来，不利于经济增长。市场化倾向的改革扩大了市场范围，带动了社会分工的细化与深化，提高了劳动生产率，并通过价格机制增强了资源流动的现实可能性，资源配置得以优化，产业结构得以升级，进而带动经济增长。省份的基础设施越完善，越有利于要素的流动和贸易的开展，对区域经济增长具有正向促进作用。对外开放程度对经济增长具有显著的正向影响。外贸依存度高的地区较好地占据了国内外两个市场，能利用国内外两个资源，在国内竞争和发展上也拥有一定优势。在空间自相关模型中，劳均资本和产业集聚对经济发展的影响均被高估，也就是说空间联系在一定程度上影响着投入要素的空间分布格局，不同的产业分布模式对经济增长的影响是不同的。良好的市场环境下，产业非对称时的经济增长要快于对称时的经济增长，这证实了假说 2。该结论对制定我国区域经济发展战略具有重要的启示意义。

在制定地区经济发展战略时，应充分考虑经济发展的空间相关作用和非均质性特点。模型 4 表明，物质资本投入是我国省域经济发展存在巨大差异的主要因素。投资是经济增长的动力，投资分布越不平等则经济增长越不平等。人力资本溢出效应对缩小地区差异能起到正向作用，但是该作用力还比较小。人力资本规模收益的递增性促使人力资本的空间集聚，推动知识在区域内扩散、传播；当人力资本集聚达到一定程度后，在集聚区域得到的收益低于其他区域，人力资本就会向区域外流动,形成人力资本效益的外溢。溢出效应的增大将成为缩小地区差距的根本原因。因受保守型传统文化、户籍制度以及房价等因素的约束,人才流动性较低,人力资本积累的外部经济性并没有对缩小经济差距起到较大的作用。贸易自由度成为强化"核心-边缘"模式的聚集力,与地区经济差距之间是正相关的关系。在多数工业集中于我国东南沿海等经济发达省份的情况下,随着贸易自由度的提高,聚集力大于分散力,进一步吸引位于其他地区的厂商向东南沿海地区流动,加剧两极分化的格局,与假说3的内容相符。

产业地理集中与地区差距之间存在尚不明显的"倒U形"二次曲线关系。产业集聚促进经济增长时,促使生产要素向集聚区域流动,极化效应占据主导地位,导致集聚地区成为经济发展的核心区。当产业集聚阻碍经济增长时,拥挤效应显著,推动区域产业转移和分工协作格局的形成,经济发展省份向周围省份表现出强大的经济辐射力,从而推动地区间一体化程度的加深。基础设施的完善和市场化变革使得要素流动完全遵循利益最大化的原则,经济发达省份有更大的吸引力,且各省份经济市场化程度不一,从而加剧地区经济差距。对外开放降低了区际交易成本,增大了地区专业化分工的精度,对缩小地区差距有一定的促进作用。

11.4 结论与政策建议

本章采用局部溢出模型和空间计量实证研究,从聚集力和分散力的对比出发,分析了产业地理集中的聚集效应、溢出效应和拥挤效应对内生经济增长以及地区差距的影响。得出的基本结论如下。

我国经济活动展现出局部集聚的特征,一个地区的经济发展受到周边地区和上一期经济发展状况的影响,也就是说,经济发展存在路径依赖性和增长惯性。暂时性的政策冲击可能使得经济系统处于核心-边缘结构,或者经济活动从一个地区转移到另一个地区,但这种暂时性政策造成的影响是难以消除的。因此,应合理界定全国区域经济的空间布局,进一步明确划分各区域的主体功能和发展原则,并按区域主体功能制定和实施差别化的区域政策。区域之间的空间相关性也有利于开展优势互补,使得经济集聚的空间辐射效应能够有效发挥,并能产生共振效应,从区域外部产生缩小区域差距的力量。

产业地理集中与经济增长和地区经济差距之间存在"倒U形"的关系。产业集聚的初始阶段,需求关联效应不断增强集聚区域对企业的吸引力,而且短期内导致极化效应的出现,使得区域经济差距扩大。人力资本集聚提高知识在空间上的扩散速度和范围,有助于缩小地区差距。但知识溢出的本地化特征使经济增长的有效辐射范围有限,缓解地区差距的作用也相应有限。企业为了获取知识的正外部性而倾向于集聚,即需求关联效应和溢出效应形成聚集力,促使经济增长,并通过空间外部性缓解地区差距。但高度的产业地理集中会带来非贸易品价格居高不下、环境污染等拥挤效应，形成分散力阻碍产业的进一步集中或使其从核心区向周边地区转移，从而减缓核心区的经济增长速度。聚集力和分散力的对比还决定了对称均衡状态能否稳定存在。随着贸易自由度的增加，聚集力大于分散力，对称均衡不能得到维持。因此，要合理对待"效率优先"与"兼顾公平"的关系。在经济发展初期，政府应当优先发展条件较好的地区，但当经济发展到一定水平时也要防止循环累积因果效应造成贫富差距的无限扩大，政府可以通过调整经济集聚所带来的规模经济效应和空间外部效应实现经济赶超。

物质资本仍然是经济增长的主导要素，且资本累积导致产业的空间集聚，所以资本在区域间的流入和流出可以改变产业的均衡区位。但资本累积在区域间存在差异时，资本从落后地区流向发达地区的回流效应会扩大地区经济发展的不均衡程度。应充分发挥人力资本在经济发展和缓解地区差距的作用。人力资本一方面通过提升全要素生产率促进经济的健康发展，另一方面通过溢出效应缩小地区差距。因此，要缩小地区经济差距，首先要减少投入上的地区差距，为区域经济提供公平的发展机会与发展政策。增大教育投资、增加人力资本存量将是经济增长方式转变的关键。政府可以通过引导地区进行人力资源、技术资源和资金资源的充分交换，实现资源的共享和交流，增大资本积累的空间外部效应，实现地区协调发展。

参 考 文 献

陈建军，胡晨光. 2008. 产业集聚的集聚效应——以长江三角洲次区域为例的理论和实证分析[J]. 管理世界，（6）：68-83.

范剑勇. 2006. 产业集聚与地区间劳动生产率差异[J]. 经济研究，（11）：72-81.

李杰. 2009. 基于空间内生增长理论的区域差异成因探析[J]. 南开经济研究，（3）：87-107.

刘军，徐康宁. 2010. 产业聚集、经济增长与地区差距——基于中国省级面板数据的实证研究[J]. 中国软科学，（7）：91-102.

彭国华. 2005. 中国地区收入差距、全要素生产率及其收敛分析[J]. 经济研究，（9）：19-29.

单豪杰. 2008. 中国资本存量K的再估算：1952～2006[J]. 数量经济技术经济研究，（10）：17-31.

王小鲁，樊纲. 2004. 中国地区差距的变动趋势和影响因素[J]. 经济研究，1（1）：33-44.

许德友，梁琦. 2012. 贸易成本与国内产业地理[J]. 经济学（季刊），11（3）：1113-1136.

Anselin L. 2003. Spatial externalities, spatial multipliers, and spatial econometrics[J]. International Regional Science Review, 26（2）：153-166.

Baldwin R E. 2001. The core-periphery model with forward-looking expectations[J]. Regional Science and Urban Economics, 31（1）：21-49.

Baldwin R, Martin P, Ottaviano G. 2001. Global income divergence, trade and industrialization: The geography of growth take-off[J]. Journal of Economic Growth, 6（1）：5-37.

Barro R, Sala-i-Martin X. 1992. Regional growth and migration: A Japan-United States comparison[J]. Journal of the

Japanese and International Economics, 6 (4): 312-346.

Brulhart M, Sbergami F. 2009. Agglomeration and growth: Cross-country evidence[J]. Journal of Urban Economics, 65 (1): 48-63.

Cohen J P, Paul C J. 2005. Agglomeration economies and industry location decisions: The impacts of spatial and industrial spillovers[J]. Regional Science and Urban Economics, 35 (3): 215-237.

D'Uva M, Siano R. 2007. Human capital and club convergence in Italian regions[J]. Economics Bulletin, 18(1): 365-384.

Ellison G, Glaeser E L, Kerr W R. 2010. What causes industry agglomeration? Evidence from coagglomeration patterns[J]. The American Economic Review, 100 (3): 1195-1213.

Ezcurra R, Gil C, Pascual P, et al. 2005. Public capital, regional productivity and spatial spillovers[J]. The Annals of Regional Science, 39 (3): 471-495.

Gallo L. J. 2004. Space-time analysis of GDP disparities among european regions: A markov chains approach[J]. International Regional Science Review, 27 (2): 138-163.

Keller M. 2004. International technology diffusion[J]. Journal of Economic Literature, 42 (3): 752-782.

Koo J. 2005. Technology spillover, agglomeration, and regional economic development[J]. Journal of Planning Literature, 20 (2): 99-115.

Krugman P. 1991. Increasing returns and economic geography[J]. Journal of Political Economy, 99 (3): 483-499.

Martin P, Ottaviano G. 1999. Growing locations: Industry in a model of endogenous growth[J]. European Economic Review, 43 (2): 281-302.

Psacharopoulos G, Patrinos H A. 2004. Returns to investment in education: A further updates[J]. Education Economics, 12 (2): 111-134.